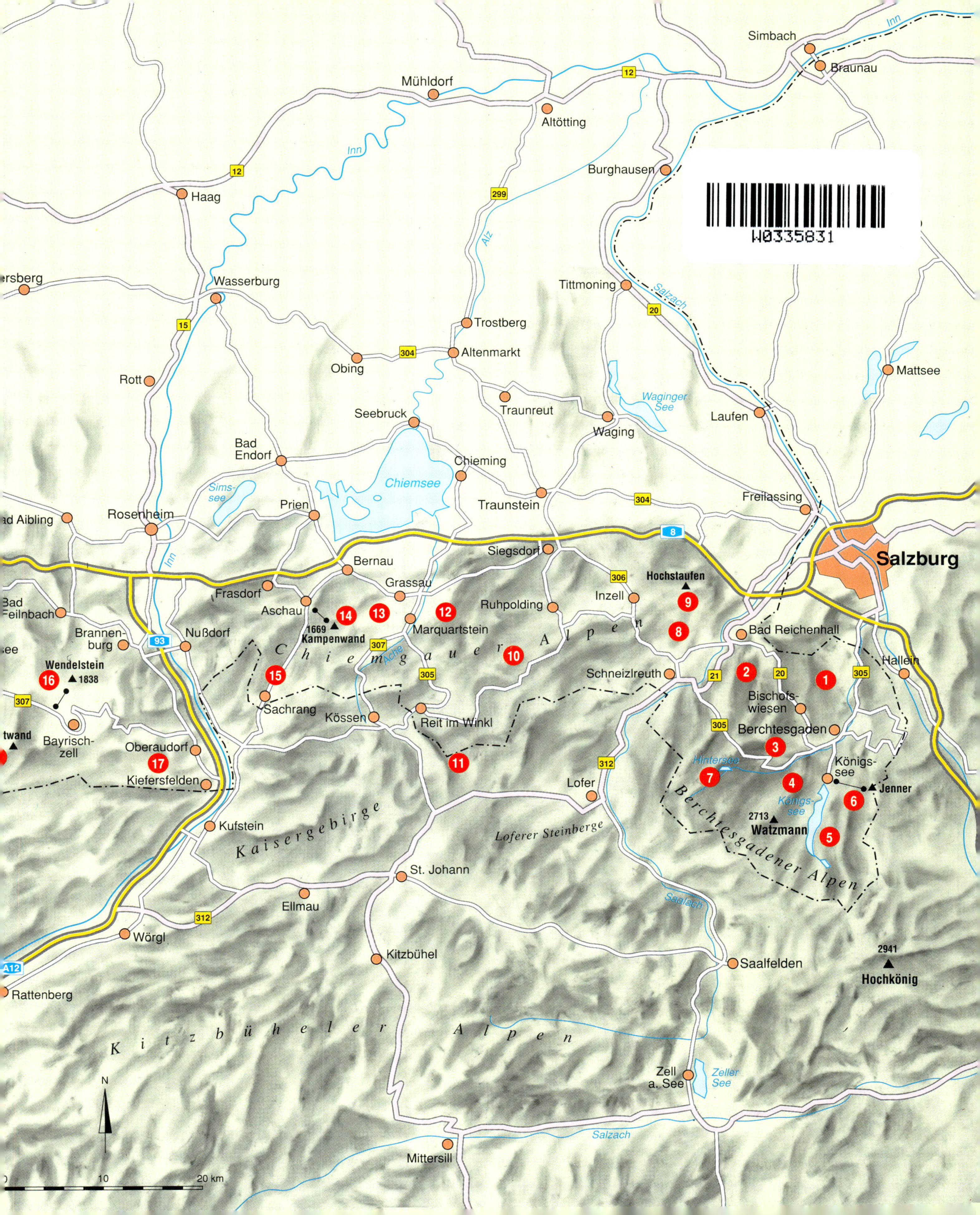
Simbach
Inn
Braunau
12
Mühldorf
Altötting
Inn
12
Burghausen
299
Haag
Alz
Tittmoning
Salzach
20
Wasserburg
15
Trostberg
Obing
304
Altenmarkt
Rott
Mattsee
Waginger See
Traunreut
Laufen
Seebruck
Waging
Bad Endorf
Chieming
Chiemsee
Sims-see
Prien
Freilassing
Traunstein
304
Rosenheim
Salzburg
Inn
8
Siegsdorf
Bernau
Grassau
306
Hochstaufen
Frasdorf
Inzell
Ruhpolding
9
Bad Feilnbach
Aschau
14
13
12
Marquartstein
8
Bad Reichenhall
1669
Kampenwand
Brannen-burg
Nußdorf
93
307
Chiemgauer Alpen
10
Hallein
Wendelstein
1838
16
15
305
Schneizlreuth
21
2
20
1
305
307
Sachrang
Kössen
Reit im Winkl
Bischofs-wiesen
Bayrisch-zell
305
Berchtesgaden
Oberaudorf
3
17
11
Hintersee
312
Königs-see
Kiefersfelden
7
4
Lofer
Jenner
Königs-see
6
Kufstein
2713
Watzmann
Kaisergebirge
Loferer Steinberge
5
Berchtesgadener Alpen
St. Johann
Ellmau
Saalach
312
Wörgl
2941
Hochkönig
Kitzbühel
Saalfelden
A12
Rattenberg
Kitzbüheler Alpen
Zell a. See
Zeller See
N
Salzach
Mittersill
10
20 km

Das große

Familien Wanderbuch

Bayerische Hausberge

Heinrich Bauregger

Das große Familien Wanderbuch

Bayerische Hausberge

40 Wandergebiete mit Touren für jeden Geschmack

Mit den besten Tipps der LOWA-Wanderprofis

Südwest

Inhalt

Alpendohle am Jenner

Geschafft – der Gipfel ist erreicht.

Unterwegs zum Zwiesel.

Seid ihr auch schon da?

Endlich Zeit für genauere Betrachtungen.

Vorwort

Das Holzknechtmuseum in Laubau bei Ruhpolding ist auch für Kinder sehr interessant. Auf dem Freigelände können sie sich unter anderem originalgetreue Hütten der Holzknechte sowie ein Riesenwasserrad zum Betreiben einer Sägemühle ansehen.

Gemeinsam unterwegs zu sein macht mehr Spaß. Kinder ab zwölf Jahren können in einer Gruppe auch schon mal alleine auf Wanderung gehen, wenn das Ziel bekannt ist.

Spiele spielen, vielleicht eine Hütte aus Schwemmholz auf einer Flussuferbank bauen, die Begegnung mit den Tieren im Wald und auf der Alm – all das sind Gründe für Kinder, mit auf Tour zu gehen. Denn unterwegs in der Welt der Berge gibt es tausend kleine Dinge zu sehen. Der natürliche Bewegungsdrang der Kinder macht deshalb eine überlegte Tourenplanung für einen gelungenen Wanderausflug zur Voraussetzung. Langweilige und besonders lange Forststraßen sind in der Regel nicht nach ihrem Geschmack, obschon sie sich nicht immer vermeiden lassen. Und ein für die Erwachsenen noch so verlockendes Gipfelziel muss noch lange keine Begeisterung auslösen. Kinder wollen die Natur entlang des Weges erkunden, und der Faktor Zeit muss dafür in den Hintergrund rücken. Wo die Eltern möglicherweise achtlos vorüberlaufen, finden ihre Sprösslinge Staunenswertes: Käfer, Blumen, Steine, Wasser… Doch ein Ziel muss deshalb keinesfalls fehlen: eine reizvolle Almwirtschaft, ein idyllischer Brotzeitplatz, eine Berghütte. Denn natürlich haben auch Kinder Durst und wollen sich ausruhen.

Auf der anderen Seite sollte man nicht vergessen, dass Kindern ein Wanderausflug mehr Spaß bringt, wenn sie in Gemeinschaft anderer Kinder unterwegs sind. Auch bei der Brotzeit – oder falls Sie auf einer Hütte übernachten wollen – lassen sich leichter Gemeinschaftsspiele veranstalten. Also, wenn Sie nur ein Kind haben, schließen Sie sich mit anderen Eltern zusammen, das wird nicht nur für die Kinder interessanter, es bringt auch für die Eltern mehr Abwechslung. Oder nehmen Sie Spielfreunde des Kindes mit auf Tour. Die bayerischen Hausberge geben dafür eine ideale »Spielwiese« ab.

Die Grundidee dieses Wanderbuchs geht von der Tatsache aus, dass innerhalb einer Familie oder einer Gruppe das Leistungsniveau sehr unterschiedlich verteilt ist. Haben die einen mehr Kondition, fehlt es den anderen an Trittsicherheit oder Ausdauer. Aus diesem Grund wurden die Wandervorschläge zu Tourengebieten zusammengefasst, d. h. im Bereich des jeweiligen Tourengebiets werden unterschiedliche Vorschläge kombiniert: leichte Almwanderungen und Hüttentouren mit anspruchsvoller Gipfeleinlage, problemlose Talwanderungen mit abwechslungsreichen Klammsteigen. Zu jedem Tourengebiet wird ein kinderfreundliches Anschlussprogramm geboten, das von der Vorstellung von Abenteuerspielplätzen, dem Besuch eines auch für Kinder interessanten Museums bis hin zu schönen Badeplätzen reicht. Und wer auf einige Fragen zu Natur und Kultur Antwort geben will, findet in diesem Buch eine Fülle wissenswerter Informationen.

Wer mit seinen Kindern gerne mal auf einer Hütte übernachten will, ist nicht mit jeder gleich gut bedient. Wir stellen Ihnen die Hütten vor, die sich besonders gut für einen Aufenthalt mit Kindern eignen, sei es, weil das Umfeld anregend, jedoch nicht gefährlich ist und sich Spielmöglichkeiten anbieten oder weil die Unterbringung kindergerecht ist. Der Deutsche Alpenverein hat einige seiner Hütten familienfreundlich ausgestattet. In den Tourensteckbriefen wird auf diese verwiesen. Allen Kindern und auch den Erwachsenen wünschen Verlag und Autor erholsame und in Maßen auch abenteuerliche Wanderungen in den bayerischen Hausbergen.

Ihr Heinrich Bauregger

Rund um Garmisch gibt es zahlreiche Bergbahnen, die uns schnell in interessantes Bergwandergebiet bringen – wie hier an der Alpspitze. Vor einer prächtigen Felskulisse wandert man bequem von Einkehrstation zu Einkehrstation, genießt die freie Aussicht aufs Werdenfelser Land, ohne sich großen Mühen unterziehen zu müssen.

Tipps für unterwegs

St. Bartholomä ist Ziel und Auftakt zugleich. Von hier können wir an den Fuß der Watzmann-Ostwand gehen, dann setzen wir über zur Salletalm und wandern auf interessantem Steig zum Obersee.

Die bayerischen Hausberge zwischen Berchtesgaden und Füssen geben für wanderfreudige Eltern wie für Kinder eine ideale »Spielwiese« ab. Vom verträumten Waldsee bis hin zu leichten Gipfeln, tosenden Klammen, Königsschlössern, Bademöglichkeiten und auch leichten Klettersteigeinlagen ist alles geboten, was Kinderherzen höher schlagen lässt. Dieser Tourenband soll helfen, die gemeinsame Freude am Wandern für Eltern und Kinder zu vermitteln.

Wettervorhersage

Erkundigen Sie sich nach der Wetterlage (Infos über Nachrichten, Telefonauskunft, Anruf beim Fremdenverkehrsamt vor Ort), besonders wenn mit Schlechtwettereinbrüchen zu rechnen ist. Sommerlicher Neuschnee lässt schnell die Temperaturen sinken und schafft ebenso schnell Orientierungsprobleme, selbst in den Vorbergen.

Unterkunft

Die Aussicht auf die Übernachtung in einer Hütte in den Bergen übt auf Kinder einen ganz besonderen Reiz aus. Hütten, die sich auf die Übernachtung mit Kindern eingestellt haben, finden in diesem Band spezielle Erwähnung. Sollten Sie in den Übergangszeiten (also im frühen Frühjahr oder im Herbst) unterwegs sein, empfiehlt es sich, bei den Hüttenwirten direkt (Telefonnummern sind – soweit vorhanden – angegeben), bei den alpinen Auskunftsstellen (D: 089/294940) oder bei den Fremdenverkehrsämtern anzufragen.
Die meisten Unterkunftshütten im vorgestellten Gebiet wurden von den alpinen Vereinen (z. B. Deutscher und Österreichischer Alpenverein) erbaut und durch markierte Wege erschlossen. Die Instandhaltung und Bewirtschaftung erfolgt durch diese. Die Benutzung der Hütten ist allerdings nicht an eine Mitgliedschaft in einem dieser Vereine gebunden, jedoch erhalten Mitglieder einige Vergünstigen (reduzierter Übernachtungspreis, Vorrecht auf Schlafplatz, Bergsteigeressen, Teewasser etc.). Alle Schlafplätze dürfen nur mit Hüttenschlafsack (aus Tuch) benützt werden; diese Schlafsäcke können auch auf den Hütten erworben werden. Vorausbestellungen für Nichtmitglieder sind nicht zulässig. Zwischen den meisten alpinen Vereinen besteht Gegenrecht, d. h. die Vergünstigungen werden auch den Mitgliedern der anderen Vereine eingeräumt.
Die Hütten des Deutschen und des Österreichischen Alpenvereins unterteilen sich in drei Kategorien:
Kategorie I: Schutzhütte mit Stützpunktcharakter für Bergsteiger und Bergwanderer, mit schlichter Ausstattung und Verköstigung in einem bergsteigerisch bedeutsamen Gebiet.
Kategorie II: Alpenvereinshütte mit Stützpunktfunktion in einem vielbesuchten Gebiet. Solche Hütten eignen sich auch für mehrtägige Aufenthalte bzw. für den Familienurlaub. Sie sind gut ausgestattet und in der Regel sogar ganzjährig bewirtschaftet.
Kategorie III: Alpenvereinshütte, die nicht nur zu Fuß erreichbar ist, vorwiegend als Tagesausflugsziel dient und wenig Übernachtungsmöglichkeiten aufweist.

Anfahrt

Das behandelte Wander- und Ausflugsgebiet ist mit einem guten Straßennetz versehen, das aber trotz seiner Dichte an neuralgischen Stellen – besonders am Wochenende – überlastet ist. Überall dorthin, wo die Anreise mit öffentlichen Verkehrsmitteln sinnvoll erscheint, wurde darauf verwiesen (Bahn/Bus); für die Anreise mit dem Auto wurde jeweils der nächstgelegene Parkplatz angegeben.
Folgende Bahnlinien erleichtern den Weg in die Berge: München – Freilassing – Berchtesgaden, Anschluss nach Ruhpolding; München – Kiefersfelden; München – Bayrischzell; München – Tegernsee; München – Lenggries; München – Kochel; München – Garmisch-Partenkirchen – Mittenwald; München – Oberammergau.

Anforderungen

Kinder sind Bewegungskünstler, langweilige Forststraßen sind nicht in ihrem Sinn. Auch wenn sich dieser Wunsch bei vielen der vorgeschlagenen Touren nicht verwirklichen lässt, wurden doch vorwiegend Wege und Steige gewählt, die diesen Vorstellungen entgegenkommen.
Für den Einstieg ins Wandervergnügen werden in der Tourenübersicht auf Seite 13 weitere Hinweise gegeben.

Die vorgestellten Routen sind in der Regel ausgeschildert bzw. markiert. Einige Touren erfordern jedoch Trittsicherheit und Schwindelfreiheit. Es steht jedoch immer auch eine stressfreie Alternative zur Verfügung. In den jeweiligen Routenkarten wurden die einfachen Wanderstrecken grün markiert, die anspruchsvolleren bis schwierigen Routen rot.

Leistungsfähigkeit von Kindern und Jugendlichen

Ein bis drei Jahre: Zwei bis vier Stunden in der Kraxe, bei zahlreichen Bewegungspausen.
Drei bis sechs Jahre: Ansteigend mit dem Alter zwei bis vier Stunden in einfachem Gelände, mit zahlreichen Unterbrechungen.
Sechs bis zehn Jahre: Hütten- und Almwanderungen, leichte Gipfelziele, Klammwanderungen, Übernachtungen auf der Hütte.
Ab 10 Jahren: Tageswanderungen, leichte Klettersteige. Bei den anspruchsvolleren Routen sollte den Eltern das Gelände bereits vertraut sein.

Gefahrenquellen

Kinder sollten in der Regel immer vor den Eltern gehen, damit sie im Blick sind. Bei größeren Kindern, wo dies nicht mehr notwendig ist, Wartepunkte vereinbaren. Im Abstieg, vor allem bei steilen Passagen, müssen die Kinder jedoch hinter den Eltern gehen. Blitzschlag, Geröll, mangelhafte Seilsicherungen, Hitze, Firnfelder und nasses Gras erfordern besondere Aufmerksamkeit.

Ausrüstung

Für die Kinder: Die Schuhe müssen passend sein (Trekkingschuhe), es dürfen nicht mehrere Socken übereinander getragen werden. Mütze, Handschuhe und Halstuch, Sonnenbrille, Wechselunterwäsche, Socken, T-Shirts. Möglichst keine kurzen Hosen, um das Verletzungsrisiko abzumildern (Dornen, Brennesseln etc.). Klettersteiggurte inklusive Steinschlaghelm. Evtl. Ball, Taschenmesser und Taschenlampe für Spiele unterwegs oder für Erkundungen. Eine Lupe zum Betrachten von Insekten und Blumen, Steinhammer, Spielebuch, Pflanzen- und Blumenbestimmungsbuch. Dose oder Beutel für Mitbringsel wie Steine, Samen, Blätter, Tannenzapfen. Badehose. Ab vier Jahren können Kinder bereits ihren eigenen kleinen Rucksack tragen.

Für die Erwachsenen: Nicht nur die Kinder, auch die Erwachsenen sollten unbedingt feste Schuhe (Trekkingschuhe) mit Profilgummisohle tragen. Ein Rucksack mit Verpflegung und Getränken ist selbstverständlich. Durstige und hungrige Kinder laufen nicht gerne. Regenschutz und Kleidung zum Wechseln. Unbedingt ein Erste-Hilfe-Set für kleine Verletzungen (Pinzette, Leukoplast bei Blasenbildung) einpacken. Klettersteigsicherungen, Signalgeber wie Trillerpfeifchen, Handy. Utensilien für Naturerfahrungsspiele. Hüttenschlafsäcke.
Tragetücher für Kinder bis zu einem Jahr.
Für Kinder zwischen einem und drei Jahren ist die Mitnahme einer Tragekraxe unerlässlich. Auch wenn Kinder bereits früh selbst laufen wollen, ermüden sie doch schnell. Wichtig ist dabei eine seitliche Stabilisierungsmöglichkeit sowie gute Polsterung in Kopfhöhe.
Für ausgesetzte Stellen am Weg empfiehlt es sich, eine Reepschnur und einen Brustgurt dabeizuhaben. Badesachen nicht vergessen.

Ernährung und Gesundheit

Abwechslungsreiches Essen mitnehmen, Obst und evtl. rohes Gemüse (Gelbe Rüben und Kohlrabi sind sehr erfrischend) und natürlich auch schmackhaft belegte Butterbrote. Früchtetees und Trockenobst sowie Nüsse und Müsliriegel. Im Herbst und Frühjahr: Thermoskanne mit heißem Tee. Auch wenn – mit wenigen Ausnahmen – die hier vorgeschlagenen

Auch wenn die Kinder noch klein sind, müssen einem die Berge nicht verwehrt bleiben. Kleinkinder lieben es, in der Tragekraxe hochgeschaukelt zu werden.

Kleine Pause am Weg. Ideal, wenn auch noch eine Rastbank zur Verfügung steht.

Touren die Höhe von 2000 Metern nicht überschreiten, bitte daran denken, dass bei Kindern unter zwei Jahren die Höhenanpassung noch nicht funktioniert. Bei Unwohlsein nach Seilbahnfahrten besser wieder schnell ins Tal zurück. Kleinkinder nur bei schönem bzw. warmem Wetter in der Kraxe mittragen; der Bewegungsmangel kann zu Unterkühlung an Armen und Beinen führen. Also durchaus auch im Sommer lange Hosen und Pullis anziehen. In den Bergen müssen alle Kinder gut eingecremt werden, da ihre Haut sehr empfindlich ist und die UV-Strahlung stärker ist.

Gehzeiten und Höhenmeter

Die angegebenen Gehzeiten verstehen sich ohne Rastpausen, sind aber großzügig bemessen. Die angegebenen Höhenmeter beziehen sich auf den Höhenunterschied zwischen Ausgangspunkt und Wanderziel. Je nach Alter der Kinder sollte man zahlreiche Pausen einplanen: zum Auftanken, zum Spielen und für die Eigenbewegung der Kinder, falls sie in der Kraxe getragen werden.

Wissen, wie's weitergeht – diese Frage stellt sich unterwegs immer wieder. Gemeinsam gelöst, macht es mehr Spaß.

Karten

Am genauesten sind die topographischen Blätter des Bayerischen Landesvermessungsamtes (BLVA). Bei der jeweiligen Tour wird auf das entsprechende Kartenblatt hingewiesen. Weitere Kartenblätter gibt es von KOMPASS und Freytag & Berndt. Panoramenkarten bietet der ALPEN Verlag, in denen nicht nur die zahlreichen Einkehrmöglichkeiten, sondern auch die Wegzeiten eingetragen sind.

Bergrettung und Alpines Notsignal

Auch wenn wir nicht hoffen, dass einmal ein Hilferuf notwendig sein wird, sollte die Gesundheit der Familie nicht aufs Spiel gesetzt werden. Kaum eine Wanderung kann so einfach sein, dass nicht einmal der Ernstfall eintreten könnte – Absturz, Steinschlag etc.
Das international eingeführte Alpine Notsignal sollte auch jeder Wanderer im Ernstfall anwenden können: Innerhalb einer Minute wird sechsmal in regelmäßigen Abständen, mit einer Minute Unterbrechung, ein hörbares oder sichtbares Zeichen (Pfeifen/Blinken) gegeben. Der Empfänger antwortet mit dreimaliger Zeichengebung in der Minute. Am einfachsten ist die Mitnahme eines Trillerpfeifchens, wie es im Sport verwendet wird.
Die moderne Technik ist schon weiter, seit einigen Jahren setzt sich auch der Einsatz von Handys immer mehr durch. Für Alpenvereinsmitglieder wurde mittlerweile sogar ein Handy-Service eingerichtet, d. h. Handys können gegen Gebühr ausgeliehen werden. Wichtig ist es natürlich, die entsprechenden Telefonnummern parat zu haben: Bergwachtstellen in den einzelnen Gebieten oder die Notrufnummer.

Abkürzungen und Symbole

Text

AV	Alpenverein
BLVA	Bayerisches Landesvermessungsamt
Std.	Stunde

Karten

grün	leichte Wanderstrecke
rot	anspruchsvollere bis schwierige Route
blau	Klammwanderung
– – –	Variante
P	Parken/Parkplatz
→	Richtungspfeil
▲	Gipfel
⌂	bewirtschaftete Hütte/Alm

Tourenübersicht

In diesem Tourenband haben wir über 200 familiengerechte Routen zusammengestellt, auf denen wir uns alle landschaftlichen Reize der Bayerischen Hausberge erschließen können. Für jede Kondition, für jeden Geschmack lässt sich aus diesem Angebot das Richtige finden. Für die erste Orientierung eignet sich gut der Blick auf die Routenkarte des jeweiligen Tourengebietes. Dort sind alle leichten Routen bzw. Routenabschnitte »grün« dargestellt, die anspruchsvolleren Routen mit der Warnfarbe »rot«.

Da sich innerhalb einer Familie bzw. einer Wandergruppe unterschiedliche Kondition und Erfahrung bündeln, wurde in den behandelten Tourengebieten – so weit möglich – ein zentraler Ausgangspunkt gewählt: Das Wanderziel kann dann verschieden sein – am Abend jedoch ist die Gruppe wieder vereint. Das Gros der Touren bewegt sich im mittleren Schwierigkeitsbereich, das heißt, es handelt sich um interessante, manchmal auch schmale Bergwege, die an einigen Stellen schon mal ausgesetzt sind. Auch damit ist für »kleine Abenteuer« gesorgt, die Kinder brauchen, um das Wandererlebnis so richtig genießen zu können: also abwechslungsreiche Wege, Zwischenstationen zur Rast und zum Spielen – sowie ein attraktives Ziel.

Wanderwege für Anfänger

Ein großer Teil der in diesem Band vorgestellten Routen wurde speziell für Anfänger (über 50 Routen) ausgewählt; sie sind in der Regel gut markiert bzw. ausgeschildert, oft auch breit angelegt und eignen sich daher ideal für Gruppen zum Dahinschlendern. Es gibt keine ausgesetzten Stellen, das heißt, auch nicht-schwindelfreie Wanderer können diese Wege begehen. Auf manchen dieser Routen kann man das ganze Jahr ohne Gefahr wandern; einige der Wege werden sogar nach Schneefall von den Gemeinden geräumt.
Aus der Vielzahl lassen sich 20 Top-Wanderungen empfehlen, die hinsichtlich Erlebnisgehalt und Anforderungen ein Optimum für Familien mit Kindern darstellen:

Die 20 schönsten Wanderungen

Nach Tourengebieten:

1 Zur größten Eishöhle Deutschlands
3 Auf dem alten Soleleitungsweg
4 Durch die Wimbachklamm
5 Zum Obersee und zur Fischunkelalm
7 Eine Runde über die Halsalm
12 Zur Staudacher Alm
13 Zur Staffnalm und Hefteralm
14 Panoramaweg zur Steinlingalm
15 Über die Riesenhütte zur Klausen
16 Almrunde über den Breitenstein
18 Höhenweg zum Rotwandhaus
20 Durchs Zeiselbachtal auf die Aueralm
24 Zu den Engalmen und zur Falkenhütte
28 Zur Jocheralm und auf den Jochberg
31 Auf den Hohen Kranzberg
33 Durch die Partnachklamm
36 Zur Coburger Hütte
37 Auf dem Kramerplateauweg
38 Zu den Schleierfällen
40 Auf dem Alpenrosenweg

Anspruchsvolle Bergwege

Zu guter Letzt soll noch auf die anspruchsvollsten Routen hingewiesen werden. Diese sind überwiegend durch fixierte Stahl- oder Kunststoffseile gesichert und weisen Passagen mit Eisenleitern, Haltestiften oder Eisenbügeln auf. Touren in dieser Kategorie eignen sich erst ab einem Alter von 12 Jahren, doch kann dieses Alter nach unten korrigiert werden, wenn die Eltern über genügend Bergerfahrung verfügen: Es handelt sich dabei um folgende Tourengebiete:

14 Durch die Kaisersäle
17 Klettersteigrunde am Brünnstein
25 Auf dem Mittenwalder Höhenweg
34 Über die Via ferrata auf die Alpspitze

Das Wichtigste für unterwegs sind die Schuhe: Im Wesentlichen lassen sich die Bergschuhe in zwei Kategorien einteilen: a) Alpine Bergstiefel (Abbildung oben), die stabil und steigeisenfest, wasserabweisend und überdurchschnittlich strapazierfähig sein müssen; sie sind aus Leder und anderen Top-Materialien und haben in der Regel die vielgerühmte Vibramsohle.
b) Trekkingschuhe (Abbildung unten); sie haben ein geringeres Gewicht, sind für Gelände geeignet, das Trittsicherheit erfordert, und sind wasserabweisend. Kinderwanderstiefel gibt es in der Regel erst ab Größe 28.

Links:
Junge Blumenfreundin.

BERCHTES-GADENER ALPEN

Am Eingang zur Almbachklamm finden wir Deutschlands letzte Kugelmühle (oben). Am Obersee befinden wir uns im Zentrum der Berchtesgadener Alpen (links).

Die Berge rund um den Watzmann bieten Wandererlebnisse der Superlative: Neben den zahlreichen Routen, die wir selbst erkunden können, gibt es im Alpen-Nationalpark geführte Touren mit Haflingerpferden und Naturerlebniswochen. Wir genießen den fantastischen Ausblick auf die höchste Wand der Ostalpen und den zweithöchsten Berg Deutschlands, den Watzmann, um den sich zahlreiche Sagen ranken. Wir steigen hinauf zur größten Eishöhle Deutschlands im Untersberg, in dem Kaiser Karl der Große seinen Hofstaat hält, wir statten dem nördlichsten Gletscher der Alpen einen Besuch ab, und wir wandern genussvoll auf den Spuren des Salzes, unter anderem entlang dem alten Soleleitungsweg.

1

TOURENGEBIET

MYTHISCHER UNTERSBERG

In die Almbachklamm, zur Eishöhle, ein kleiner und ein großer Gipfel und zu einem aussichtsreichen Unterkunftshaus

Die Almbachklamm wurde bereits vor über 100 Jahren mit Eisengeländer und Stahlseilen gesichert und Touristen zugänglich gemacht.

ANFAHRT
Bahn/Bus: IC und Nahverkehrszüge München – Rosenheim – Freilassing – Berchtesgaden. RVO-Bus zum Gasthaus Kugelmühle bzw. Marktschellenberg oder nach Maria Gern.
Auto: Salzburger Autobahn, Ausfahrt Piding, über Bad Reichenhall und Bischofswiesen nach Berchtesgaden (Abzweigung in Bischofswiesen nach Maria Gern möglich; kleine Parkplätze in Hintergern am Ausgangspunkt). Entweder weiter Richtung Marktschellenberg zum Gasthaus Kugelmühle bzw. kurz hinter Marktschellenberg zum alten Wachtturm; dort jeweils Parkmöglichkeiten. Oder über den Grenzübergang Walserberg zur Ausfahrt Salzburg-Süd und über Hangendenstein nach Marktschellenberg.

GEHZEITEN
Almbachklamm: 2¼ Std.; Gerner Höhenweg: 2½ Std. für die gesamte Runde; Hin- und Rückweg zur Kneifelspitze: 2½ Std.; Anstieg zum Stöhrhaus von Hintergern: 3 Std.; Abstieg 2 Std.; Anstieg zur Schellenberger Eishöhle: 3 Std.; Weiterweg zum Salzburger Hochthron: 1 Std.; Abstieg ins Tal 3 Std.

ANFORDERUNGEN
Allgemein: Mit Ausnahme des Klammwegs und des Thomas-Eder-Steigs sind alle Wege gefahrlos zu begehen. Der Klammweg führt über gesicherte Brücken und Leitern, der Abstieg von Ettenberg über die Hammerstielwand ist steil und etwas ausgesetzt. Der Thomas-Eder-Steig erfordert Trittsicherheit und Schwindelfreiheit.
Alter: Gerner Höhenweg ab 4 Jahren; Almbachklamm, Kneifelspitze und Stöhrhaus ab 6 Jahren; Eishöhle und Salzburger Hochthron ab 10 Jahren.

AUSRÜSTUNG
Für die Begehung der Schellenberger Eishöhle unbedingt warme Kleidung mitnehmen (Pullover/Anorak).

HÜTTEN/EINKEHR
Gasthaus Kugelmühle, 500 m, am Eingang zur Almbachklamm (ganzjährig bewirtschaftet, Übernachtung); Gasthaus Mesnerwirt, 832 m, in Ettenberg (ganzjährig bewirtschaftet, Biergarten); Gasthaus Theresienklause in Maria Gern, 790 m (ganzjährig bewirtschaftet); Paulshütte, 1189 m (ganzjährig bewirtschaftet); Stöhrhaus, 1894 m (AV-Haus, Kat. I, Ende Mai bis Mitte Oktober bewirtschaftet, 16 Betten, 66 Lager, 15 Notlager; Tel. 08652/7233); Toni-Lenz-Hütte, 1551 m (Verein für Höhlenkunde, Anfang Juni bis Mitte Oktober bewirtschaftet, 12 Betten; Tel. 08650/208).

HÖCHSTE PUNKTE
Kneifelspitze, 1189 m; Stöhrhaus, 1894 m; Salzburger Hochthron, 1852 m; Schellenberger Eishöhle, 1570 m.

KARTE
Topographische Karte 1:50000 Berchtesgadener Alpen (BLVA).

Der Untersberg ist neben dem Watzmann der zweite »Sagen-Berg« in den Berchtesgadener Alpen. Angeblich sollen sich Karl der Große und Friedrich Barbarossa mitsamt ihrem Hofstaat dort unterirdisch eingerichtet haben. Grund für diese Sagenbildung ist der Höhlenreichtum dieses Gebirgsstocks aus Kalkstein, der sich durch seine Plateauform ideal für die Versickerung von Wasser eignet. Sicherlich die berühmteste Höhle ist dabei die Schellenberger Eishöhle, die größte ihrer Art in Deutschland. Ihr werden wir einen Besuch abstatten. Als Anschlussprogramm steht die Ersteigung des Salzburger Hochthrons an, den wir durch aufregende Felstunnels erreichen. Wer nicht so hoch hinaus will, wandert durch die Almbachklamm – besonders im Frühjahr während der Schneeschmelze ein Erlebnis – und besichtigt zuvor die letzte Kugelmühle Deutschlands aus dem Jahre 1683 oder geht den aussichtsreichen und einfachen Gerner Höhenweg. Für die kleinen Gipfelaspiranten eignet sich der Anstieg auf die Kneifelspitze. Dort erwartet uns nicht nur eine schöne Aussicht, sondern auch eine gemütliche Einkehrmöglichkeit.

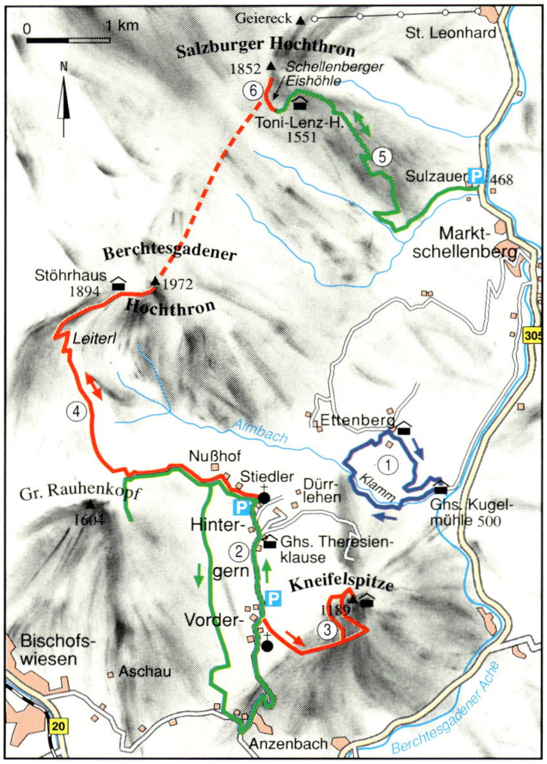

❶ In die Almbachklamm
Vom Gasthaus Kugelmühle – wo wir zuerst die Kugelmühle besichtigen, in der auch heute noch Murmeln aus Untersberger Marmor hergestellt werden – wandern wir zum Klammeingang (Gebühr; Mai bis Allerheiligen geöffnet) und folgen dem gut ausgebauten und gesicherten Steig in die Tiefen des Untersbergs. Über Brücken und an Eisengeländern entlang erreichen wir nach einer Dreiviertelstunde eine Wegverzweigung (links haltend könnten wir hinauf nach Hintergern wandern und mit dem Bus zurückkehren). Rechts auf dem ausgeschilderten, serpentinenreichen Weg hinauf nach Ettenberg mit Gasthof und Biergarten. Vom Gasthof Mesnerwirt entsprechend der Ausschilderung »Almbachklamm – Bushaltestelle« hinab über den Steig durch die steile Hammerstielwand zum Ausgangspunkt.

Nur eine Viertelstunde von der Toni-Lenz-Hütte entfernt liegt der Eingang zur Schellenberger Eishöhle. Die größte Eishöhle Deutschlands ist seit 1925 als Schauhöhle zugänglich.

❷ Über den Gerner Höhenweg

Von der Kirche in Maria Gern wandern wir zunächst entlang der ansteigenden Straße auf den Untersberg zu. Bei der Straßenverzweigung nach dem Gasthaus Theresienklause links – Ende der öffentlichen Fahrstraße – geht es vorbei am schönen Stiedlerlehen zum Untersberghof. Am Gatter wenden wir uns links und spazieren auf ausgeschildertem Wald- und Wiesenweg nach Obergern, das wir beim Stadlerhof erreichen. Die aussichtsreiche, schmale Straße führt ziemlich eben bis zum Anwesen Ascherlehen, dem höchsten Punkt unserer Wanderung.

Nun steigen wir auf steilem Waldweg hinab zum Planitschlehen. Ein kurzes Stück laufen wir auf der Teerstraße, bis links der Steig in Richtung »Bischofswiesen/Berchtesgaden« abzweigt. Auf diesem geht es hinunter zum Klapflehen. Auf der Asphaltstraße abwärts – erneute Abzweigung nach links – bis zur Bundesstraße am Dietfeld und dort links weiter Richtung Gern. Bei der letzten Straßenkurve (Einkehrmöglichkeit im Café Etzerschlößl) zweigen wir ab und gehen durch die Gerner Klamm hinauf nach Vordergern zur Kirche bzw. nach Hintergern, je nach Ausgangspunkt.

❸ Blick von der Kneifelspitze

Auf diesem leicht erreichbaren Ausflugsziel genießen wir nicht nur die Panoramaaussicht auf die Berchtesgadener Alpen, sondern wandern auch vorbei an reizvollen alten Bauernanwesen, darunter das Schusterlehen, eines der letzten vollständig erhaltenen Zwiehöfe, eine bauliche Besonderheit im Berchtesgadener Land. Am Gipfel der Kneifelspitze (1189 m) erwartet uns die ganzjährig bewirtschaftete Paulshütte. Der Abstieg erfolgt auf dem Anstiegsweg.

Wir können die Kneifelspitze jedoch auch umrunden und treffen so wieder auf den Anstiegsweg. Von der Kirche in Hintergern wandern wir zuerst auf asphaltierter, schmaler Straße steil hinauf, bis diese in einen Sandweg übergeht. Jetzt flach weiter durch Wald zur Wegverzweigung beim Aussichtspunkt Marxenhöhe (5 Min. vom Weg). Links haltend eben bzw. nur leicht ansteigend bis zu einem Fahrweg. Dann links am Kneifellehen vorbei, dort rechts weiter und zuletzt recht steil hinauf zum Gipfel der Kneifelspitze mit Gasthaus. Abstieg wie Anstieg.

DER LOWA -TIPP

Die Schellenberger Eishöhle ist nur eine von über 100 begehbaren Höhlen im Untersberg. Die auf einer Höhe von 1570 Metern gelegene Höhle ist die größte ihrer Art in Deutschland. Sie ist seit 1925 als Schauhöhle zugänglich und kann von Pfingsten bis Ende Oktober besichtigt werden. Zwischen 10 und 16 Uhr werden stündlich Führungen veranstaltet. Der etwa 500 Meter lange Rundgang hat seinen Höhepunkt im sogenannten Mörkdom, wo meterlange Eiszapfen von der Decke hängen.

Der Thomas-Eder-Steig ist ein aufregendes Erlebnis für Kinder. Der Anstieg führt durch ein paar in den Fels geschlagene Tunnels mit Guckfenstern.

DAS GEWEIH DER HIRSCHE

Wenn im Herbst die Paarungszeit der Hirsche, die sogenannte Brunft, beginnt, fechten die männlichen Tiere harte Kämpfe um die Gunst der Hirschkühe aus: Nur der stärkste Hirsch darf sich fortpflanzen. Als wichtige Waffe bei diesen Auseinandersetzungen dienen den Tieren die Auswüchse auf ihrer Stirn, das Geweih. Sobald die Brunft abklingt, werfen sie das Geweih wieder ab. Anders als die Hörner von Kühen, Ziegen und vielen anderen Tieren besteht das Geweih aus einer nachwachsenden Knochensubstanz. Im Frühjahr bildet sich ein neues Geweih, das zunächst von einer haarigen Haut, dem Bast, überzogen ist. Ist das Geweih ausgewachsen, streifen die Tiere den Bast an Bäumen und Sträuchern ab und sind bereit zu neuen Paarungskämpfen. Je älter und stärker ein Hirsch ist, desto größer und verzweigter ist sein Geweih. Das kräftig entwickelte Geweih eines Kapitalhirschs kann bis zu zehn Kilogramm schwer sein und bis zu 16 Enden haben.

❹ Von Hintergern zum Stöhrhaus

Dieser Weg führt am schnellsten und leichtesten auf die Untersberghochfläche. Vom Gasthaus Theresienklause wandern wir bis zur Straßenverzweigung und folgen dann links dem Fahrweg (Mark.-Nr. 417) zum Nußhof. Links auf Steig hinauf zum Stöhrweg. Auf diesem rechts unter Felswänden entlang, dann in Serpentinen aufwärts zum sogenannten Leiterl. In Serpentinen hinauf auf das Plateau und rechts weiter zum Stöhrhaus (1894 m), wo wir herrliche Einblicke in die Südabstürze des Untersbergs gewinnen. Bleiben wir über Nacht, haben wir die Chance, einen grandiosen Sonnenunter- und -aufgang zu erleben. Da sich das Unterkunftshaus in Gipfelnähe befindet, gibt es in der Regel eher wenig Übernachtungsbesucher. Das ist ideal, wenn man mit einer kleinen Gruppe unterwegs ist. So können wir in aller Früh auf den Berchtesgadener Hochthron (1972 m) steigen und dort den Tag beginnen lassen.

❺ Zur größten Eishöhle Deutschlands

Vom Parkplatz am Alten Schellenberger Passturm wandern wir auf breitem Weg (Mark.-Nr. 463) bald durch Wald oberhalb des Rothmannbaches hinauf zum verfallenen Bachkaser. Dort rechts auf gut ausgebautem Weg zur ehemaligen Jagdhütte Mitterkaser. Bald sind wir jenseits der Bewaldung und genießen den freien Blick. Über latschengesäumte Serpentinen hinauf zur Toni-Lenz-Hütte (1551 m). Auf Steig weiter Richtung Mittagscharte, bis wir nach einer Viertelstunde das Hinweisschild und den Eingang zur Eishöhle sehen. Rückkehr auf dem Anstiegsweg.

❻ Auf den Salzburger Hochthron

Von der Toni-Lenz-Hütte (1551 m) bzw. von der Eishöhle geht es auf gutem Steig weiter bergan, bis der Thomas-Eder-Steig erreicht wird. Über den gut angelegten Steig mit vielen Stufen und Treppen sowie durch einige aufregende Felstunnels (mit Guckfenstern) hinauf zur Mittagscharte. Dort rechts aufwärts über zahlreiche Serpentinen zum Salzburger Hochthron (1852 m). Im Frühjahr (Ende Mai/Anfang Juni) finden wir hier eine bezaubernde Blütenpracht.

Von diesem zweiten, wenig ausgeprägten Gipfel des Untersbergmassivs können wir einen Abstecher zum bewirtschafteten Zeppezauerhaus machen oder hinüberwandern zur Bergstation der Seilbahn am Geiereck und von dort talwärts hinab nach St. Leonhard schweben. Rückkehrmöglichkeit mit Bus zum Ausgangspunkt.

Im Gipfelbereich des Untersbergs: Die hell leuchtenden Kalkwände heben sich kontrastreich vom Grün der Latschenhänge ab. Die steilen Felsen sind ein beliebtes Revier für Kletterer, und bei guten Windverhältnissen können wir die Seilkommandos hören.

Die Toni-Lenz-Hütte wurde vom Verein für Höhlenkunde erbaut, der sich die Erforschung der zahllosen Höhlen im Untersberg zum Ziel gesetzt hat.

2

TOURENGEBIET

IM REICH DER STEINERNEN HEXE

Ein anregender Bergsteig, eine sagenumwobene Felsengestalt und eine beschauliche Almwanderung

Die Felsgestalt der Steinernen Agnes ist der Legende nach eine versteinerte Sennerin, die aus Verzweiflung ihr Kind ermordete und sich dann in den Rotofenbach stürzte. Der Fels spaltete sich jedoch und verwandelte die Frau zur ewigen Mahnung in Stein.

ANFAHRT

Bahn/Bus: IC und Nahverkehrszüge München – Rosenheim – Freilassing – Bahnhof Kirchberg in Bad Reichenhall. Zu Fuß zur Talstation der Predigtstuhl-Seilbahn.
Auto: Salzburger Autobahn, Ausfahrt Piding, weiter nach Bad Reichenhall; über die Umgehungsstraße Richtung Lofer, rechts zur Predigtstuhlbahn über die Stadtbrücke. Kurz hinter Bad Reichenhall-Kirchberg (500 m) in Richtung Lofer Parkplatz in einer Schleife der alten Jettenberger Straße auf der linken Seite.

GEHZEITEN

Abstecher zur Schlegelmulde: 30 Min; Waxriessteig auf den Predigtstuhl: 3½ Std.; Weiterweg über die Steinerne Agnes und hinab nach Hallthurm: 4–4½ Std.; Überschreitung des Lattengebirges vom Predigtstuhl zur Moosenalm: 3 Std.; Abstieg zum Wachterl: 1¼ Std.

ANFORDERUNGEN

Allgemein: Von der Bergstation zur Schlegelmulde breiter Höhenweg. Auf allen anderen, nicht schwierigen Routen wird Trittsicherheit vorausgesetzt. Beim Übergang zur Moosenalm ein paar kurze Stellen mit Drahtseilsicherung. Mit kleineren Kindern wird der Start ab Predigtstuhlbahn-Bergstation empfohlen.
Alter: Waxriessteig ab 9 Jahren, ansonsten ab 6 Jahren; Wanderung von der Bergstation zur Schlegelmulde und Abstecher zum Dreisesselberg für jedes Alter.

HÜTTEN/EINKEHR

Moosenalm, 1400 m (während der Weidezeit einfach bewirtschaftet, Brotzeiten); Berggasthaus Schlegelmulde, 1607 m (mit Ausnahme von November ganzjährig bewirtschaftet); Gasthaus Wachterl (ganzjährig bewirtschaftet).

HÖCHSTE PUNKTE

Karkopf, 1739 m; Predigtstuhl 1607 m.

KARTE

Topographische Karte 1:50 000 Berchtesgadener Alpen (BLVA).

Das dicht bewaldete Lattengebirge ist ein typischer Plateaugebirgszug mit relativ schwach ausgeprägten Gipfeln, aber einer reichen Almkultur. Auch gibt es dort oben noch viel Gams- und Rotwild. Trotz der relativ unspektakulären Ausprägung weist er ein paar interessante Felsformationen auf, die der Fantasie Spielraum geben: so der Felskamm der Schlafenden Hexe, die besonders schön bei einer Fahrt über den Königssee betrachtet werden kann, und der Felspilz der Steinernen Agnes, der mitten aus den Latschen aufragt.

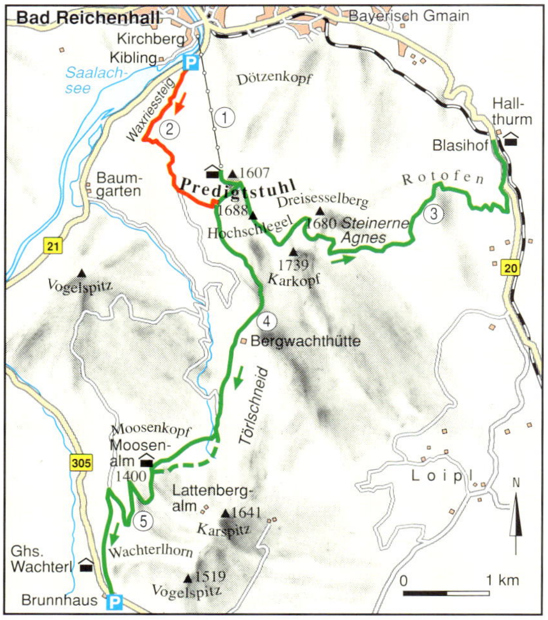

Besonders an der Steinernen Agnes können Kinder mit etwas Unterstützung der Eltern Kraxelversuche unternehmen. Einen schnellen Aufstieg ermöglicht die Predigtstuhlbahn mit fantastischem Tiefblick auf die Kur- und Salzstadt Bad Reichenhall. Aus dem Lattengebirge kommt übrigens auch die Sole der Reichenhaller Salzquellen. Auf der Wanderung über das bewaldete Lattengebirge haben wir dann genügend Auslauf und finden zahlreiche Plätze zum Rasten und Spielen. Und an der Moosenalm treffen wir auf eine Rarität: einen alten, denkmalgeschützten Rundumkaser. Findige werden dabei auch die Abwehrzeichen gegen Dämonen an den alten Holztüren entdecken, die bereits vor Jahrhunderten angebracht wurden.

❶ Mit der Kabinenbahn auf den Predigtstuhl

Bei der steilen Auffahrt zur Bergstation – vielleicht können wir in den steilen Felswänden sogar Gamswild entdecken – gruseln wir uns zwar ein wenig; oben entschädigt uns dann aber ein leichter Höhenweg, dem wir eine Viertelstunde bis zum Berggasthaus Schlegelmulde (1607 m) folgen. Dort können wir einen herrlichen Blick auf den Hochstaufen werfen, der sich jenseits des Reichenhaller Talbeckens erhebt.

❷ Über den Waxriessteig

Vom Parkplatz an der alten Jettenberger Straße folgen wir der Mark.-Nr. 478 und gehen zuerst durch Wald, queren ein Brückchen und steigen in steilen Serpentinen bergan. Der Steig wendet sich allmählich Richtung Westen, schwenkt über das Gatterl in Richtung Süden und führt hinauf zur unbewirtschafteten Unteren Schlegelalm (Rastplatz mit viel Auslauf). Weiter geradeaus stoßen wir auf den Wanderweg Nr. 470, queren ihn und folgen dem Anstiegsweg zur Schlegelmulde. Nun etwas steil hinauf zur Brotzeitstation (1607 m). Auf dem breiten Höhenweg anschließend links zur Bergstation der Predigtstuhlbahn.

Unterwegs finden wir immer wieder prächtige Pilze, das auffällige Rot des Fliegenpilzes ist jedoch eine Warnfarbe – der Pilz ist giftig.

DIE LATSCHE

Wegen ihres gedrungenen Wuchses mit niederliegenden, knieförmig sich aufrichtenden Stämmen wird die Latsche auch Knieholzkiefer, Legkiefer oder Legföhre genannt. Diese Bergkiefernart wird nur ungefähr 1,50 Meter hoch, kann aber einen Umfang von mehreren Metern erreichen. Wo sie großflächig an den Berghängen wächst, dient sie als Schutz vor Lawinen und Erdrutschen. Aus den Nadeln der Latsche wird durch Wasserdampfdestillation ein ätherisches Öl gewonnen, das Latschenkiefernöl. Dieses alte Volksheilmittel findet bei Inhalationen und als Badezusatz Verwendung und wirkt besonders bei Rheuma und Erkrankungen der Atemwege. In Bad Reichenhall gibt es eine Fabrik, die sich auf die Herstellung dieser Produkte spezialisiert hat.

❸ Zu Besuch bei der Steinernen Agnes

Von der Bergstation der Predigtstuhlbahn zuerst hinüber zur Schlegelmulde. Anschließend auf dem markierten Wanderweg Nr. 404 A in steilen Serpentinen hinauf zum Hochschlegel (1688 m) mit Gipfelkreuz und leicht abwärts zur Wegverzweigung Karkopf/Törlkopf. Links weiter zum Aussichtspunkt Dreisesselberg (1680 m). Kurz zurück, links hinab in eine große Mulde und weiter zur ehemaligen Steinbergalm mit sehr schönem Rastplatz. Nun links in 20 Minuten zur Felsgestalt der Steinernen Agnes, die der Sage nach eine versteinerte Sennerin darstellen soll. Über uns thront die Schlafende Hexe. Wagemutige können an der Agnes ihre Kletterfertigkeiten üben. Weiter geht es rechts an ihr vorbei in wenigen Minuten zu einer Wegverzweigung. Hier links (der rechts abzweigende Steig führt steil hinab nach Winkl) und eben hinüber zu den Rotofentürmen, die ein Teil der Schlafenden Hexe (Mark.-Nr. 469) sind. Über den Rotofensattel und durch Wald führen dann zahlreiche gestufte Serpentinen hinab nach Hallthurm. Zuletzt entlang der Straße zum Bahnhof.

❹ Höhenwanderung zur Moosenalm

Von der Bergstation der Predigtstuhlbahn gehen wir auf dem Wanderweg (Mark.-Nr. 470) hinab zur Diensthütte bei der ehemaligen Oberen Schlegelalm. Von dort auf Steig weiter in leichtem Auf und Ab durch Wald, wobei wir ein Holzbrückchen und einige drahtseilgesicherte Stellen passieren. Nach etwa zwei Stunden treffen wir auf die von Baumgarten heraufführende Forststraße. Wir folgen ihr kurz und zweigen dann rechts auf den schmalen Pfad ab, der uns über das Schwimmende Moos zur Moosenalm (1400 m) führt.

❺ Abstieg zum Wachterl

Von der Moosenalm (1400 m) wandern wir durch Almwiesen und Wald auf einem Fahrweg rechts haltend weiter bis zum Rand des Hochtals, wo uns ein steiler Steg abwärts führt. Auf diesem – zum Teil mit Stahlseil und Treppen gesichert – in Serpentinen talwärts. Dort, wo wir wieder auf einen Fahrweg treffen, links weiter hinab zur Schwarzbachwacht (Wachterl) mit Gasthof und Bushaltestelle.

DER LOWA-TIPP

In der Alten Saline in Bad Reichenhall ist das interessante Salzmuseum untergebracht; die Saline selbst gilt als das bedeutendste bayerische Industriedenkmal. Im geheimnisvollen Quellenbau darunter finden wir Ausstellungsräume mit zahlreichen sehenswerten Exponaten. Informationstafeln und Dioramen sowie die noch vorhandenen jahrhundertealten Pumpwerke vermitteln uns Einblicke in die lange Tradition der Salzgewinnung. Öffnungszeiten: April bis Oktober 10–12 Uhr und 14–16 Uhr, November bis März Dienstag und Donnerstag 14–16 Uhr; Tel. 08651/7002-151.

3

TOURENGEBIET

AUF DEN SPUREN DES SALZES

Ein schöner Panoramaweg, ein Abstecher auf eine Aussichtskanzel, zu einer legendenumwobenen Alm und einem Feuchtbiotop

ANFAHRT

Bahn/Bus: IC und Nahverkehrszüge München – Rosenheim – Freilassing – Berchtesgaden. Dort entweder Startpunkt oder mit dem RVO-Bus in Richtung Ramsau bis zur Haltestelle Gmundbrücke. Für den Toten Mann Auffahrt vom Bahnhof Berchtesgaden mit RVO-Bus nach Schwarzeck.
Auto: Salzburger Autobahn, Ausfahrt Piding, über Bad Reichenhall und Unterjettenberg oder Bischofswiesen nach Berchtesgaden zum Bahnhof. Besser die Wanderung in umgekehrter Richtung unternehmen und am Parkplatz Taubensee das Fahrzeug abstellen. Für den Abstecher zum Schwarzen Mann Auffahrt von der Deutschen Alpenstraße nach Schwarzeck zum ersten Parkplatz im Hochtal oder weiter zur Talstation der Hochschwarzeckbahn.

GEHZEITEN

Gesamter Soleleitungsweg: 4 Std., mehrere Abbruchmöglichkeiten, Rückkehr zum Ausgangspunkt mit RVO-Bus; Abstecher zum Schwarzen Mann – bei Benützung der Hochschwarzeckbahn: 1 Std., Anstieg zu Fuß von Schwarzeck: 2½ Std.; Mordau Hin- und Rückweg: 2¼ Std.; zum Taubensee: ½ Std.

ANFORDERUNGEN

Allgemein: Leichte Wanderung auf dem Ramsauer Höhenweg (Soleleitungsweg) mit schönen Ausblicken auf die beeindruckende Berchtesgadener Bergwelt. Der Gipfelabstecher auf den Toten Mann ist ebenfalls leicht, zum Teil aber der Sonne ausgesetzt. Almfahrweg zur Mordaualm. Wanderweg zum Taubensee.
Alter: Ramsauer Höhenweg und Weg zur Mordaualm für alle Altersgruppen; Gipfelabstecher ab Schwarzeck ab 8 Jahren, mit Benutzung der Bergbahn für jedes Alter.

HÜTTEN/EINKEHR

Gasthaus Söldenköpfl, 953 m; Berggasthaus Gerstreut, 920 m; Berggasthaus Zipfhäusl, 860 m (alle ganzjährig bewirtschaftet); Hirschkaser, 1385 m (mit Ausnahme von Anfang November und Mitte Dezember ganzjährig bewirtschaftet); Mordaualm, 1181 m (im Sommer Getränke).

HÖCHSTE PUNKTE

Gasthaus Söldenköpfl, 953 m; Mordaualm, 1181 m; Toter Mann, 1391 m.

KARTE

Topographische Karte 1:50 000 Berchtesgadener Alpen (BLVA).

Die Sole (d.h. das mit Salz angereicherte Wasser aus dem Salzbergwerk) wurde früher durch so genannte Deicheln von Berchtesgaden zur Saline nach Bad Reichenhall geleitet. Am Soleleitungsweg finden wir noch einige dieser Holzrohre ausgestellt – wie hier beim Zipfhäusl.

Berchtesgaden hat eine lange Tradition als Salzort. Das Salzbergwerk ist heute noch in Betrieb und lockt jedes Jahr zahllose Besucher an. Die Siedepfannen der Salinen werden allerdings nicht mehr benützt. Die gewonnene Sole wird heute über eine »Pipeline« über Hallthurm nach Bad Reichenhall gepumpt und dort verarbeitet. Die erste Soleleitung verlief über die Schwarzbachwacht. 1817 wurde sie eingeweiht und 1927 wieder stillgelegt. Um den reibungslosen Betrieb zu gewährleisten, hat man entlang der Leitung einen Kontrollweg eingerichtet. Dieser Weg zwischen Berchtesgaden und dem Wachterl ist heute zum größten Teil als Wanderweg erschlossen und bietet als (Ramsauer) Höhenweg einen grandiosen Ausblick auf die Felsgipfel der Berchtesgadener Alpen.

Über 100 Jahre floss die Sole durch Holzrohre, sogenannte Deicheln; Reste davon sowie einige Informationstafeln sind entlang des Weges aufgestellt.

Um die heilende Wirkung der Sole zu erproben, können wir anschließend den Kurpark in Ramsau aufsuchen, wo sich ein neues kleines Gradierwerk für die Inhalation der wohltuenden salzhaltigen Feuchtigkeit befindet. Übrigens auch ein interessanter Platz für Kinder mit Kletterturm und Spielplatz.

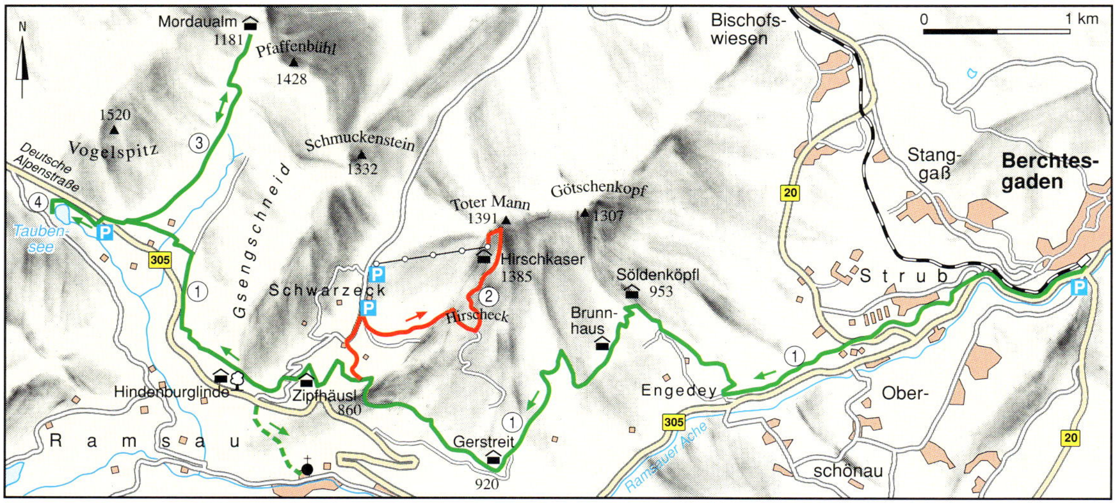

Im Bereich des Soleleitungswegs bieten sich ein paar weitere Attraktionen: So können wir beispielsweise hinaufsteigen zum Toten Mann, einem bewaldeten Aussichtsgipfel (und bequem mit dem Sessellift wieder zu Tal fahren). Oder wir können einen Abstecher in die legendenumwobene Mordau machen, wo marodierende französische Soldaten eine Sennerin ermordet haben sollen.

Blick vom Soleleitungsweg auf die Westseite des Watzmanns. Rechts des Wimbachtals baut sich das Massiv des Hochkalters auf.

SALZLECKSTEINE

Salz ist einer der wichtigsten Mineralstoffe in der Tiernahrung. Da die ausreichende Versorgung mit Salz auf eingezäunten Weiden und in weiträumig abgegatterten Wildgebieten nicht gewährleistet ist, werden dem Wild und den Haustieren aus mineralhaltigen Salzen angefertigte so genannte Salzlecksteine gegeben; die Tiere lecken die »Steine« ab und erhalten auf diese Weise wichtige Mineralstoffe. Als mittlere tägliche Gabe bekommt ein Pferd 15 Gramm, ein erwachsenes Rind 30 Gramm, ein Schaf benötigt jährlich etwa ein Kilogramm. Stallgefütterte Tiere, die nicht genügend Salze und Mineralstoffe erhalten, werden oft von der Lecksucht befallen: Bei dieser Mangelkrankheit belecken und benagen sie Krippen, Stallwände und andere futterfremde Gegenstände auf der Suche nach Salz.

❶ Auf dem alten Soleleitungsweg

Von der Haltestelle Gmundbrücke den steilen Weg Strubberg aufwärts. Oben links und den Markierungen zur Bundesstraße folgen, diese überqueren und weiter zu den Häusern von Ilsank. Wir passieren die Engedey, steigen auf dem Vierradweg an, verlassen diesen wieder und erreichen das Gasthaus Söldenköpfl (953 m, höchster Punkt). Nun nahezu eben durch die Südhänge des Toten Mannes, vorbei am Gasthaus Gerstreit und weiter zum Gasthaus Zipfhäusl. Wir überqueren die Straße, die hinauf nach Schwarzeck führt. Dann durch die steilen Wiesen – mit Blick auf die Reiter Alm – bis zum Kaltbachlehen. Auf dem Rückweg sollten wir der etwa 1000jährigen Hindenburglinde (Naturdenkmal, mit Gaststätte) an der Deutschen Alpenstraße einen Besuch abstatten. Von dort können wir auch über die Kunterwegkirche und den Kreuzweg direkt nach Ramsau absteigen.

❷ Abstecher auf den Toten Mann

Die Auffahrt mit dem Sessellift verkürzt den Anstieg auf den Toten Mann. Von der Bergstation mit Berggasthaus Hirschkaser und Blick auf den Hochkalter sind es nur mehr 20 Minuten zum höchsten Punkt mit der kleinen Bezoldhütte und einer weiten Bergwiese zum Brotzeitmachen. Der Fußweg auf den Toten Mann beginnt bei der Kapelle in Schwarzeck. Wir folgen dem Wegweiser auf einem aussichtsreichen Panoramaweg (Forstweg), der z. T. im Wald verschwindet und über das Hirscheck zum Gipfel (1391 m) führt.

❸ Zur Mordaualm

Vom Parkplatz Taubensee wandern wir in nordöstlicher Richtung auf breitem Wirtschaftsweg (Mark.-Nr. T 4) zuerst über freies Gelände, dann durch Wald bis zu einer Wegverzweigung. Hier links und hinauf zur Mordaualm (1181 m). Abstieg wie Anstieg.

❹ Zum Biotop am Taubensee

Im Wald, nahe der Deutschen Alpenstraße, finden wir das Naturdenkmal Taubensee mit Rundwanderweg. Der eingezäunte Waldsee ist ein wichtiges Biotop für Laubfrösche, Kröten, Molche und Vögel sowie zahlreiche seltene Pflanzen. Zugang zum See vom Parkplatz an der Deutschen Alpenstraße, einen Kilometer nach dem Wachterl in Richtung Ramsau.

4

TOURENGEBIET

KÖNIG WATZMANN UND SEINE FAMILIE

Durch eine Klamm zu einem ehemaligen Jagdschloss, Blick auf die Rodelbahn und den Königssee sowie ein Abstecher zum Watzmann

Das Wimbachschloss im Wimbachtal war früher ein Jagdhaus der Berchtesgadener Fürstpröpste. Heute ist es eine Einkehrstelle für durstige Wanderer.

ANFAHRT
Bahn/Bus: IC und Nahverkehrszüge München – Rosenheim – Freilassing – Berchtesgaden. RVO-Bus nach Königssee bzw. zur Haltestelle Wimbachbrücke, kurz vor Ramsau.
Auto: Salzburger Autobahn, Ausfahrt Siegsdorf, über Inzell, Schneizlreuth und Ramsau nach Berchtesgaden und weiter zum Königssee; dort gebührenpflichtiger Großparkplatz. Oder: Ausfahrt Bad Reichenhall und über Bischofswiesen nach Berchtesgaden. Für den Weg ins Wimbachtal und den Anstieg zum Watzmannhaus zum Parkplatz Wimbachbrücke (634 m), am östlichen Ortsende von Ramsau; dort beginnt auch der übliche Anstiegsweg zum Watzmann.

GEHZEITEN
Abstecher in die Wimbachklamm: 1 Std.; von der Wimbachbrücke zum Wimbachschloss: 1¾ Std., Rückweg gleiche Zeit; von der Wimbachbrücke zum Watzmannhaus: 4 Std., Weiterweg zum Hocheck: 2 Std., Abstieg: 4 Std. (nur mit Übernachtung, Hütte jedoch meist überfüllt); von Königssee auf den Grünstein: 2¼ Std., Abstieg: 1½ Std.; Anstieg von Königssee zur Kührointhütte: 2½ Std., Weiterweg zur Achenkanzel: ½ Std., Rückweg: 2 Std.

ANFORDERUNGEN
Allgemein: Der Steig durch die Wimbachklamm ist gesichert, Weiterweg zum Wimbachschloss auf breitem Wanderweg. Evtl. Schutz gegen Nässe mitnehmen. Der Anstieg auf den Grünstein ist leicht, aber teilweise steil. Zur Archenkanzel teils Fahr-, teils Wanderwege, insgesamt leicht. Der für jedermann zu begehende Anstieg zum Watzmannhaus erfolgt auf Fahrwegen, im oberen Teil auf Bergsteig. Abstecher zum Watzmann-Hocheck auf anstrengendem, zum Teil ausgesetztem Bergsteig.
Alter: Alle Wege mit Ausnahme des Anstiegswegs zum Watzmannhaus ab 6 Jahren – letzterer aufgrund der anstrengenden Route erst ab 12 Jahren.

HÜTTEN/EINKEHR
Watzmannhaus, 1928 m (AV-Haus, Kat. I, Anfang Juni bis Ende September bewirtschaftet, 45 Betten, 120 Lager, 35 Notlager; Tel. 08652/1310); Kührointhütte, 1420 m (privat, Anfang Juni bis Ende September, bewirtschaftet, 3 Betten, 16 Lager; Tel. 08652/7339); Grünsteinhütte, 1200 m (privat, Mitte Mai bis Ende Oktober, keine Übernachtung; Wimbachschloss, 937 m (im Sommer bewirtschaftet, keine Übernachtung); mehrere Gasthäuser und Schnellimbisse in Königssee.

HÖCHSTE PUNKTE
Watzmannhaus, 1928 m; Grünstein, 1304 m; Kührointhütte, 1420 m; evtl. Watzmann-Hocheck, 2265 m.

KARTE
Topographische Karte 1:50000 Berchtesgadener Alpen (BLVA).

Um den Watzmann dreht sich – fast – alles im Berchtesgadener Land. Er ist ja auch die dominierende Berggestalt dort. Aufgrund seiner markanten Form sieht man in ihm eine Königsfamilie: König Watzmann, Watzmannfrau und die fünf Watzmannkinder. Es kursieren verschiedene Märchen über ihn – und sogar Liedermacher haben den »Watzmann rufen« lassen. Seine gefürchtete Ostwand hat schon machem Bergsteiger das Leben gekostet. An seinem Fuß toben sich die weltbesten Rodler auf einer Kunsteisbahn aus. Die Kurverwaltung hat eigens für Kinder den Watzmann-Club ins Leben gerufen. Und doch: Der Hauptgipfel selbst ist für Kinder tabu – er ist zu hoch und zu gefährlich. Aber rundherum gibt es jede Menge zu erleben – ob wir durch die rauschende Wimbachklamm wandern oder von der Archenkanzel einen Tiefblick auf den Königssee riskieren.

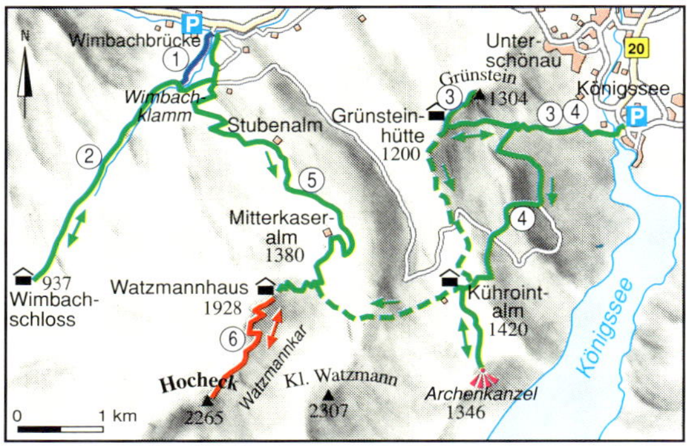

❶ Durch die Wimbachklamm

Vom Parkplatz Wimbachbrücke wandern wir auf dem zu Beginn asphaltierten Fahrweg steil hinauf zum Eingang der Wimbachklamm. Dort wird uns zuerst ein Obulus abverlangt, bevor wir die rauschende Felsenge betreten dürfen. Besonders nach der Schneeschmelze im Frühjahr oder nach ergiebigen Regenfällen bieten die Wassermassen ein sehr eindrucksvolles Schauspiel. Der Weg führt über Holzstege und Brücken, und schon bald betreten wir das weite Wimbachtal. Der Rückweg erfolgt dann über den Zufahrtsweg ins Wimbachtal.

❷ Ins Wimbachtal zum Wimbachschloss

Falls wir die Wimbachklamm auf dem Weg ins Wimbachtal umgehen wollen, halten wir uns beim Klammeingang rechts und folgen der Wegmarkierung Nr. 421. Links und rechts bauen sich bald die Felswände von Watzmann und Hochkalter auf und begleiten uns auf der leichten Wanderung hinauf zum Wimbachschloss (937 m), einem früheren Jagdsitz der Fürstpröpste. Zwischendurch machen wir ein paar Abstecher vom breiten Weg in das geröllübersäte Bett des Wimbachs, das Plätze zum Rasten und Spielen bietet. Der Weiterweg zur Wimbachgrieshütte ist für Kinder allerdings lang und etwas eintönig, und so kehren wir wieder zum Ausgangspunkt zurück.

Blick über den Markt Berchtesgaden auf die gesamte Watzmannfamilie mit Watzmannfrau und den Watzmannkindern.

DER LUCHS

Der Luchs ist eine Raubkatze mit breiten runden Pfoten, Stummelschwanz und pinselförmigen Haarbüscheln an den zugespitzten Ohren. Als Lauerjäger mit sprichwörtlichem Sehvermögen beschleicht er in der Dämmerung seine Beutetiere, zu denen Mäuse, Hasen und sogar Rehe zählen. Die Menschen haben den Luchs jahrhundertelang rücksichtslos verfolgt und in unseren mitteleuropäischen Wäldern nahezu ausgerottet. Seit den 70erJahren wird dieses scheue, den Menschen meidende Tier wieder ausgewildert, vor allem im Bayerischen Wald. Man hat erkannt, dass die Luchse mit ihrem großen Jagdrevier den Wildbestand des Waldes nicht übermäßig gefährden, sondern durch natürliche Auslesen gesund erhalten. Mittlerweile gibt es im Nationalpark Berchtesgaden ebenfalls wieder Luchse.

3 Auf den Grünstein

Vom Großparkplatz Königssee gehen wir zuerst im Strom der Ausflügler zum Seeufer und wenden uns dann nach Westen. Wir überqueren den Abfluss der Königsseer Ache und wandern (links die mächtige Rodelbahn) unter dem Grünstein hinauf in den Klingergraben. Bei einer Wegverzweigung beginnt rechts der Steig durch die Abbrüche der Weißen Wand hinauf zur Grünsteinhütte (1200 m, Einkehrmöglichkeit). Von dort folgen wir dem Wanderweg rechts hinauf zum Grünstein (1304 m).

4 Abstecher zur Archenkanzel

Um vom Grünstein zur Kührointalm zu gelangen, folgen wir dem Anstiegsweg zurück bis zur Abzweigung hinunter in den Klingergraben. Wir gehen jedoch geradeaus weiter auf Bergsteig durch Wald, steigen dann wieder etwas an und treffen nach einer Dreiviertelstunde auf einen Forstweg. Hier kurz links, bald wieder rechts und weiter bis zur Kührointalm (1420 m), die auf einer Almwiese unter dem Kleinen Watzmann liegt. Von der Unterkunftshütte wandern wir in einer halben Stunde weiter in Richtung Süden, zuerst auf Forststraße, dann auf Wanderweg, bis links der Zugang zum Aussichtspunkt Archenkanzel (1346 m) abzweigt. Von dort wieder zurück zur Kühroint. Hier bietet sich auch der Verbindungsweg über die Falzalm zum Watzmannhaus an.

5 Der weite Weg zum Watzmannhaus

Vom Parkplatz Wimbachbrücke an der Ramsauer Ache folgen wir dem bezeichneten (Nr. 441) breiten Weg durch Wald hinauf zur Stubenalm. (Wir können zuerst auch den Weg durch die Wimbachklamm nehmen und dann links hinauf den Anschluss zum Hauptweg herstellen.) Nun hinauf zur Mitterkaseralm (1380 m). Hier den Almfahrweg verlassen und links auf Bergsteig über die teilweise freien Hänge aufwärts zur Falzalm. Dort haben wir einen schönen Blick auf die ganze Watzmannfamilie, besonders die »Kinder« kommen jetzt gut zur Geltung. Zum Schluss über Serpentinen zum Falzköpfl und weiter zum Watzmannhaus (1928 m) hinauf.

6 Zum Watzmann-Hocheck

Der Weiterweg vom Watzmannhaus zum Hocheck (2265 m), dem ersten und leichtesten Watzmanngipfel, ist nur mit Kindern ab zwölf Jahren anzuraten. Der Steig ist markiert, passiert aber ausgesetzte Stellen (Seilsicherungen).

DER LOWA -TIPP

Ein buntes Programm zum Mitmachen und Erleben (beispielsweise Spiele, Sport, Theater) bietet der Watzmann-Club für Kinder – Einheimischen wie auch Gästen. Es gibt dazu ein kostenloses Clubmagazin, das einen Veranstaltungskalender für Kinder enthält. Der Clubraum befindet sich in der Watzmann-Therme in Berchtesgaden (Bergwerkstraße 54). Informationen dazu erhält man bei der Kurdirektion Berchtesgaden; Tel. 086 52/ 96 70.

5

TOURENGEBIET

Die ungewöhnliche Form der Kirche von St. Bartholomä macht sie von allen Seiten zum Blickfang.

DER KÖNIGSSEE LOCKT

Über einen steilen Steig hinauf zu einer großen Alm, ein interessanter Abstecher an den Fuß der Watzmann-Ostwand und ein beeindruckender Wasserfall

ANFAHRT

Bahn/Bus: IC und Nahverkehrszüge München – Rosenheim – Freilassing – Berchtesgaden. RVO-Bus nach Königssee. – Als Auftakt unseres Besuchs am Königssee können wir den schönen Achenweg benutzen, der uns vom Bahnhof abseits vom Autoverkehr in knapp 1½ Std. direkt zum Königssee führt.

Auto: Salzburger Autobahn, Ausfahrt Siegsdorf, über Inzell, Schneizlreuth und Ramsau nach Berchtesgaden und weiter zum Königssee; dort gebührenpflichtiger Großparkplatz. Oder: Ausfahrt Bad Reichenhall und über Bischofswiesen nach Berchtesgaden.

GEHZEITEN

Bootsfahrt über den Königssee: Nach Bartholomä: ½ Std., zum Bootsanlegeplatz Salletalm: ¾ Std, jeweils von Königssee; Rückfahrt von der Bedarfshaltestelle Kessel 20 Min.Gehzeiten: Zur Eiskapelle: Hin- und Rückweg 2 Std.; von der Salletalm zur Fischunkelalm: 1½ Std.; Rückweg: 1½ Std.; von der Salletalm auf die Gotzenalm: 4Std.; Abstieg nach Kessel: 2 Std.

ANFORDERUNGEN

Allgemein: Zur Eiskapelle breiter Wanderweg, lediglich die letzten 200 m über Geröll. Der Weg zum Obersee führt zunächst auf breitem Wanderweg, entlang dem See durch die steile Bergflanke ein gesicherter Steig. Der Anstieg über den Kaunersteig ist zu Beginn sehr steil und ausgesetzt (viele Stufen), Trittsicherheit und Schwindelfreiheit erforderlich; die letzten zwei Drittel des Weges sind leicht. Der Weg führt überwiegend durch Wald, ist aber insgesamt sehr abwechslungsreich, jedoch etwas lang.

Alter: Wanderung zum Obersee sowie zur Eiskapelle ab 4 Jahren; über den Kaunersteig zur Gotzenalm ab 10 Jahren.

HÜTTEN/EINKEHR

Springlkaser, 1685 m (privat, Pfingsten bis Anfang Oktober bewirtschaftet, 15 Betten, 65 Lager; Tel. 08652/3642); Salletalm, 610 m (während der Weidezeit bewirtschaftet); Fischunkelalm, 620 m (privat, während der Weidezeit bewirtschaftet, Brotzeit und Getränke); Gasthaus mit Biergarten in Bartholomä (605 m); mehrere Gaststätten und Schnellimbisse in Königssee.

HÖCHSTER PUNKT

Aussichtspunkt Feuerpalfen, 1741 m.

KARTE

Topographische Karte 1:50000 Berchtesgadener Alpen (BLVA).

Der Königssee ist natürlich auch für Kinder eine Attraktion. Eine Fahrt mit den lautlosen Elektrobooten, das Trompetenecho und die knapp 2000 Meter hohe Watzmann-Ostwand machen auch auf die Kinder Eindruck. St. Bartholomä inmitten einer grandiosen Berglandschaft ist allein schon einen Besuch wert. Oder wir »pilgern« an den Fuß der berühmtesten Wand nicht nur der Berchtesgadener, sondern der gesamten Ostalpen, um das Naturschauspiel der Eiskapelle zu bewundern. Diese Gletscherformation hat sich in dem urtümlichen Bergwinkel aus herabstürzenden Lawinen gebildet. Nicht betreten – Lebensgefahr!

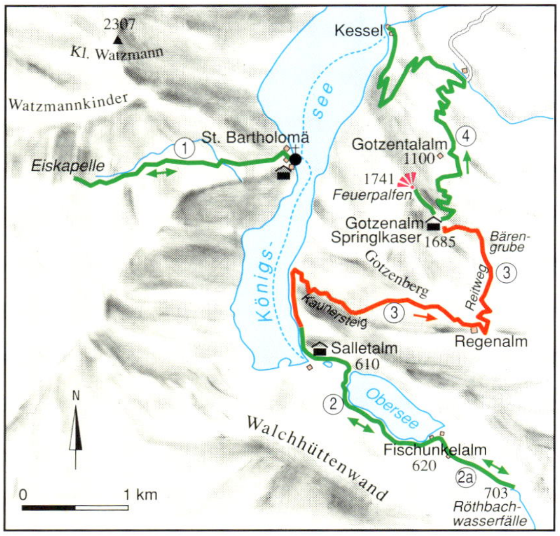

Die Fischunkelalm am Obersee, die besonders im Herbst beim Almabtrieb ein großer Anziehungspunkt ist, lohnt ebenfalls einen Besuch, desgleichen der 400 Meter hohe Röthbachwasserfall in der Nähe. Oder wir wandern auf dem steilen und aufregenden Kaunersteig hinauf zur Gotzenalm und genießen den fantastischen Tiefblick auf den Königssee vom Aussichtspunkt Feuerpalfen. Dort oben gibt es im Sommer nicht nur jede Menge Kühe, sondern auch Murmeltiere zu sehen und zu hören. Auch der Dachs ist hier noch heimisch, lässt sich aber nur selten sehen. Falls wir im Herbst kommen und in den letzten Tagen der Hüttenöffnungszeit eine Nacht verbringen, können wir dem Röhren der Hirsche während der Brunft lauschen.

❶ Von St. Bartholomä zur Eiskapelle

Vom Gasthaus mit Biergarten in St. Bartholomä wandern wir auf zuerst breitem Weg direkt auf die große Ostwand zu. 100 Meter hinter dem Gasthaus halten wir uns links und folgen der Wegmarkierung (Nr. 446) in den Eisgraben. Wir queren den Eisbach über eine Brücke und steigen jenseits durch Wald an, bis das Gelände wieder flacher wird. Zuletzt auf schmalem Pfad bis zum Geröllfeld um die Eiskapelle. Ein ideales Gelände für Kinder, um interessante Steine, Schwemmholz oder Schneereste zu entdecken. Rückkehr auf dem Hinweg.

❷ Zum Obersee und zur Fischunkelalm

Von der Bootsanlegestelle Salletalm wandern wir auf dem breiten Weg zur bewirtschafteten Salletalm und überschreiten dann den Zufluss des Königssees. An der Wegverzweigung links und entlang dem rechten Ufer des Obersees

Wanderer auf dem Rückweg vom Aussichtspunkt Feuerpalfen am Gotzenstein. Im Hintergrund die einsamen Gipfel des Hagengebirges.

bis an die Walchhüttenwand. Dort leitet uns ein gesicherter Steig zur Fischunkelalm (620 m) am anderen Ende des Obersees. Gegen Ende September findet hier der große Almabtrieb statt. Das Besondere daran ist, dass die Kühe zuerst mit Lastkähnen über den Königssee gefahren werden und erst dann mit den sogenannten Fuikln geschmückt werden.

2a Abstecher zum Röthbachwasserfall

Von der Fischunkelalm haben wir die Möglichkeit, zu einem mächtigen Naturschauspiel, dem Röthbachwasserfall, zu wandern. Wir folgen dem markierten Weg weiter, steigen leicht durch Wald an und erreichen jenseits eines kleinen Sattels den Talschluss. Dort erblicken wir bald den über eine Höhe von 470 Meter herabstürzenden Wasserfall.

3 Der Kaunersteig auf die »Gotzen«

Von der Bootsanlegestelle Salletalm links auf dem zu Beginn noch breiten Weg bis zum Waldrand. Dann auf schmalem Bergsteig in zahlreichen Serpentinen und über Stufen durch Wald hinauf bis zur Regenalm (1540 m), einer weiten Almmulde, auf der sich schön rasten lässt. Kurz oberhalb verzweigt sich der Weg, wobei wir nun dem Reitweg nach links folgen. Vorbei an der Bärengrube erreichen wir die ersten Almgebäude der weitläufigen Gotzenalm. Zuerst links und dann rechts auf den Springlkaser zu, eine der beiden Brotzeitstationen auf der »Gotzen«. Falls wir nicht gleich einkehren wollen, folgen wir jenseits dem Almfahrweg ein Stück, bis links der Pfad zum Feuerpalfen abzweigt. Wir steigen auf den freien Bergkamm, der sich dann wieder etwas absenkt, und stehen bald auf der kleinen Aussichtsplattform, dem Feuerpalfen, von der aus wir wohl den eindrucksvollsten Tiefblick in den Berchtesgadener Alpen genießen können.

4 Abstieg zum Kessel

Von der Gotzenalm führt ein breiter Almfahrweg in Richtung Norden und senkt sich in weiten Serpentinen zur verfallenen Seeaualm ab. Wir folgen weiter dem Almfahrweg durch Wald hinab bis zur Gotzentalm (1100 m). Dort zweigt links der ehemalige königliche Reitweg (Mark.-Nr. 494) ab. Auf diesem in weiten Kehren durch Wald hinab zur Bedarfshaltestelle Kessel der Königsseeschifffahrt.

DER ENZIAN

Die Enzianblüten sind der Hauptschmuck der alpinen Bergwiesen und -wälder. Besonders reich blüht der bis zu 1,20 Meter hohe Gelbe Enzian auf Alpenwiesen und felsigen Hängen bis in eine Höhe von 2500 Metern. Der blaublühende Stengellose Enzian wird nur zehn Zentimeter hoch und heißt auch Bitterwurz. Aus den bitteren Wurzeln der Enziangewächse wird der gleichnamige Branntwein hergestellt. Er hat appetitanregende und verdauungsfördernde Eigenschaften und gilt auch als Heilmittel bei Verdauungsbeschwerden, Fieber und Gicht. Alle Enzianarten sind geschützt, da ihr Lebensraum zunehmend gefährdet ist – unter anderem durch das Wurzelausgraben.

DER LOWA-TIPP

Berchtesgaden war lange Zeit ein Zentrum des Holzhandwerks, das neben Gebrauchsgegenständen des täglichen Lebens auch Spielzeug und Krippenfiguren herstellte. Aus dieser Tradition entwickelte sich die heute noch bestehende Fachschule für Holzschnitzerei. Im Heimatmuseum im Schloss Adelsheim (Schroffenbergallee 6) bekommen wir einen informativen Einblick in dieses heimische Handwerk. Angeschlossen an die Ausstellung sind Verkaufsräume. Öffnungszeiten: Dezember bis Oktober Dienstag bis Sonntag 10–16 Uhr, November geschlossen; Tel. 086 52/44 10.

6

TOURENGEBIET

RUND UM DEN JENNER

Hoch über dem Königssee wandern wir zu prächtigen Aussichtsgipfeln, einladenden Hütten und einem weiten Almgelände

Endlich Pause: Nach einer anstrengenden Wanderung schmeckt die Brotzeit auf der Alm um so besser.

ANFAHRT

Bahn/Bus: IC und Nahverkehrszüge München – Rosenheim – Freilassing – Berchtesgaden. RVO-Bus zur Talstation der Jennerbahn.

Auto: Salzburger Autobahn, Ausfahrt Siegsdorf, über Inzell und Unterjettenberg nach Berchtesgaden und weiter nach Königssee (gebührenpflichtiger Großparkplatz an der Jennerbergstation bzw. kurz vor den Schiffsanlegestellen am Nordufer des Königssee). Oder: Salzburger Autobahn bis Ausfahrt Piding und über Bad Reichenhall und Bischofswiesen nach Berchtesgaden. Oder: Über den Walserberg, weiter Richtung Tauernautobahn zur Ausfahrt Salzburg-Süd, über Marktschellenberg nach Berchtesgaden. Von dort auch über den Obersalzberg nach Vorderbrand; Parkplatz kurz vor der Jennermittelstation.

GEHZEITEN

Malerwinkelrundweg: 1½ Std.; von der Jennerbergstation zum Jennergipfel: ¼ Std.; Übergang zum Carl-von-Stahl-Haus: ¾ Std.; Anstieg auf den Schneibstein vom Stahlhaus: 2 Std.; Abstieg vom Stahlhaus zur Königsbachalm: 1½ Std.; Rückweg zur Mittelstation: 1 Std.

ANFORDERUNGEN

Allgemein: Im Großen und Ganzen einfache Wander- und Almfahrwege. Der Anstieg auf den Schneibstein ist ebenfalls problemlos.

Alter: Malerwinkelrundweg für alle Altersgruppen, ebenfalls der Anstieg zum Jennergipfel von der Bergstation der Seilbahn; Schneibstein ab 10 Jahren; Runde um den Jenner über die Königsbachalm ab 6 Jahren.

HÜTTEN/EINKEHR

Jennerhaus bei der Mittelstation, ca. 1200 m (privat, ganzjährig bewirtschaftet, Übernachtung); Jennerbergstation, 1802 m (fast ganzjährig bewirtschaftet); Carl-von-Stahl-Haus, 1728 m (AV-Haus, Kat. I, ganzjährig bewirtschaftet, 24 Betten, 70 Lager; Tel. 08652/2752); Schneibsteinhaus, 1668 m (TVN-Haus, Weihnachten bis Ende Oktober bewirtschaftet, 6 Betten, 74 Lager; Tel. 08652/2596); Königsbachalm, 1180 m (privat, im Sommer einfach bewirtschaftet).

HÖCHSTE PUNKTE

Jenner, 1874 m; Schneibstein, 2275 m.

KARTE

Topographische Karte 1:50000 Berchtesgadener Alpen (BLVA).

Der Jenner ist der vorgeschobene Eckposten des Hagengebirges. Von seinem höchsten Punkt hat man einen der schönsten Ausblicke auf den majestätischen Watzmann und hinab zum Königssee. Die Kabinenbahn lässt uns dieses Vergnügen auch ohne viel Anstrengung genießen. Im Süden erblicken wir die Firnfelder der Übergossenen Alm, des einzigen Plateaugletschers der Ostalpen. Der Sage nach entstand er durch den Übermut von Sennerinnen, denen es so gut gegangen sein soll, dass sie die Verbindungswege zwischen den Almen mit Käse und Butter pflasterten. Als Strafe Gottes versank das Almgebiet unter ewigem Schnee.

Die Bergstation der Jennerbahn ist Ausgangspunkt für zahlreiche Wanderungen, unter anderem zum Schneibstein, dem leichtesten Zweitausender der Berchtesgadener Alpen. Rund um den Jenner schauen wir auch noch bei ein paar bewirtschafteten Almen vorbei. Und oberhalb der Königsbachalm haben wir – je nach Turnus – die Möglichkeit, eine Original Enzianbrennerei zu besichtigen. Doch es gibt noch mehr zu entdecken: Als kleiner Auftakt bietet sich die Rundwanderung zum Malerwinkel an, wo wir einen schönen Blick auf den See haben. Erst dann starten wir hinauf in die höheren, aussichtsreicheren Regionen.

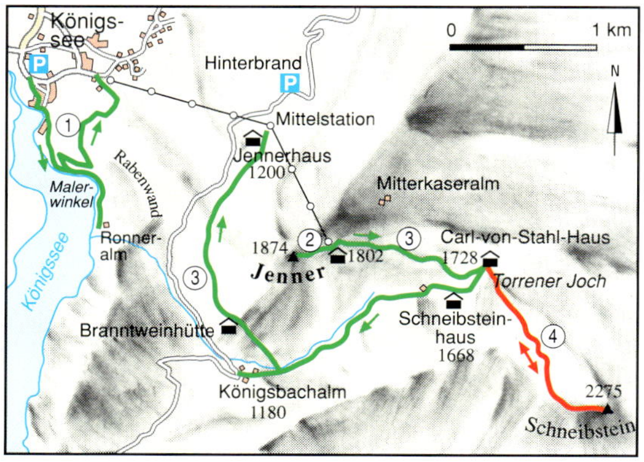

❶ In den Malerwinkel

Einen ersten Eindruck von der landschaftlichen Pracht des Königssees bietet der Rundweg von der Schiffsanlegestelle am Nordufer. Hier wird der Fjordcharakter des Sees deutlich, der sich tief zwischen steil abfallenden Wänden eingeschnitten hat. Im 19. Jahrhundert wurde diese Stelle von zahllosen Landschaftsmalern wie Carl Rottmann oder Ludwig Richter aufgesucht.

Von der Seelände mit dem Hotel Schiffbauer, in dem auch Ludwig Ganghofer seine Sommerfrische verbrachte, wandern wir links an den Bootshäusern vorbei und steigen leicht bergauf durch Wald. Bald geht es wieder bergab, und zwischen Bäumen hindurch sehen wir den See. Am Horizont erkennen wir das Kirchlein von St. Bartholomä, links darüber die Schönfeldspitze. Wir können nun bis zum Wasser hinunterwandern, an manchen Stellen ist es nicht tief und lädt zum Plantschen ein. Der Weg endet allerdings bald. Wir müssen wieder zurück bis zur Wegverzweigung, folgen dort rechts dem breiten Wanderweg und kehren im weiten Linksbogen zurück zum Großparkplatz bzw. zur Seelände in Königssee.

Der Blick von der Aussichtsplattform am Jenner hinab auf den Königssee und hinüber zum Watzmann gehört zu den schönsten Bergerlebnissen im ganzen Berchtesgadener Land

❷ Aussicht wie aus dem Bilderbuch

Nach der Auffahrt in den kleinen Kabinen der Jennerbahn starten wir unseren kurzen Ausflug zum Jennergipfel, der nur eine Viertelstunde Fußweg von der Bergstation entfernt ist. Auf breitem, teils gestuftem Wanderweg steigen wir hinauf zur Aussichtsplattform mit Ferngucker. Von dort sind es nur noch wenige Minuten bis zum höchsten Punkt (1874 m). Die Schau auf die Berchtesgadener Berge ist überwältigend. Bei so viel Ablenkung muss man nur aufpassen, dass einem die vielen Bergdohlen nicht das Wurstbrot aus der Hand zupfen.

❸ Torrener Joch und Königsbachalm

Von der Bergstation der Jennerbahn (1802 m) halten wir uns links, wandern zuerst hinab in den Sattel zwischen Jenner und Hohem Brett und folgen dann dem markierten Höhenweg hinüber zum Carl-von-Stahl-Haus (1728 m) im Torrener Joch. Dort haben die Kinder rund um die Hütte einen schönen Auslauf. Vom Stahlhaus geht es dann auf Wanderweg hinunter zum Schneibsteinhaus der Naturfreunde (1668 m). Hier beginnt der Fahrweg den Königsbach entlang hinab zur Königsbachalm. Kurz davor zweigt links der Weg zur Priesbergalm (1180 m) ab. Diesem folgen wir ein Stück und treffen dann auf die alte Branntweinhütte der Enzianbrennerei Grassl. Wenn wir Glück haben, ist der Brenner gerade vor Ort (dies erfolgt turnusmäßig mit den anderen Brennstuben) und lässt uns an der alten Tradition des Schnapsbrennens teilhaben. Dann gehen wir auf dem Herweg zurück und steigen hinab zu den Königsbachalmhütten, wo wir einkehren können. Anschließend ein Stück des Weges zurück und links auf dem breiten Wanderweg (Mark.-Nr. 497), der im weiten Bogen um den Jenner herum zur Mittelstation der Bergbahn führt. Von der Königsbachalm gibt es auch einen Wanderweg direkt nach Königssee.

❹ Einmal Schneibstein und zurück

Vom Stahlhaus (1728 m) auf Steig (Nr. 416) zuerst in südöstlicher Richtung über freie Berghänge, bis dieser links über den sanften Nordwestgrat zum Schneibsteingipfel (2275 m) zieht. Ein Blick über das ausgedehnte Hagengebirge bietet sich uns Richtung Süden, im Osten beeindrucken die Abbrüche der Teufelsmauer. Am südöstlichen Rand des Hagengebirges sind wieder Steinböcke heimisch.

DER STEINADLER

Noch vor etwa 200 Jahren war der Steinadler bis hinab in das Flachland verbreitet, er zog sich aber vor der Verfolgung des Menschen immer weiter nach Nordeuropa und in die Hochgebirgsregionen der Alpen zurück. Hier baut er in Steilwänden sein vor Wind und Wetter geschütztes Nest, den Horst. Steinadler haben ausgezeichnete Augen und sind mit einer Flügelspannbreite von etwa zwei Metern vorzügliche Segler; stundenlang können sie in den Bergen, die Luftströme nutzed, kreisen. Dementsprechend groß ist auch ihr Jagdrevier: 100 Quadratkilometer und mehr. Sie jagen vor allem Murmeltiere und Schneehasen, ernähren sich aber auch von abgestürzten Steinböcken, Gamswild und Weidetieren. Der Steinadler ist gesetzlich geschützt.

DER LOWA-TIPP

Murmeltiere, Steinadler, Bussarde, Habichte und Uhus gibt es im privaten Adler- und Murmeltiergehege am Obersalzberg (Hintereck 9) zu sehen. Die Anfahrt erfolgt von Berchtesgaden über die Obersalzbergstraße bis zum Parkplatz Hintereck. Öffnungszeiten: Mitte Mai bis Mitte Oktober tägl. 10–12 Uhr und 13.30–17 Uhr; Tel. 086 52/41 72.

7
TOURENGEBIET

AM IDYLLISCHEN HINTERSEE

In den Zauberwald und zum nördlichsten Gletscher der Alpen, ein Klettersteig, ein Bergsee, auf den Spuren der Salzsäumer und einladende Almen

Mit Information kann man bei Kindern nicht früh genug anfangen. Erläuterungstafel der Nationalparkverwaltung am Hintersee.

ANFAHRT

Bahn/Bus: IC und Nahverkehrszüge München – Rosenheim – Freilassing – Berchtesgaden. RVO-Bus zum Hintersee; im Sommer fährt der Bus weiter bis zur Engert-Holzstube und seit neuestem versuchsweise auch bis zum Hirschbichlpass. Von der österreichischen Seite ebenfalls Busverbindung zum Hirschbichlpass.
Auto: Salzburger Autobahn, Ausfahrt Siegsdorf, über Inzell und Schneizlreuth nach Ramsau (Abzweiger vom Wachterl) bzw. über Berchtesgaden zum Hintersee. Dort mehrere gebührenpflichtige Parkplätze. Parkplatz auch am Ende der Fahrstraße am Eingang ins Klausbachtal (für Hirschbichl und Halsalm).

GEHZEITEN

Durch den Zauberwald: 1 Std.; Runde über die Halsalm: 3 Std.; Wanderung auf der alten Salzstraße zum Hirschbichlpass: 2 Std.; Anstieg zur Blaueishütte: 2¾ Std.; Abstecher zum Blaueisgletscher: ¾ Std.; Aufstieg zur Schärtenspitze von der Blaueishütte: 1½ Std.; Abstieg von der Hütte zum Parkplatz: 2 Std.

ANFORDERUNGEN

Allgemein: Mit Ausnahme des Anstiegs auf die Schärtenspitze, die Trittsicherheit und Schwindelfreiheit voraussetzt, sind alle Wege ohne ausgesetzte Stellen und leicht zu begehen. Zugang zur Blaueishütte bis auf das letzte Stück auf Forststraße, dann Steig. Zum Hirschbichlpass führt ein breiter neuer Wanderweg.
Alter: Schärtenspitze ab 12 Jahren; alle anderen Wege ab 4 Jahren; der Abstecher in den Zauberwald ist selbst mit Kinderwagen möglich.

AUSRÜSTUNG

Klettersteigausrüstung für Kinder an der Schärtenspitze sinnvoll; wichtig ist vor allem ein Steinschlaghelm.

HÜTTEN/EINKEHR

Blaueishütte, 1680 m (AV-Hütte, Kat. I, Mitte Mai bis Mitte Oktober bewirtschaftet, 28 Betten, 52 Lager, Tel. 08657/2 71); Schärtenalm, 1359 m (privat, während der Weidesaison einfach bewirtschaftet); Halsalm, 1211 m (privat, während der Weidesaison einfach bewirtschaftet); Bergheim Hirschbichl, 1150 m (AV-Haus, Kat. II, beaufsichtigt von Pfingsten bis Ende September, familiengeeignet, 19 Betten, 20 Lager; Tel. 0043/6582/8354); Brotzeitstation auf der Bindalm; Wirtshaus und Kiosk im Zauberwald; mehrere Gasthäuser am Hintersee.

HÖCHSTE PUNKTE

Blaueishütte, 1680 m; Schärtenspitze, 2153 m.

KARTE

Topographische Karte 1:50000 Berchtesgadener Alpen (BLVA).

Das Gebiet rund um den Hintersee gehört zu den vielfältigsten »Wanderspielplätzen« in den bayerischen Hausbergen. Für jeden Geschmack, für jede Kondition ist etwas dabei. Für die ganz Kleinen sind die schattigen, breiten Wanderwege durch den Zauberwald gerade das Richtige. Für einen kleinen Almausflug bietet sich die Halsalm an, von der aus wir einen schönen Blick auf den Hintersee genießen können. Eine leichte Wanderung führt auch auf den Spuren der Salzsäumer zum Hirschbichlpass, auf dem bis zum Beginn des 19. Jahrhunderts Fuhrwerke mit dem kostbaren Speisesalz der Saline hinein nach Tirol zogen. Die Konditionsstarken wandern hinauf zur Blaueishütte und zum nördlichsten Gletscher der Alpen, dem Blaueisgletscher. Einen kleinen Nervenkitzel erhalten wir beim teilweise gesicherten Anstieg auf die Schärtenspitze, wo sich uns ein beeindruckender Blick auf den Blaueisgletscher, den Hintersee und die ihn umgebenden Berge bietet.

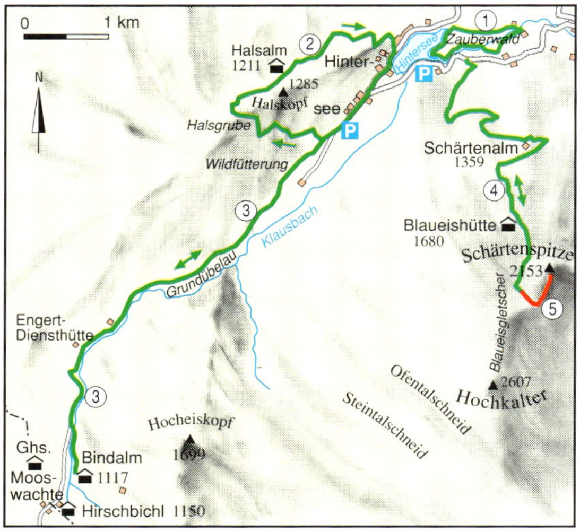

Im Winter können wir bei der Wildfütterung zusehen (Schaufütterung), und ebenfalls am Eingang zum Klausbachtal gibt es eine Informationsstelle des Nationalparks, die viel Wissenswertes über Tiere, Pflanzen und den Lebensraum Natur bereithält. Für einen kleinen Familienbergurlaub bietet sich das Bergheim Hirschbichl an. Im Umfeld der Hütte locken Wiesen, Bachläufe, interessante Almen (Kallbrunnalm, Bindalm) und kleine wie große Gipfelziele, so beispielsweise der Kuhkranz und die Stadelhörner. Auf der österreichischen Seite, in Weißbach, gibt es sogar einen Klettergarten und die reizvolle Seisenbergklamm.

1 In den Zauberwald

Die Wanderung in den Zauberwald können wir von verschiedenen Stellen aus antreten. Am Nordufer des Hintersees gibt es eine Informationstafel, auf der Ostseite einen Kiosk und im Innern des Zauberwalds das Wirtshaus im Zauberwald. Auf gut angelegten Wegen am Bachlauf der Ramsauer Ache entlang entdecken wir eine wie verwunschen wirkende Wald- und Felslandschaft, in der wir stundenlang herumwandern können. Besonders reizvoll – insbesondere im Frühjahr – ist der Blick in die Marxenklamm, durch die sich die Ramsauer Ache zwängen muß. Falls wir unsere

Die eindrucksvollen und mit Blumen geschmückten Bauernhöfe im Gebiet um Ramsau sind sogenannte Einfirsthöfe, d. h. Wohngebäude, Stall und Tenne befinden sich unter einem First (Dach). Die meisten Bauernhöfe tragen noch heute die Bezeichnung »Lehen«, da die ehemaligen Fürstpröpste die Anwesen an die Untertanen gegen Abgaben und Dienste verliehen. Ab dem späten Mittelalter konnten die Bauern die Lehen als Erbrecht kaufen.

Strickl-Barometer am Passübergang Hirschlbichl, das uns auf humorige Weise Auskunft über das Wetter geben soll.

Der Hintersee – in alten Karten auch als Fohrensee bezeichnet – weist eine Tiefe von etwa 25 Metern auf. Der See entstand durch einen mächtigen Bergsturz am Hochkalter, der den Klausbach aufstaute. Heute ist er ein beliebtes Ausflugsziel – mit Möglichkeit zum Rudern und Baden.

WILDFÜTTERUNG ZUM SCHUTZ DES WALDES

Wo die Lebensräume von Wildtieren kleiner werden und gleichzeitig die Zahl der Tiere steigt, weil natürliche Feinde fehlen, gerät die Natur aus dem Gleichgewicht. So sind unsere Wälder zu klein geworden für die großen Rotwildbestände, die Weideplätze – die so genannten Äsungen – reichen vor allem im Winter nicht mehr aus. Die Tiere fressen dann Baumrinde und junge Triebe und schaden so dem Baumbestand. Um solche Schäl- und Verbissschäden zu verhindern, wird vielerorts das Wild im Winter gefüttert. In den ohnehin kargen Bergwäldern werden zum Schutz der Bäume auch Wintergatter errichtet: Das Wild lebt den Winter über in diesen eingezäunten Flächen und wird vom Förster gefüttert, bis die Vegetation im Frühjahr wieder genügend Äsung bietet.

Tour in Ramsau beginnen, können wir über den Bergkurgarten zu den Zwergenspielen (beim Café Waldquelle), zu den Gletscherquellen und von dort in den Zauberwald hineinwandern.

❷ Eine Runde über die Halsalm

Vom Parkplatz am Ende der Fahrstraße ins Klausbachtal zunächst noch fünf Minuten in Richtung Hirschbichl, bis rechts der ausgeschilderte Wanderweg zur Halsalm abzweigt. Der breite Weg verläuft durch schattigen Wald hinauf zur Halsgrube, einer Einsenkung am Fuß der steil aufragenden Felswände der Reiter Alm. Durch diese führt links haltend der sehr reizvolle Böselsteig hinauf auf das Hochplateau der Reiter Alm mit der Neuen Traunsteiner Hütte, einem großen Unterkunftshaus. Dort Wegverzweigung: Wir nehmen den breiten, nach rechts leitenden, der uns bald über freies Gelände hinauf zur schön gelegenen Halsalm (1211 m) bringt. Von dieser auf einem schmalen Bergweg in nördlicher Richtung bis zu einer Wegverzweigung, die wir nach einer Viertelstunde erreichen. Wir halten uns rechts, steigen steil durch Wald hinab bis zu den ersten Wiesen, wenden uns dort links am Zaun entlang zum Hintersee und kehren entlang der Straße zum Ausgangspunkt zurück.

❸ Auf den Spuren der Salzsäumer

Vom Parkplatz am Ende der Fahrstraße (kurz davor der Gasthof Auzinger, in dem im 19. Jahrhundert viele Maler Quartier bezogen, um vor allem das reizvolle Gebiet um den Hintersee auf ihre Leinwände zu bannen) wandern

Die nach dem nördlichsten Gletscher der Alpen benannte Blaueishütte ist Stützpunkt nicht nur für anspruchsvolle Bergtouren. Von hier aus ist es nur ein Abstecher zum Blaueisgletscher. Mit größeren Kindern ist ein Besuch der Schärtenspitze möglich.

wir zuerst auf dem für den öffentlichen Verkehr gesperrten Fahrweg ins Klausbachtal, bis links ein Wanderweg durch Wald abzweigt. Auf diesem leicht ansteigend bis zur Bindalm (1117 m, ein sehenswertes, denkmalgeschütztes Almensemble) und hinauf zum Hirschbichlpass (1150 m) mit Gasthaus und Bergheim Hirschbichl, über den in früheren Jahrhunderten die Salzfuhrwerke ins Tirolerische zogen. Rückfahrtmöglichkeit mit dem Bus.

❹ Anstieg zur Blaueishütte

Von einem der Parkplätze am Ostufer des Hintersees wandern wir auf einer etwas langweiligen Forststraße in weiten Kehren durch Wald hinauf zur bewirtschafteten Schärtenalm (1359 m). Eben weiter auf Fahrweg bis zum Aussichtspunkt »Eisbankl«. Dort zweigt bald links der etwas steile und sehr reizvolle Steig durch lichten Wald an der Westseite des Steinbergs hinauf zur Blaueishütte (1680 m) ab. Rund um die Hütte, die in einem großen Felskessel liegt, gibt es für Kinder genügend Auslauf und zahlreiche große Felsbrocken für erste Kletterübungen.

❺ Zum Blaueisgletscher

Von der Blaueishütte folgen wir dem Wanderweg, der direkt auf den Gipfelaufbau des Hochkalters zuhält. Bald stoßen wir auf den zuerst flachen, dann steil ansteigenden nördlichsten Gletscher der Alpen, der allerdings durch die Klimaveränderungen der letzten Jahrzehnte vom Verschwinden bedroht ist. So haben sich durch die Ausaperung früher wichtige Anstiegsvarianten auf den Hochkaltergipfel verändert.

❻ Gipfel für die Großen: Die Schärtenspitze

Vom Weg zum Blaueisgletscher zweigt links ein Steig ab, der recht steil und mit Drahtseilen gesichert hinauf zur Schärtenspitze führt. Da mit Steinschlag zu rechnen ist, nur mit großen Kindern begehen! Fantastische Ausblicke auf den Gletscher, den Hintersee und die umliegenden Berge belohnen diese Anstrengung. Abstieg auf den Anstiegswegen.

DER LOWA-TIPP

Bademöglichkeiten in den Berchtesgadener Alpen bestehen am Hintersee (einige seichte Stellen befinden sich auf der Seite des Zauberwaldes; außerdem können dort auch Ruderboote gemietet werden) und am Aschauer Weiher (mit Badeanstalt) sowie in den Freibädern in Schönau (Schornbad) und in Marktschellenberg. Ein echtes Erlebnisbad wurde mit der Watzmann-Therme eröffnet; dort zieht uns vor allem eine 80-Meter-Rutsche in ihren Bann. Im Königssee kann man an einigen Stellen am Nordufer zwar ins Wasser, zum Baden ist es allerdings zu kalt.

CHIEM-GAUER ALPEN

Von der Steinlingalm (oben) am Ende des Panoramawegs auf der Kampenwand haben wir einen freien Blick auf den Chiemsee. Blick auf die Bergstation der Kampenwandbahn (links), die von Hohenaschau heraufführt.

Die Bergwelt zwischen Saalach und Inn ist wie geschaffen für Wanderferien mit Kindern. Hier finden wir viele sanfte, aber doch abwechslungsreiche Anstiege hinauf zu bewirtschafteten Almen und kinderfreundlichen Hütten. Wir besuchen das größte Gipfelkreuz in den bayerischen Alpen auf der Kampenwand und versuchen uns am reizvollen Nordwandsteig am Hochstaufen. Oder wir überschreiten die westlichen Berge des Chiemgaus in Etappen und genießen den Blick nach allen Seiten. Idyllische Badeseen – wie der Wössener Weiher und der Weitsee – und zwei Erlebnisparks bei Ruhpolding und Marquartstein sorgen für einen abwechslungsreichen Ausklang nach der Tour.

8
TOURENGEBIET

RUND UM DEN ZWIESEL

Zwei Almwanderungen, ein Gipfelabstecher und eine Gipfelüberschreitung in den östlichen Chiemgauer Alpen

ANFAHRT
Bahn/Bus: Etwas kompliziert und daher nicht zu empfehlen, da zum Ausgangspunkt Jochberg keine öffentliche Busverbindung besteht. Wer allerdings lediglich zur Höllenbachalm will, kann von Bad Reichenhall oder Traunstein mit dem RVO-Bus bis zur Haltestelle Mauthäusl fahren.
Auto: Salzburger Autobahn, Ausfahrt Siegsdorf, über Inzell nach Weißbach a. d. Deutschen Alpenstraße; am Ortsende Richtung Schneizlreuth links die schmale öffentliche Fahrstraße hinauf nach Jochberg (800 m), 4 km bis zum Ende. Dort Wanderparkplatz. Wer auf der Almstraße zur Höllenbachalm will, fährt weiter Richtung Schneizlreuth. 300 m hinter dem Gasthaus Mauthäusl auf der linken und rechten Straßenseite Parkmöglichkeiten.

GEHZEITEN
Von Jochberg auf die Zwieselalm: 2 Std.; Gipfelweg zum Zwiesel: 2 Std.; Überschreitung des Gamsknogls zur Kohleralm und Rückkehr nach Jochberg: 3 Std.; von Jochberg zur Höllenbachalm: 1¼ Std.; von der Deutschen Alpenstraße zur Höllenbachalm: ¾ Std.

ANFORDERUNGEN
Allgemein: Die Wanderung zum Zwieselhaus erfolgt auf Forststraße und einem leichten Bergweg. Der Anstieg auf den Zwiesel auf leichtem Bergsteig, keine ausgesetzten Stellen. Die Runde über den Gamsknogl setzt Trittsicherheit und Schwindelfreiheit voraus. Der Abstecher zur Höllenbachalm ist auf beiden Wegen (Almstraße und Waldweg) sehr leicht.

Alter: Anstieg zur Zwieselalm ab 6 Jahren; Anstieg zum Zwiesel ab 8 Jahren; Weiterweg über den Gamsknogl erst ab 12 Jahren empfehlenswert.

HÜTTEN/EINKEHR
Zwieselalm, 1386 m (privat, Mitte Mai bis Mitte Oktober bewirtschaftet, 30 Betten im Kaiser-Wilhelms-Haus nebenan; Tel. 08651/3107); Höllenbachalm, 785 m (von Anfang Juni bis Anfang Oktober bewirtschaftet, keine Übernachtung).

HÖCHSTE PUNKTE
Zwiesel, 1782 m; Gamsknogl, 1750 m.

KARTE
Topographische Karte 1:50000 Berchtesgadener Alpen (BLVA).

Der Geißbock auf der Höllenbachalm ist die Attraktion für Kinder

Der Zwiesel steht etwas im Schatten des Hochstaufens, obwohl er diesen sogar um elf Meter überragt. Doch er ist ganz sicher der kinderfreundlichere Berg: Der Ausgangspunkt liegt beim Zwiesel höher als beim Hochstaufen, das Zwischenziel, die Zwieselalm, steht an günstigerer Stelle, und der Gipfel selbst ist ohne jede Schwierigkeit leicht zu ersteigen. Vor allem bieten sich aber auch mehr Variationsmöglichkeiten im Gipfelbereich an. Zum Abschluss der Tour können wir dann noch am Gletschergarten vorbeifahren und einen kleinen Einblick in die Erdgeschichte gewinnen.

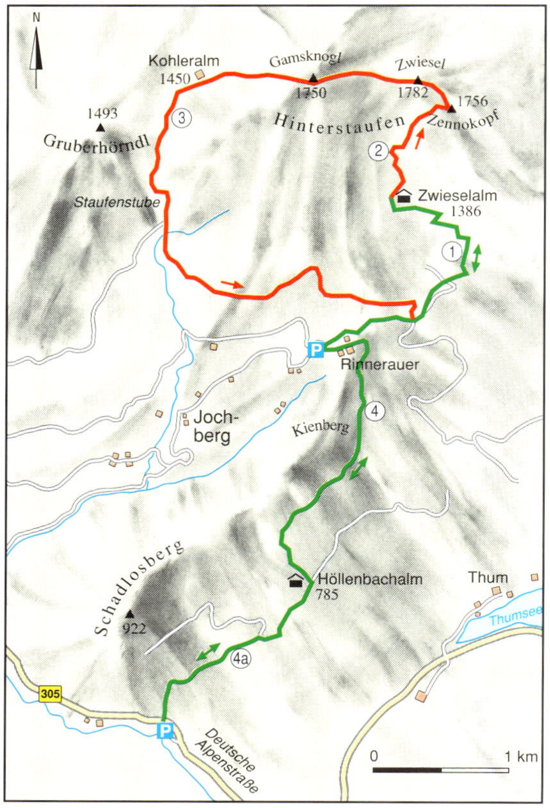

❶ Von Jochberg zur Zwieselalm
Vom Parkplatz am oberen Ende in Jochberg (880 m) folgen wir zunächst der Forststraße durch Wald. Nach einer Viertelstunde zweigt rechts der alte Wanderweg ab und kürzt die Forststraße etwas ab. Dann treffen wir auf den von Bad Reichenhall heraufkommenden Weg (E 4). Auf diesem bergwärts durch Wald weiter. In Serpentinen steigen wir direkt in Richtung Zwieselgipfel und treffen dabei auf den vom Hochstaufen herüberführenden Weg. Nun links weiter in vorwiegend freiem Gelände – oberhalb die Zwieselalm (1386 m) – hinauf zum bewirtschafteten Haus mit kleiner Terrasse und schönem Ausblick auf Bad Reichenhall und die Berchtesgadener Alpen. Rechts davon steht das Kaiser-Wilhelm-Haus.

❷ Hinauf zum Zwieselgipfel
Direkt von der Zwieselalm führt ein leicht begehbarer, markierter Steig durch Wald und Latschen hinauf zum Zennokopf (1756 m), dann links weiter über freies Gelände hinüber zum Zwieselgipfel (1782 m).

❸ Eine Runde über den Gamsknogl
In der Regel werden wir vom Zwiesel wieder auf dem Anstiegsweg absteigen. Für trittsichere und bergerfahrene größere Kinder ist der Übergang direkt auf dem Grat zum Gamsknogl sicher ein großartiges Erlebnis. Vom Gipfel auf Pfad zunächst durch Latschen hinab in die tiefste Einsenkung zwischen beiden Gipfeln, dann auf der gut markierten Route nahezu immer auf dem Grat – einige gesicherte Stellen – hinauf zum Gamsknogl (1750 m) mit dem schönsten Blick hinab auf Inzell und die Chiemgauer Alpen.

Die ehemalige Zwieselalm bietet uns nicht nur eine Brotzeit – im alten Kaiser-Wilhelm-Haus gleich nebenan können wir auch übernachten.

Vom Gipfel dann auf der anderen Seite auf markiertem Steig über den steilen Gipfelhang hinab bis zu den Böden der Kohleralm. Sie ist zwar nicht mehr bewirtschaftet, es weidet dort im Sommer jedoch noch Jungvieh. Als Rastplatz nach der doch anstrengenden Gipfelüberquerung ist dieser schöne Flecken nun recht willkommen. Der direkte Verbindungsweg hinüber zur Zwieselalm ist besonders im ersten Teil wegen der vielen Wurzeln nicht empfehlenswert. Stattdessen nehmen wir von der Kohleralm den Weg, der direkt nach Weißbach hinunterführt. Dort, wo wir auf die Forststraße treffen, folgen wir dieser nach links und kehren auf ihr nach Jochberg zurück.

❹ Von Jochberg zur Höllenbachalm

Vom Parkplatz wenige Meter zurück und dann links die Zufahrtsstraße zum obersten Bauernhof, dem Rinnerauer, entlang bis zu deren Ende. Dann folgen wir dem Fahrweg bis zum Waldrand. Dort können wir uns kurz anhand einiger Schaustücke über die Herstellung der Deichln (Teile der ehemaligen Sole-»Pipeline«) informieren. Auch erfahren wir, dass über Jochberg im Mittelalter die »Güldene Salzstraße« führte, über die das kostbare Salz in Richtung München und Freising transportiert wurde. Dann wandern wir leicht ansteigend auf dem Ziehweg durch schattigen Wald weiter. Bei der Wegverzweigung nach rechts und in leichtem Auf und Ab südwestwärts, bis links der steile Pfad hinab zur Höllenbachalm (785 m) abzweigt. In wenigen Minuten hinunter zur bewirtschafteten Alm, die auf einer schönen Waldlichtung liegt. Früher allerdings war sie ein Einödhof, was aufgrund ihrer Größe augenscheinlich wird.

❹a Anstieg von der Deutschen Alpenstraße

Vom Parkplatz folgen wir der Forststraße, passieren eine Schranke und wandern oberhalb des Höllenbachs bergwärts. Bei den nächsten Verzweigungen jeweils links und dann wieder rechts (ausgeschildert) und auf dem Almfahrweg bis zur Höllenbachalm (785 m). Besonders schöner und kurzer Abstecher im Frühherbst.

ROTWILD UND DAMWILD

Die größte und bekannteste in den Bergen und Wäldern vorkommende Wildtierart ist der Rothirsch. Die über zwei Meter lang werdenden Männchen tragen vielendige, weit ausladende Geweihe, die sich jährlich erneuern. Am schaufelartig verbreiterten Geweih unterscheidet man die zierlichen Damhirsche, die zudem kleiner sind als die Rothirsche und deren Fell im Sommer hell gefleckt ist. Rothirsche tragen eine Halsmähne, die den Damhirschen fehlt. Die Tiere leben in Rudeln, ernähren sich von den Pflanzen des Waldes und zeigen sich gegen Abend und am frühen Morgen an Waldlichtungen und auf Wiesen. Als bevorzugtes Jagdwild durch Wildgatter und Winterfütterung gehegt, haben die Hirschbestände stark zugenommen und gefährden durch Verbiss der Triebe und Rinde die jungen Bäume.

DER LOWA -TIPP

Beim Bau der Deutschen Alpenstraße in den dreißiger Jahren wurde einer der größten Gletscherschliffe der bayerischen Alpen entdeckt. Der sogenannte Gletschergarten liegt direkt an der Straße zwischen dem Ort Weißbach und dem Gasthaus Zwing in Richtung Inzell. Auf Tafeln wird die Entstehung der eiszeitlichen Relikte erklärt. Parkplätze direkt an der Straße. Zugang über einen Wanderweg in wenigen Minuten. Kein Eintritt, ganzjährig geöffnet.

9

TOURENGEBIET

DEN HOCHSTAUFEN IM BLICK

In einem stillen Winkel bei Inzell zu urigen Almen, einem reizvollen Bergsee und über einen steilen Steig zum Eckpunkt der Chiemgauer Alpen

Das eiserne Gipfelkreuz am Hochstaufen wurde erst kürzlich restauriert und leuchtet strahlend in der Sonne.

ANFAHRT
Bahn/Bus: Bahnlinie München – Rosenheim – Salzburg bis Traunstein. RVO-Bus nach Inzell und weiter nach Inzell-Adlgaß.
Auto: Salzburger Autobahn, Ausfahrt Siegsdorf, B 306 nach Inzell; in Ortsmitte links auf der Fahrstraße 4,5 km bis zum Straßenende in Adlgaß; Parkplatz.

GEHZEITEN
Runde über die Bäckeralm: 2 Std.; Anstieg zur Steineralm: 1½ Std.; Rückweg über den Frillensee: 1½ Std.; Anstieg auf den Hochstaufen von der Steineralm: 2 Std.; Abstieg nach Adlgaß: 2 Std.

ANFORDERUNGEN
Allgemein: Mit Ausnahme der Gipfelwanderung auf den Hochstaufen, die Trittsicherheit und Schwindelfreiheit erfordert, leichte Bergwege und Alm- bzw. Forststräßchen. Überwiegend angenehm schattig. Gutes Schuhwerk ist erforderlich.
Alter: Almwanderungen ab 5 Jahren; Gipfelweg ab 10 Jahren.

HÜTTEN/EINKEHR
Forsthaus Adlgaß, 820 m (Bayerisches Forstamt, nahezu ganzjährig bewirtschaftet, November bis Weihnachten und die ersten beiden Wochen nach Ostern geschlossen; Tel. 08665/214); Reichenhaller Haus, 1750 m (AV-Hütte, Kat. I, Mitte Mai bis Mitte Oktober bewirtschaftet, 6 Betten, 24 Lager; Tel. 08651/5566); Steineralm, 1100 m (privat, Pfingsten bis Anfang Oktober bewirtschaftet); Bäckeralm, 1067 m (privat, Ende Mai bis Anfang Oktober bewirtschaftet).

HÖCHSTER PUNKT
Hochstaufen, 1771 m.

KARTE
Topographische Karte 1:50000 Berchtesgadener Alpen (BLVA).

Der Hochstaufen gehört zu den abwechslungsreichsten Gipfeln der Chiemgauer Alpen. Besonders auf seiner Nordseite bieten sich gerade für Familien ideale Möglichkeiten zum Wandern: Da ist die urige Steineralm, die ein leichtes Wanderziel darstellt und auf der nicht nur Kühe, sondern auch Haflinger weiden. Und bei Regen können wir dort sogar in einer gemütlichen Stube Zuflucht finden. Nicht weit davon entfernt – am Frillensee, mitten im Wald – liegt die Wiege des Inzeller Eissports. Für die etwas älteren und trittsicheren Kinder bietet sich der interessante Nordwandsteig auf den Hochstaufen an. Eine Übernachtung im Reichenhaller Haus ist nicht nur für den Nachwuchs ein Erlebnis. Am besten aber beginnen wir mit einer Wanderung am Teisenberg, um einen herrlichen Blick auf die gesamte Staufengruppe zu haben.

❶ Leichte Wanderung zur Bäckeralm
Vom Parkplatz in Adlgaß wandern wir etwa 500 Meter zurück und folgen dann rechts der Forststraße. Jetzt teilt sich der Weg: Wir halten uns links und steigen nun auf Fahrweg zur Bäckeralm (1067 m) an. Nach etwa einer Dreiviertelstunde biegt rechts ein Wanderweg ab; wir können aber auch den etwas längeren Fahrweg nehmen. Bei der nächsten Wegverzweigung rechts, bis ein Wanderweg direkt zur Alm abzweigt. Um die Runde abzuschließen, folgen wir dem Zufahrtsweg zur Hütte, biegen dann rechts ab und nehmen den Wanderweg in östlicher Richtung, bis dieser wieder auf eine Forststraße stößt, die uns zum Ausgangspunkt zurückleitet.

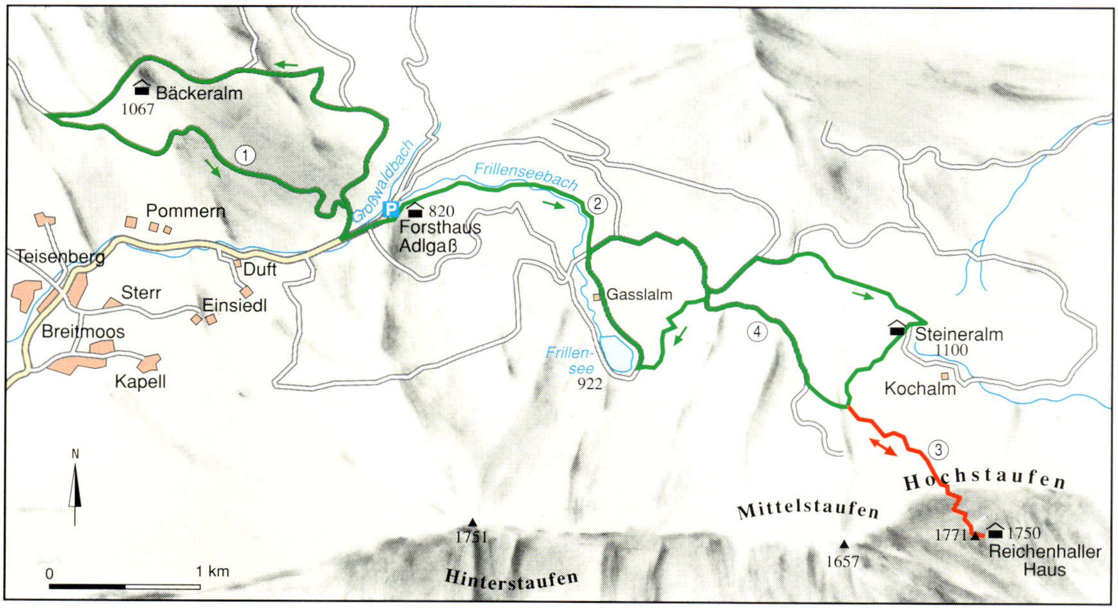

❷ Hinauf zur Steineralm
Vom Parkplatz in Adlgaß wandern wir auf der Forststraße in östlicher Richtung (Wegweiser) über eine kleine Brücke und halten uns zweimal rechts. Dann nehmen wir den Ziehweg ent-

Die Steineralm samt zugehöriger Kapelle gehört zu den schönsten Almensembles in den bayerischen Bergen. Auf den Wiesen tummelt sich neben den Kühen auch eine Gruppe Haflinger.

lang dem Frillenseebach (bald kommt von rechts der direkte Weg vom Forsthaus Adlgaß) und gehen bergan bis zu einer Wegverzweigung (rechts direkte Variante über Frillensee). Im schattigen Wald weiter aufwärts zu einer Forststraße. Diese überqueren und dem bergwärts abzweigenden Weg folgen. Wir steigen in direkter Linie weiter durch Wald aufwärts (Ausschilderung »Hochstaufen«). Bei einer Verzweigung halten wir uns links, folgen weiterhin einer Forststraße, gehen dann zweimal rechts, bis diese in einen Ziehweg mündet. Zuletzt auf Steig durch Wald hinauf bis zum Rand einer Mulde und hinab zur Steineralm.

❸ Über den Nordwandsteig

Von der Steineralm (1100 m) rechts den Pfad über Almwiesen aufwärts bis zu einem Forstweg. Dort links weiter zu einem Wendeplatz. Hier beginnt der Bergsteig. Der Hüttenwirt des Reichenhaller Hauses fordert uns mit einem Schild freundlich zur Mitnahme von dort gelagertem Brennholz auf. Durch lichten Wald in Serpentinen aufwärts und immer näher an die Felsen heran. Allmählich wird die Sicht frei, und wir blicken hinaus auf Waginger See, Teisenberg und Anger, im Westen baut sich der Zwiesel auf. Auf dem gut angelegten und erst kürzlich erneuerten Steig mit zahlreichen Stufen zu den Felsen. Dort führt der an problematischen Stellen gesicherte Steig direkt auf dem Grat bzw. auf dessen Westseite höher. Nach einer guten Stunde ab Wendeplatz biegen wir auf die Ostseite des Grates, passieren ein Marterl/Kreuz und steigen durch eine Felsenmulde – immer geleitet von gut sichtbaren Markierungen – hinauf, schlüpfen auch mal durch Felsverengungen und wechseln dann wieder hinüber auf die Westseite. Zuletzt in Serpentinen hinauf zum eher flachen Gipfel des Hochstaufens (1771 m), den ein eisernes Kreuz von 1852 schmückt. Links unterhalb liegt das Reichenhaller Haus (1750 m) mit kleiner Terrasse.

❹ Rückweg über den Frillensee

Von der Steineralm rechts hinauf zum Forstweg oberhalb der Wiesenmulde. Dort folgen wir diesem rechts haltend talwärts, bis links der ausgeschilderte Weg zum Frillensee abzweigt. Auf diesem hinab zum kleinen Waldsee (922 m). Rechts oder links am See entlang auf Fahrwegen hinunter nach Adlgaß.

GIPFELBÜCHER

Gipfelbücher sind die Poesiealben und Gästebücher der Berge. Gut geschützt vor Wind und Wetter liegen sie auf vielen Gipfeln aus und enthalten in verschiedener Form, spaßig oder ernst, Stimmungsberichte, besondere Beobachtungen, Tipps, Gedichte, Aufstiegsschilderungen oder auch nur die Basisangaben, die jeder Eintrag beinhalten sollte: Datum, Uhrzeit, Name, Aufstiegsroute, geplante Abstiegsroute und Zielpunkt der Wanderung, Wetterangaben. Gipfelbücher sind wichtige kulturgeschichtliche Dokumente. Sie spiegeln nicht die offizielle Sichtweise, sondern die individuellen Eindrücke all derer, die wandern. In Notfällen können sie wichtige Hinweise liefern, beispielsweise darüber, wo Vermisste zu suchen sind.

DER LOWA-TIPP

Ein etwa 44 000 Jahre altes und fast vier Meter hohes Mammutskelett ist die Attraktion des Naturkunde- und Mammutmuseums in Siegsdorf (Auenstrasse 2). Daneben wird in einem Abriss die Erdgeschichte Südostbayerns anschaulich vor Augen geführt. Ausstellung von Fossilien, Versteinerungen sowie Sonderschauen ergänzen die Sammlung. Öffnungszeiten: April bis Oktober Dienstag bis Sonntag 10–18 Uhr, November bis März Freitag 10–18 Uhr, Samstag, Sonntag und Feiertage 13–18 Uhr; Tel. 086 62/1 33 16.

10

TOURENGEBIET

RUND UM RUHPOLDING

Eine Almwanderung mit Variantionen, ein aussichtsreiches Gipfelerlebnis und ein kurzer Abstecher in den Märchenwald

ANFAHRT

Bahn/Bus: Bahnlinie München – Salzburg bis Traunstein, umsteigen in den Nahverkehrszug nach Ruhpolding (Endbahnhof). RVO-Bus in Richtung Reit im Winkl bis Haltestelle Seehaus. Für die Variante über die Unternbergbahn Busverbindung vom Bahnhof hinauf zur Talstation mit reizvollen Einkehrmöglichkeiten (zu Fuß 1¼ Std.). Rückfahrt aus der Urschlau mit RVO-Bus; an der Strecke liegen die Kinderattraktionen Märchenpark und Märchenwald.
Auto: Salzburger Autobahn bis Ausfahrt Siegsdorf, weiter in Richtung Reit im Winkl über Ruhpolding nach Seehaus; dort Wanderparkplatz. Oder: Auffahrt zur Talstation des Unternberg-Sessellifts von Ruhpolding (ausgeschildert).

GEHZEITEN

Abstecher in den Märchenwald: ½ Std.; von Seehaus zur Branderalm: 1½ Std.; Variante über den Unternberg: 2 Std. (300 m Höhenverlust!); Gipfelanstieg zur Hörndlwand ab Branderalm: 2 Std.; Abstieg nach Seehaus: 2½ Std. bzw. in die Urschlau 2 Std.

ANFORDERUNGEN

Allgemein: Bis zur Branderalm leichter Bergweg bzw. Forststraße. Übergang vom Unternberg auf Bergweg. Zum Gipfelplateau der Hörndlwand Bergsteig. Auf den letzten Metern zum Gipfel sind Trittsicherheit und Schwindelfreiheit erforderlich; das gleiche gilt für den Abstieg in die Urschlau, falls wir den direkten Abstieg nehmen.

Alter: Wanderung zur Branderalm von Seehaus ab 4 Jahren; über Unternberg ab 6 Jahren; Gipfelwanderung ab 10 Jahren.

HÜTTEN/EINKEHR

Branderalm, 1120 m (Mitte Juni bis Mitte September, keine Übernachtungsmöglichkeit); Gasthaus Seehaus, 720 m; Raffneralm, 900 m (bei der Talstation der Unternbergbahn, im Sommer bewirtschaftet); Unternbergalm, 1360 m (im Sommer einfach bewirtschaftet).

HÖCHSTE PUNKTE

Unternberg, 1425 m; Hörndlwand, 1684 m.

KARTE

Topographische Karte 1:50000 Chiemsee und Umgebung (BLVA).

Die Sehenswürdigkeiten im Umkreis von Ruhpolding sind gut ausgeschildert – kein Problem also den Feen im Märchenwald einen Besuch abzustatten.

Das Ostertal an der Hörndlwand, einem der wenigen Kletterberge in den Chiemgauer Alpen, hat mit dem kinderfreundlichen Osterfest nichts zu tun, doch durch dieses reizvolle Hochtal führt der leichte Durchstieg auf diesen interessanten Felsberg. Am Weg treffen wir auf die urige Branderalm; sie ist die einzige bewirtschaftete Alm im gesamten Hörndlwandgebiet. Die Butter und der Käse auf dem Brotzeitteller kommen noch von den eigenen Kühen – heute keine Selbstverständlichkeit mehr, wo auf den Almen häufig nur mehr Jungvieh weidet, das noch keine Milch gibt. Einige Wegvarianten unter Einsatz eines Sessellifts und ein Besuch im Märchenwald und in einer historischen Hammerschmiede runden den Ausflug in dieses schöne Wald- und Felsgebiet bei Ruhpolding ab.

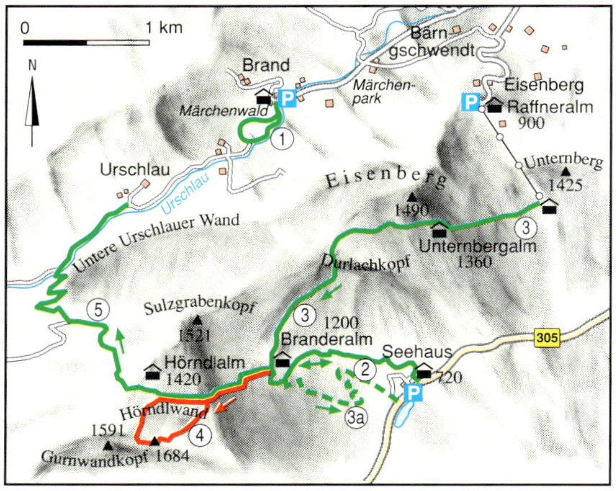

❶ In den Märchenwald

Im Tal der Urschlau finden wir nicht nur den Märchenpark mit seinen Hexenhäuschen und Dämonen mitten im Wald, sondern ein Stück weiter taleinwärts auch den Märchenwald, der uns zu einer anregenden Wanderung ins Reich der Waldfeen einlädt. Ausgangspunkt beim Gasthaus Brand.

❷ Von Seehaus zur Branderalm

Vom Wanderparkplatz an der Deutschen Alpenstraße folgen wir zuerst der Forststraße ins Rammelsbachtal (Mark.-Nr. 46, grün), die bald rechts auf den Unternberg zuhält. Nach einigen Minuten links ab und auf dem guten Bergweg durch Wald hinauf zur Branderalm (1200 m), die auf einer großen Almwiese steht und von der man einen herrlichen Blick auf den Rauschberg hat.

❸ Anstieg über den Unternberg

Falls wir die Wanderung mit einer Sesselliftfahrt beginnen und dabei den Drachenfliegern zuschauen wollen, wählen wir als Ausgangspunkt die Talstation der Unternbergbahn. Von der Bergstation (1425 m) folgen wir dann dem Höhenweg (Nr. 4) hinüber zu der in einem Sattel liegenden Unternbergalm (1360 m). Der Weg führt geradeaus weiter in den Sattel zwischen Durlachkopf und Mittagwandl. Dann queren wir den Oberen Zettelgraben und steigen durch Wald hinab zur Branderalm.

❸a Abstiegsvariante nach Seehaus

Wer für den Abstieg eine kleine Abwechslung sucht, nimmt den Fahrweg hinunter ins Tal, der am Beginn des Ostertalgrabens beginnt. Die Forststraße windet sich in weiten Kehren durch Wald abwärts bis Seehaus. Diese Route ist allerdings weniger abwechslungsreich als der Anstiegsweg.

Die Felsen der Hörndlwand, vom Anstieg durch das Ostertal gesehen. Nach den steilen Serpentinen erwartet uns eine große Bergwiese, auf der wir bei ungehindertem Fernblick gemütlich Brotzeit machen können.

❹ Durch das Ostertal auf die Hörndlwand

Kurz vor Erreichen der Branderalm (von Seehaus) zweigt links der Anstieg zur Hörndlwand ab. Wir folgen dem Weg am Rand der Bergwiese entlang in den Wald hinein. Bei der Abzweigung nach etwa 20 Minuten links halten. Der angelegte Steig führt zunächst durch Wald bis zum Kar des Ostertals. Dort über steile Serpentinen hinauf – rechts die steilen Südwände – auf das weite, grasbewachsene Gipfelplateau, das sich für einen langen Aufenthalt eignet und auch einen hervorragenden Brotzeitplatz selbst für große Gruppen abgibt. Der Blick reicht nach Süden bis in die Zentralalpen. Dort halten wir dann rechts auf den Gipfelaufbau der Hörndlwand zu und steigen die letzte Viertelstunde durch Latschen und über Schrofen hinauf zum Gipfelkreuz (1684 m).

❺ Abstieg in die Urschlau

Der direkte Abstieg von der Hörndlwand in die Urschlau ist nur mit schwindelfreien und trittsicheren großen Kindern empfehlenswert, da er über einen steilen Steig durch felsiges Gelände hinunter zur Hörndlalm führt. Alle anderen wandern durch das Ostertal wieder hinab, biegen aber dann vom Weg zur Branderalm in einem Buchenwald am Fuß der Gipfelfelsen links ab und erreichen so die Hörndlalm (1420 m). Links über uns erheben sich die berühmten Wände, durch die schon so bekannte Bergsteiger wie Willy Merkl geklettert sind, der in den 30er Jahren als einer der besten Alpinisten der Welt galt und sich auch in den Bergen des Himalaja versuchte. Anschließend geht es auf Wanderweg hinab durch einen Graben, bis wir auf die Forststraße treffen. Auf dieser in Richtung Röthelmoosalm, bis rechts der direkte Weg in die Urschlau abzweigt. Am Urschlauer Bach entlang spazieren wir bis zum Weiler Urschlau mit Kapelle. Rückfahrtmöglichkeit mit Bus nach Ruhpolding.

ALM/ALPE

Wo in den Gebirgslandschaften die engen Täler zu klein sind, um dem Milchvieh ausreichend Weideplätze zu bieten, treiben die Bauern ihre Kühe, Schafe und Ziegen auf saftige grüne Bergweiden. Diese Almen oder Alpen liegen weit oberhalb der Dörfer auf Rodungsinseln im Bergwald und oft sogar oberhalb der Baumgrenze und können deshalb nur während des Sommers genutzt werden. Im Frühsommer, wenn die Almen schneefrei werden und zu grünen beginnen, wird das Vieh nach altem Brauch auf die Almwiesen getrieben. Dort oben werden die Tiere von einem Senner oder einer Sennerin betreut, die während dieser Zeit in einer Almhütte wohnen.

DER LOWA-TIPP

Diverse Glocken und Schellen für Kühe und Ziegen, aber auch Waffen und Hufeisen, Sensen und vieles mehr wurden in der Glockenschmiede in Ruhpolding-Vorderbrand (Haßlberg 6) jahrhundertelang hergestellt. Die originalgetreu erhaltene Schmiede ist Teil eines denkmalgeschützten Ensembles mit Wohnhaus und Pferdestall. Öffnungszeiten: Mitte Mai bis Mitte Oktober Montag bis Freitag 10–12 Uhr und 14–16 Uhr, Juli bis Mitte September 10–16 Uhr; Tel. 086 63/2 09 und 12 68.

11

TOURENGEBIET

Rechtzeitig dem »Verdursten« vorbeugen, ist nicht nur Genuss an sich, sondern vermeidet auch Kräfteabfall.

WINKLMOOSALM UND EGGENALMGEBIET

Durch Wald und durch eine schöne Almlandschaft zum Straubinger Haus, ein leichter Gipfelabstecher und viel Platz zum Spielen

ANFAHRT

Bahn/Bus: Bahnlinie München – Salzburg bis Traunstein, umsteigen in den Nahverkehrszug nach Ruhpolding. RVO-Bus in Richtung Reit im Winkl bis Haltestelle Seegatterl. Busverbindung hinauf zur Winklmoosalm.
Auto: Salzburger Autobahn, Ausfahrt Siegsdorf, weiter über Ruhpolding nach Seegatterl; dort großer Wanderparkplatz. Von hier Weiterfahrt zur Winklmoosalm auf steiler Mautstraße; am Ende großer Wanderparkplatz. Oder: Über Reit im Winkl bis kurz vor Waidring, dann links hinauf auf 4 km langer Mautstraße zur Steinplatte (1374 m); dort großer Parkplatz.

GEHZEITEN

Gipfelweg von der Bergstation des Dürrnbachhornlifts: ½ Std.; Abstieg zur Winklmoosalm: 1¼ Std.; vom Seegatterl zum Straubinger Haus: 3 Std.; Abstecher auf das Fellhorn: 1 Std.; Abstieg ins Tal über das Hindenburghaus: 3 Std.; Übergang von der Steinplatte zur Eggenalm: 2 Std.

ANFORDERUNGEN

Allgemein: Leichte Bergwege und Wirtschaftswege, an keiner Stelle ausgesetzt. Am Dürrnbachhorngipfel jedoch Vorsicht, steile Abbrüche.
Alter: Aufgrund der Länge der Tour zum Straubinger Haus erst ab 8 Jahren empfehlenswert; evtl. Auffahrt von Blindau bis zum Hindenburghaus; Übergang von der Steinplatte auf das Dürrnbachhorn ab 6 Jahren.

MARKIERUNG

Überwiegend Ausschilderung »Eggenalm« für das Ziel Straubinger Haus.

HÜTTEN/EINKEHR

Auf der Winklmoosalm, 1183 m, mehrere Gaststätten und Brotzeitstationen; Restaurantbetrieb an der Bergstation des Dürrnbachhornsessellifts; Straubinger Haus, 1551 m (AV-Haus, Kat. II, Mitte Mai bis Anfang November bewirtschaftet, 16 Betten, 65 Lager; Tel. 0043/5375/6429; bei Übernachtungen in der Nebensaison vorher anmelden, da der Hüttenwirt sonst abends ins Tal abfährt); Nattersbergalm, 1040 m (ganzjährig geöffnet, Mo Ruhetag); Gasthof Steinplatte; Gasthaus Brennhütte (privat, ganzjährig geöffnet).

HÖCHSTE PUNKTE

Dürrnbachhorn, 1775 m; Fellhorn, 1765 m.

KARTE

Topographische Karte 1:50000 Chiemsee und Umgebung (BLVA).

Das Gebiet rund um Reit im Winkl gehört zu den am meisten besuchten Ferienorten im Chiemgau. Leichte Wanderberge, Almen und Berggasthäuser laden zur Einkehr. Für eine schnelle Visite des Walmbergs eignet sich der Lift am nordöstlichen Ortsrand von Reit im Winkl. Auch die Wanderung durch schönes Almgebiet zum Taubensee mit Wirtshaus kann empfohlen werden. Detaillierter wollen wir jedoch das Gebiet des Fellhorns und der Winklmoosalm vorstellen. Das Straubinger Haus auf der Eggenalm zeichnet sich durch kinderfreundliche Bewirtung aus. Auch gibt es in Hüttennähe schöne Spielmöglichkeiten. Das Almgebiet der Winklmoosalm ist mit Auto oder Bus erreichbar. Wir starten unsere Ausflüge also bereits auf einer Höhe von 1120 Metern.

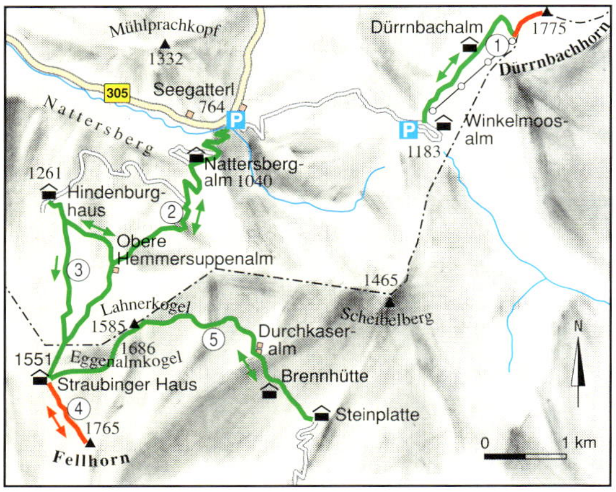

❶ Winklmoosalm und Dürrnbachhorn

Das aussichtsreiche Dürrnbachhorn (1775 m) können wir bequem mit dem Sessellift erreichen. Das letzte Stück wandern wir auf gutem Steig zum Gipfel. Unter uns breitet sich der Weitsee aus, im Süden und Osten bauen sich die Felsberge des Wilden Kaisers, der Loferer Steinberge und der Berchtesgadener Alpen auf. Den Abstieg zur Winklmoosalm bewältigen wir zu Fuß. Von der Bergstation erst rechts nahezu eben in Richtung Lembergschneid, dann biegt der Weg nach links ab. Am Rand des Almgeländes steigen wir hinab zur Dürrnbachalm und folgen dem Almsträßchen hinunter zur Winklmoosalm (1183 m).

❷ Zum Straubinger Haus

Am Westende des Parkplatzes am Seegatterl überschreiten wir eine kleine Brücke, queren den großen Holzlagerplatz und steigen links haltend in weitem Bogen durch Wald hinauf zur bewirtschafteten Nattersbergalm (1040 m). Seitlich an dieser auf schmalem Wanderweg vorbei (Wegweiser) und über die Almwiesen zum Waldrand oberhalb, dann links weiter zur querführenden Forststraße. Dort links und in weiten Serpentinen höher, bei den Wegverzweigungen immer links haltend. Knapp vor der Oberen Hemmersuppenalm zweigt links ein Ziehweg von der Forstraße ab, dem wir bis zum großen Weidegelände mit seinen zahlreichen Almhütten folgen. Auf Fahrweg weiter bis zum hintersten Gebäude, wo links ein Weg abbiegt (Wegweiser). Der anfangs noch breite Weg geht bald in einen Wiesenpfad über. Links

Das Straubinger Haus gilt als kinderfreundlich, nebenan gibt es sogar einen kleinen Spielplatz. Und für die Großen den Panoramablick auf den Wilden Kaiser.

haltend weiter zum Berghang, wo der Pfad wieder zum breiten Bergwanderweg wird. Leicht ansteigend hinauf über freie Wiesen und durch Wald. Nach einem Weideüberstieg mündet von rechts der Filzenweg. Links haltend hinauf, bis das Straubinger Haus (kleiner Spielplatz) vor uns liegt; dahinter bauen sich die steilen Felswände des Kaisergebirges auf.

3 Über das Hindenburghaus

Von Reit im Winkl-Blindau gibt es einen Pendelbusverkehr hinauf zum Hindenburghaus. Das erspart von dieser Seite einen eher langweiligen Anstieg. Vom Hindenburghaus (1261 m) wandern wir dann auf dem zunächst noch asphaltierten Sträßchen leicht bergan weiter, bis wir die weiten Almflächen der Hemmersuppenalm erreichen. Mit kleinen Kindern bleiben wir auf diesem Almsträßchen und gehen hinüber zur leider nicht mehr bewirtschafteten Oberen Hemmersuppenalm. Hier gibt es jede Menge Kühe zu sehen, doch unsere Brotzeit müssen wir selbst mitbringen. Bereits nach zehn Minuten verzweigt sich der Weg. Zum Straubinger Haus (1551 m) halten wir uns rechts, passieren noch ein Almgebäude und folgen dann dem Wegweiser zur Eggenalm. Der Filzenweg führt über Almgelände und durch Wald leicht ansteigend hinauf, wo wir auf den von der Oberen Hemmersuppenalm heraufkommenden Weg treffen.

4 Kurzer Abstecher zum Fellhorn

Gute 200 Höhenmeter sind es von der Eggenalm, auf der sich das Straubinger Haus befindet, hinauf zum Fellhorn (1765 m). Wir wandern zuerst etwa 100 Meter auf dem Fahrweg in südlicher Richtung, bis links der Steig abzweigt, der uns über freie Weidehänge hinauf zur sanften Gipfelerhebung leitet.

5 Übergang von der Steinplatte zum Straubinger Haus

Vom Gasthaus Steinplatte gehen wir auf dem breiten, ausgeschilderten und sehr aussichtsreichen Weg im Auf und Ab zum Almdorf Durchkaseralm (unterwegs Abstecher zum Gasthaus Brennhütte möglich, ½ Std.; von dort herrlicher Ausblick). Dann über Almwiesen und durch Latschenfelder zum Eggenalmkogel (1686 m), der dem Gebiet seinen Namen gegeben hat. Nach kurzem Anstieg erreichen wir das Straubinger Haus (1551 m).

DIE LÄRCHE

Als einziger Nadelbaum wirft die Lärche im Herbst ihre weichen, büschelig stehenden Nadeln ab. Nur die eiförmigen Zapfen bleiben – einige Jahre lang – an den Zweigen stehen und zeigen das für die Lärche typische Winterbild. Zusammen mit der Zirbelkiefer ist die Lärche mit ihrer rauhen, rissigen Borke eine typische Bewohnerin der alpinen Baumgrenze, wo sie bis auf 2400 Meter Höhe klettert. Für ein gesundes Wachstum braucht die Lärche freie Lagen und sehr viel Licht. Wo sie in den Mittelgebirgen als Nutzholz angebaut wird, muss sie deshalb weiträumig gepflanzt und oftmals in Gesellschaft der Buche gezogen werden. Diese künstlichen Lärchenmischwälder entsprechen allerdings nicht dem natürlichen Vorkommen, sondern dienen der Steigerung des Waldertrags.

DER LOWA -TIPP

Arbeits- und Lebensbedingungen der Holzknechte zeigt das Holzknechtmuseum (Laubau 12) bei Ruhpolding. Der vor allem für den Salinenbetrieb notwendige Holzschlag wurde zeitweise in großem Stil betrieben. Vielfältige Exponate von Werkzeugen, Transportmitteln und aus dem sozialen Leben der Holzknechte füllen das Museumsgebäude, und auf dem angeschlossenen Freigelände stehen originalgetreu nachgebildete Holzknechtunterkünfte. Öffnungszeiten: Februar bis Oktober Dienstag bis Sonntag 13–17 Uhr, November bis Januar Samstag und Sonntag 13–17 Uhr; Tel.086 63/6 39.

12

TOURENGEBIET

RUND UM DEN HOCHGERN

Eine Bergwallfahrtskirche und eine versteckte Alm, eine ganzjährig bewirtschaftete Hütte und ein Grasgipfel mit Minikirchlein

Falls noch Zeit bleibt, ist ein Besuch im Märchen- und Erlebnispark Marquartstein sehr lohnend.

ANFAHRT
Bahn/Bus: München – Salzburg bis Übersee. RVO-Bus nach Marquartstein.
Auto: Salzburger Autobahn, Ausfahrt Bernau, über Grassau nach Marquartstein; im Ort links halten und hinauf zum Waldparkplatz (ausgeschildert). Evtl. zweites Auto in Staudach-Egerndach parken.

GEHZEITEN
Vom Waldparkplatz über die Schnappenkirche zur Staudacher Alm: 2¼ Std.; Abstieg von der Schnappenkirche bzw. Staudacher Alm nach Staudach: 1 Std.; Anstieg zum Hochgernhaus: 2¾ Std.; Gipfelanstieg: 1 Std.; Abstieg ins Tal: 2½ Std.; Abstieg über die Jochbergalm: 3 Std.

ANFORDERUNGEN
Allgemein: Im Wesentlichen leichte Bergrouten auf breiten Wegen; zum Gipfel auf Bergwanderweg Trittsicherheit erforderlich. Abstieg von der Schnappenkirche nach Staudach steil, zahlreiche Stufen. Übergang vom Hochgerngipfel zur Jochbergalm auf Bergwanderweg. Der Verbindungsweg von der Staudacher Alm zum Hochgerngipfel ist mit Kindern nicht empfehlenswert, da nicht nur steil, sondern unangenehm rutschig.
Alter: Wanderung zur Staudacher Alm und Abstieg nach Staudach ab 6 Jahren; Gipfelwanderung und Rückweg über die Jochbergalm ab 10 Jahren.

HÜTTEN/EINKEHR
Staudacher Alm, 1150 m (Mitte Mai bis Mitte Oktober); Hochgernhaus, 1510 m (privat, ganzjährig, 10 Betten, 20 Lager; Tel. 08641/61919); Agergschwendalm, 1020 m (ganzjährig, keine Übernachtung).

HÖCHSTER PUNKT
Hochgern, 1748 m.

KARTE
Topographische Karte 1:50000 Chiemsee und Umgebung (BLVA).

Der Hochgern gehört zu den Bergen, die etwas im Schatten des Hochfelln und der Hochplatte stehen, denn dort verhelfen Seilbahnen zu einem schnellen Gipfelerfolg. Doch Einsamkeit ist auch am Hochgern nicht unbedingt zu finden, dafür gibt es zu viele schöne Wanderwege und einige reizvolle Ziele, die besonders auch bei Kindern auf großes Interesse stoßen dürften: Zum einen ist es das Hochgernhaus, das sich für eine Übernachtung anbietet, zum andern die hübsche alte Wallfahrtskirche am Schnappenberg und schließlich die urgemütliche Staudacher Alm. Am Gipfel des Hochgerns erwartet uns nicht nur ein herkömmliches Gipfelkreuz, sondern eine Minikirche mit Gipfelbuch. Übrigens befand sich in einer Felswand auf der Nordostseite des Hochgerngipfels bis in die 60er Jahre der Horst des letzten Adlerpaars der Chiemgauer Alpen. Als Abschluss unserer Tour bietet sich noch ein Badeabstecher zum Wössener Weiher an.

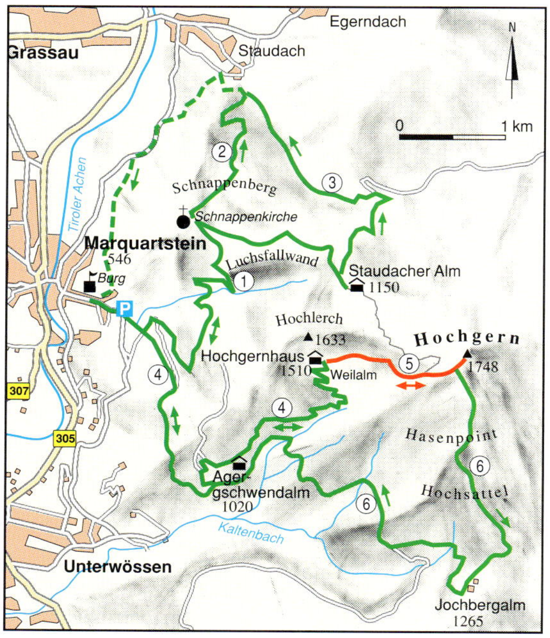

❶ Über die Schnappenkirche zur Staudacher Alm

Vom oberen Ende des Waldparkplatzes folgen wir zunächst für einige Minuten einem Ziehweg und orientieren uns bei der Wegverzweigung links an der Ausschilderung »Schnappenberg«. Bald treffen wir auf eine Forststraße. Kurz weiter auf dieser, dann links ab, stoßen wir bald auf eine weitere Wegverzweigung. Hier rechts und in weitem Bogen durch Wald auf gutem, breitem Weg hinauf zur Schnappenkirche, einem Wallfahrtskirchlein aus dem 17. Jahrhundert. Nun wenige Meter zurück und rechts auf den Wanderweg, erst leicht ansteigend, dann überwiegend eben durch Wald hinüber zur Staudacher Alm (1150 m) führt. Dieser Abschnitt bietet auch eine Sitzbank und schöne Rastplätze. Auf der Alm gibt es Kühe und für Kinder viel Auslauf.

❷ Lehrpfad hinab nach Staudach

Von der Schnappenkirche führt ein steiler, aber gut begehbarer Steig über viele Stufen direkt hinunter nach Staudach-Egerndach. Im unteren Teil ist der Steig als Naturlehrpfad mit Laub- und Nadelhölzern und der seltenen Eibe angelegt und mündet am Bergfuß in einen Holzlagerplatz. Dort weiter wie bei Nr. 3.

❸ Abstieg von der Staudacher Alm

Von der Alm nehmen wir das Sträßchen (Mark.-Nr. 5) in nördlicher Richtung, bis wir auf eine größere Forstraße treffen. Kurz auf dieser weiter talwärts, bis links ein Ziehweg abzweigt, der uns immer durch Wald entlang des Alplbachs hinab nach Staudach-Egerndach (Holzlagerplatz) bringt. Von hier führt ein Wanderweg immer am Fuß des Berges entlang

Die Staudacher Alm auf der Nordseite des Hochgerns.

zurück nach Marquartstein, wobei wir den Ausschilderungen »Achentalweg« und »Hochgern« folgen.

4 Zum Hochgernhaus

Vom großen, verzweigten Parkplatz im Wald oberhalb von Marquartstein wandern wir zuerst bis zum obersten Punkt und folgen dann der Ausschilderung Richtung Hochgernhaus. Zuerst ein Stück auf einem Ziehweg – so können wir die anfangs breite Forststraße ein Stück vermeiden – dann rechts haltend weiter. Einige schöne Aussichtspunkte mit Sitzbänken am Weg laden zu einer Unterbrechung ein. Bei der nächsten großen Wegverzweigung links, bei einer weiteren rechts und hinauf zu den Weiden der bewirtschafteten Agergschwendalm (1020 m). Links haltend an dieser vorbei und nun auf schmälerem und überwiegend schattigem Fahrweg weiter bergan. Bei der Verzweigung kurz vor einer Bergwachthütte links und in weiten Serpentinen – zuletzt durch Weidegelände und vorbei an einigen Almgebäuden – hinauf zum Hochgernhaus (1510).

5 Zum Doppelgipfel des Hochgerns

Vom Hochgernhaus führt ein guter Bergwanderweg durch die freien Hänge des Zwölferspitz auf den Westkamm des Hochgerns. Wir umwandern in einem weiten Linksbogen die große Mulde, die Richtung Norden in einem Graben ausläuft, und steigen über freies Gelände den Westhang hinauf. Über einen Übersteig, dann rechts weiter auf schmalem, aber gutem Bergwanderweg bis zum Südabfall des Berges. Das letzte Stück links steil hinauf bis zum großen Gipfelkreuz (1748 m). Der Hochgerngipfel weist zwei Erhebungen auf. Auf der zweiten finden wir die Miniausführung einer Kirche, was Kinder mehr interessieren dürfte als das übliche Gipfelkreuz.

6 Abstieg über die Jochbergalm

Vom Gipfel des Hochgerns wenige Meter auf dem Anstiegsweg zurück und dann links in steilen Serpentinen durch den zum Teil bewaldeten Südhang hinunter bis zur Grundbachalm. Kurz davor zweigt rechts der Pfad (Mark. H 7) über den Hochsattel hinüber zur Jochbergalm (1265 m) ab. Von der Alm folgen wir dem Fahrweg (Mark. H 1), der uns durch die gesamte Südwestseite des Hochgerns über mehrere Gräben zum Ausgangspunkt oberhalb von Marquartstein zurückbringt.

AMEISEN – UNENTBEHRLICHE HELFERINNEN IM WALD

Die Ameise, die in großer Zahl in bis zu 1,8 Meter hohen Nestern lebt, ist eine unentbehrliche Helferin im Naturhaushalt des Waldes. Ihre von Kammern und Gängen durchzogenen Bauten reichen bis weit in die Erde hinein und helfen, den Waldboden zu lockern und zu durchlüften. Bestimmte Pflanzen nutzen die Ameisen zur Verbreitung ihrer Samen. Veilchensamen beispielsweise werden von den Ameisen begierig aufgelesen und mitgeschleppt, weil an ihnen ein süß schmeckendes Anhängsel klebt. Vor allem aber als fleißige Insektenvertilgerinnen sind Ameisen im Wald unentbehrlich. Sie verhindern, dass gesunde Bäume übermäßig von Schädlingen wie Läusen und Borkenkäfern befallen werden. Der Förster umgibt die Ameisenhügel oft mit Schutzgittern, um Dachse, aber auch Vögel von ihnen fern zu halten. Die Rote Waldameise steht unter Naturschutz.

DER LOWA-TIPP

Eine rasante Sommerrodelbahn mit fünf Steilkurven, ein kleiner Streichelzoo, eine Parkeisenbahn, ein Abenteuerspielplatz und ein Wasserspielgarten sind die Attraktionen des Märchen- und Erlebnisparks Marquartstein. Weiter gibt es ein Wildgehege und ein Kinderriesenrad sowie zahlreiche Märchenhäuschen mit beweglichen Figuren. Öffnungszeiten: Ostern bis Anfang November tägl. 8–18 Uhr, Einlass bis 17 Uhr; Tel. 08641/7105.

13

TOURENGEBIET

IM ALMGEBIET DER HOCHPLATTE

Ein reizvolles Almgebiet mit zahlreichen Möglichkeiten, ein leichter und aussichtsreicher Gipfel sowie eine lehrreiche Filztour

Der Gipfel der Hochplatte ist auf einem leichten Bergwanderweg zu erreichen. Er bietet uns neben schönen Talblicken auch eine ungewöhnliche Sicht auf die Kampenwand.

ANFAHRT
Bahn/Bus: Bahnlinie München – Salzburg bis Prien. RVO-Bus nach Marquartstein bzw. zur Talstation der Hochplattebahn.
Auto: Salzburger Autobahn, Ausfahrt Bernau, B 305 über Rottau (parken im Ort) nach Grassau, in Ortsmitte bei der starken Linkskurve geradeaus nach Piesenhausen, rechts weiter nach Niedernfels und zur Talstation der Hochplattebahn; dort große Parkplätze.

GEHZEITEN
Rundweg über Staffnalm und Hefteralm: 3 Std.; Anstieg von Rottau zur Hefteralm: 1¼ Std.; Staffnrundweg: 2½ Std.; Gipfelanstieg zur Hochplatte von der Staffnalm: 2 Std.; Rückweg vom Gipfel zur Staffnalm: 1¼ Std.; Rundweg im Kendlmühlfilz: ½ Std.

ANFORDERUNGEN
Allgemein: Almfahrwege und Bergwege; keine gefährlichen Stellen. Passagenweise sind die Wege nach Regen hin und wieder rutschig.
Alter: Alle Almwege können mit Kindern ab 4 Jahren begangen werden; Staffnrundweg ab 6 Jahren; der Anstieg auf die Hochplatte ist etwas weit, also erst ab 8 Jahren.

HÜTTEN/EINKEHR
Staffnalm, 1050 m (privat, bis auf November ganzjährig bewirtschaftet; Tel. 086 41/51 55); Hefteralm, 930 m (privat, Mitte Mai bis Anfang Oktober bewirtschaftet; Tel. 01 71/5 26 61 45); evtl. Maderalm, 1400 m (während der Weidezeit einfach bewirtschaftet, Brotzeit und Getränke).

HÖCHSTER PUNKT
Hochplatte, 1587 m.

KARTE
Topographische Karte 1:50 000 Chiemsee und Umgebung (BLVA).

Die Hochplatte ist das ideale Gegenstück zur benachbarten Kampenwand. Ist diese durch einen zerklüfteten Felskamm geprägt, so zeichnet sich die Hochplatte durch ihre schöne Pyramidenform aus. Rund um beide Gipfel ist immer etwas los, denn die erste Hürde zum Gipfel erleichtert jeweils eine Seilbahn. Die Hochplatte ist weniger spektakulär, eignet sich aber besonders wegen der reizvollen bewirtschafteten Almen für einen Familienausflug. Eine der interessantesten ist die Hefteralm, denn dort wird nur angeboten, was aus eigener Herstellung kommt, und das ist eine ganze Menge. Neben 70 Kühen und etlichen Pferden wird dort oben sogar noch Kleinvieh gehalten.

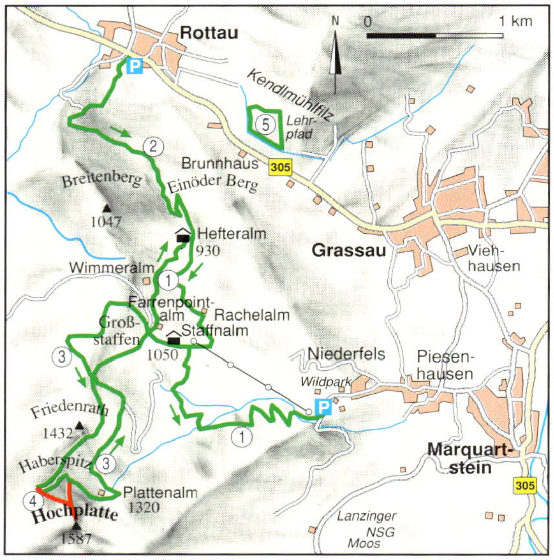

❶ Zur Staffnalm und Hefteralm

Von der Bergstation des Hochplattelifts wandern wir auf breitem Weg zur Staffnalm (1050 m). Seitlich an ihr vorbei, durch ein Drehkreuz und rechts zur neuen Farrenpointalm. Kurz vorher links hinauf und vor dem Waldrand rechts auf schmalem Pfad weiter. Nun folgen wir durch Wald der Ausschilderung nach Grassau. Links haltend hinab zur Wimmeralm und rechts zur Almstraße. Auf dieser erreichen wir nach rechts die Hefteralm (930 m). Danach folgen wir der Ausschilderung »Hufnaglalm« und wandern auf teilweise lehmigem Weg durch Wald und über Almwiesen auf sie zu. An der Hufnaglalm beginnt ein einfacher Wirtschaftsweg. Auf ihm gehen wir talwärts, vorbei an der Rachelalm, nun links haltend durch Wald zu einer Abzweigung. Dort rechts auf schattigem Fahrweg in großen Schleifen hinab zur Talstation des Hochplattelifts.

❷ Von Rottau zur Hefteralm

Von der Ortsmitte von Rottau folgen wir zunächst dem schmalen Sträßchen zum Rottauer Bach. Es verschwindet dann im Wald, und unser Weg macht bald eine Richtungsänderung nach Osten. Bei der Wegverzweigung halten wir uns links und wandern durch die bewaldete Flanke des Breitenbergs in einen scharf eingeschnittenen Graben. Bei einer Diensthütte gehen wir nach rechts und erreichen schließlich auf dem Almfahrweg die im Wald versteckte Hefteralm (930 m).

❸ Auf dem Staffnrundweg

Bei der Staffnalm beginnt der breite Staffnrundweg (Mark. H 2), dem wir zunächst in südwestlicher Richtung durch Wald folgen. Unter dem Friedenrath vorbei machen wir über die Plattenalm (1320 m) einen großen Bogen hinauf zum Haberspitz. Dann kurz abwärts zur Piesenhauser Hochalm, wo rechts bei einer Viehtränke der markierte Weg (Nr. 4) nach Grassau abzweigt, dem wir folgen. Durch schönen Mischwald steigen wir auf der Ost-

Die Hefteralm gehört zu den größten Almen im Gebiet der Hochplatte. 70 Kühe und eine Brotzeitkultur, die nur Selbstgemachtes auftischt, bürgt für regen Zulauf.

seite des Friedenrath, umrunden den Großstaffn in einem Linksbogen (oder gehen über die Maieralm direkt zur Staffnalm hinunter) und kehren dann wieder zur Bergstation des Hochplattelifts zurück.

4 Auf eine aussichtsreiche Pyramide

Der Anstiegsweg zur Hochplatte (1587 m) zweigt vom Staffnrundweg in südlicher Richtung ab. Am höchsten Punkt – an der Westseite des Haberspitz – zweigt rechts ein Pfad ab, der uns über steile Bergwiesen in einer halben Stunde auf den breiten Gipfel führt.

5 Lehrreiches im Kendlmühlfilz

Jahrhundertelang wurde im Kendlmühlfilz Torf gestochen. Vor einiger Zeit hat man den industriellen Abbau aufgegeben und das Gebiet unter Naturschutz gestellt. Heute präsentiert sich uns das Moor als interessantes Biotop, Flora und Fauna erholen sich. Südwestlich von Rottau wurde ein Moorlehrpfad mit Schautafeln eingerichtet. Wir können ihn direkt von Rottau oder vom Ortsteil Grießenbach aus erwandern.

DER ALMABTRIEB

Bevor der Winter auf den hochgelegenen Almwiesen einzieht, muss das Vieh zurück in das schützende Tal geführt werden. Dieser Almabtrieb wird vielerorts auch heute noch festlich begangen, vor allem, wenn die Almzeit ohne Unglücksfälle verlaufen ist. Die Tiere werden reich mit Blumen geschmückt und in die Täler geleitet. Spätestens ab Martini, dem 11. November, stehen Kühe, Ziegen und Schafe im warmen Stall und müssen nun vom Menschen gefüttert werden, bis sie im Frühsommer erneut auf die Almen dürfen.

DER LOWA -TIPP

Im Brunnhaus Klaushäusl bei Grassau (direkt an der Straße) wurde 1995 ein Soleleitungsmuseum eingerichtet. Im Zentrum steht die Reichenbach'sche Wassersäulenmaschine, die 150 Jahre lang Sole von Bad Reichenhall nach Rosenheim pumpte. Eine weitere Ausstellung in der Anlage informiert über die Natur- und Kulturgeschichte des Kendlmühlfilzes, in dem jahrhundertelang Torf abgebaut wurde. Öffnungszeiten: Mai bis Oktober Dienstag bis Samstag 14–17 Uhr, Sonntag und Feiertage 10–17 Uhr; Tel. 08641/5467.

14

TOURENGEBIET

AUF DIE KAMPENWAND

Am interessantesten Berg des Chiemgaus, das größte Gipfelkreuz der bayerischen Alpen, eine Nostalgiebahn und zahlreiche Almen

Das gewaltige eiserne Gipfelkreuz auf dem Ostgipfel der Kampenwand ist den Gefallenen und Vermissten der beiden Weltkriege aus dem Chiemgau gewidmet, wobei jeweils die einzelnen Orte und Gemeinden genannt sind.

ANFAHRT

Bahn/Bus: Bahnlinie München – Freilassing bis Prien. Dort umsteigen in die Chiemgaubahn (Nostalgiezug) nach Aschau. Oder: Bahnhof Bernau, dann weiter mit RVO-Bus bis zur Talstation der Kampenwandbahn.
Auto: Salzburger Autobahn, Ausfahrt Frasdorf oder Bernau, weiter bis Aschau bzw. Hohenaschau; Parkplatz an der Kampenwandbahn bzw. auf der Nordseite des Schlosses in Hohenaschau. Für den Anstieg über den Sulten: Von Aschau weiter in Richtung Bergen, bei Außerkoy rechts von der Landstraße ab und 4 km hinauf bis zum Ende der Straße in Hintergschwendt; dort großer Wanderparkplatz.

GEHZEITEN

Panoramaweg auf der Kampenwand: 1/2 Std.; Anstieg über den Sulten zur Steinlingalm: 2 Std.; Gipfelanstieg: 3/4 Std.; Abstieg: 1/2 Std.; Abstieg ins Tal über Gori- bzw. Maisalm von der Steinlingalm: jeweils 2 Std.

ANFORDERUNGEN

Allgemein: Mit Ausnahme des Anstiegs auf den Kampenwand-Ostgipfel, der Trittsicherheit und Schwindelfreiheit voraussetzt, leichte Bergwege und Bergsteige, an keiner Stelle ausgesetzt.
Alter: Panoramaweg für alle Altersgruppen; Anstieg über den Sulten ab 8 Jahren; Kampenwand-Ostgipfel erst ab 10 Jahren empfehlenswert.

AUSRÜSTUNG

Klettersteigausrüstung für den Kampenwand-Ostgipfel für Kinder sinnvoll, also: Brust- und Sitzgurt mit zwei Sicherungskarabinern sowie Steinschlaghelm.

HÜTTEN/EINKEHR

Münchner Haus (Kampenwandhaus), 1465 m (nahezu ganzjährig bewirtschaftet, Übernachtung auf Anfrage, 55 Betten, Tel. 08052/4543); Schlechtenbergalm, 1500 m (privat, ganzjährig bewirtschaftet, 20 Lager); Steinlingalm, 1473 m (privat, ganzjährig bewirtschaftet, Mo Ruhetag, jedoch 10.30–15 Uhr Getränkeausgabe; Tel. 08052/2962); Gorialm, 1250 m (privat, ganzjährig bewirtschaftet); Maisalm, 900 m (während der Weidesaison einfach bewirtschaftet, Mo Ruhetag).

HÖCHSTE PUNKTE

Kampenwand-Ostgipfel, 1669 m; Steinlingalm, 1473 m

KARTE

Topographische Karte 1:50000 Chiemsee und Umgebung (BLVA).

Der Kampenwandgipfel mit seinen Trabanten gehört zu den Hauptanziehungspunkten in den Chiemgauer Alpen, gilt er doch als schönster Aussichtsberg dieses Gebirges. Auf seinem vielzackigen Gipfelgrat hat schon manches Kind erste Kletterversuche unternommen. Wir halten uns hier an die vorgegebenen markierten Wanderwege und Steige. Die Kinder, die den anspruchsvollen Gipfelweg nicht gehen wollen, finden jedoch bei der Steinlingalm einige schöne Felsbrocken, an denen sie sich austoben können. Als Auftakt sollten wir aber mit der nostalgischen Chiemseebahn von Prien bis Aschau fahren. In Hohenaschau statten wir dann dem Burgmuseum einen Besuch ab, bevor wir mit der Kabinenbahn zur Kampenwand hinauffahren.

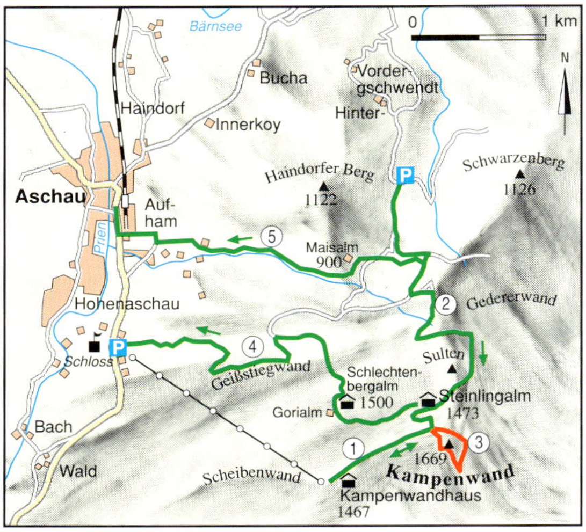

❶ Panoramaweg zur Steinlingalm

Die Kampenwandbahn bringt uns flott auf eine Höhe von knapp 1500 Metern. Bei der Bergstation liegt bereits die erste Einkehrstation, das Münchner Haus. Wir folgen dort jedoch dem breiten und bequem zu begehenden Panoramaweg hinüber zur Steinlingalm (1473 m). Leicht fallend führt er unter den felsigen Zacken aussichtsreich zur Kampenhöhe. Dort könnten wir dann den ganzen Tag verbringen: Wir können einkehren, der Kapelle nebenan einen Besuch abstatten, den Kühen beim Grasen zuschauen oder an den Felsbrocken neben der Alm unsere Kletterkünste erproben.

❷ Anstieg über den Sulten

Vom Parkplatz in Hintergschwendt wandern wir rechts der Forststraße durch schönen Hochwald aufwärts, bis nach zehn Minuten der Ziehweg in Richtung Steinlingalm abzweigt. Diesem folgen wir entlang eines Baches, treffen auf eine querführende Forststraße, gehen auf ihr fünf Minuten nach links und nehmen dann rechts den Abkürzer (rot markiert) weiter bergan. Auf der Forststraße weiter bis zu einem Holzlagerplatz und dort dem linken Abzweiger (Mark.-Nr. 38) folgen, bis er in einen Ziehweg mündet. Nach wenigen Minuten auf diesem Weg treffen wir auf den Bildstock »Bei unserer lieben Frau« und wandern auf gutem Steig weiter. Bei der Wegverzweigung links, durch ein kleines Bachtal hinauf zum Roßboden (schöner Brotzeitplatz) und nun über freies Gelände rechts um den Sulten herum. Hier

Der breite Panoramaweg zwischen der Bergstation der Kampenwandbahn und der Steinlingalm kann von jedermann problemlos begangen werden.

haben wir einen schönen Blick auf die Kampenwand. Bald treffen wir auf die von rechts kommende Almstraße, die hinauf zur Steinlingalm führt. Dort können wir aber auch rechts einen Abstecher auf den Sulten machen, der mit einem kleinen Gipfelkreuz, einer Sitzbank und schönen Ausblicken aufwartet.

❸ Durch die Kaisersäle zum größten Gipfelkreuz

Von der Steinlingalm führt ein bezeichneter Steig zuerst in direkter Linie über die Bergwiesen und durch Latschen hinauf (rot markiert) in eine Scharte im felsigen Gipfelkamm der Kampenwand. Kurz unterhalb der Scharte links und durch die schluchtartigen Kaisersäle zum Gipfelaufschwung des Ostgipfels (1669 m). Mit Hilfe von Drahtseilsicherung und einer Eisenleiter direkt am Gipfel bewältigen wir die letzten Meter hinauf zum blickfreien höchsten Punkt, den das mit zehn Metern größte Kreuz in den Bayerischen Alpen schmückt.

❹ Abstieg über die Schlechtenbergalm

Von der Steinlingalm folgen wir dem breiten Wanderweg talwärts. Vorbei an der Bergwachthütte unterqueren wir einen Sessellift und gelangen zu einer Weggabelung. Dort links zur bewirtschafteten Schlechtenbergalm (1500 m). Wir folgen dem breiten Reitweg weiter talwärts, passieren die Schlechtenberger Kapelle und queren links (Wegweiser) hinüber zur Geißstiegwand. In Kehren geht es hinunter zur Talstation der Kampenwandbahn.

❺ Abstieg über die Maisalm

Bei diesem Abstieg haben wir direkten Anschluss an die Prientalbahn. Wir wandern auf dem Anstiegsweg über den Sulten hinab bis zur querführenden Forststraße, die von der Rottauer Vorderalm herüberkommt, halten uns links und treffen bald auf eine weitere Forststraße. Kurz auf dieser, dann rechts schnell hinauf zur bewirtschafteten Maisalm (900 m). Anschließend folgen wir der Forststraße durch den Lochgraben hinab nach Aschau.

DER KALKSTEIN

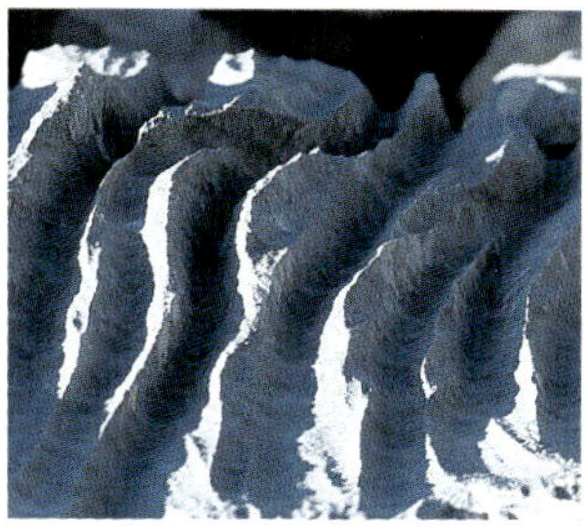

Zu den abwechslungsreichsten Berggebieten zählen die aus Kalkstein aufgebauten Regionen mit ihren Höhlen und malerischen Felsen. Sie entstanden, als vor Hunderttausenden von Jahren ein salzreiches Meer weite Teile Europas bedeckte: Muscheln, Moostierchen, Algen und andere Lebewesen, die unter Verwendung des im Meerwasser vorhandenen Kohlendioxids Kalk ausfällen können, haben diese widerstandsfähigen Kalkriffe im Meer aufgebaut; dieser Kalkstein wird daher auch »Riffkalk« genannt. Zum Aufbau der Kalkriffe haben wesentlich auch die Kalkschalen und Kalkskelette von Muscheln, Schnecken, Schwämmen und anderen Tieren beigetragen. Bei der Auffaltung der Alpen wurden diese Kalkschichten angehoben.

DER LOWA-TIPP

Im Industriedenkmal Torfbahnhof Rottau (Wessen 21) können wir uns über Entstehung, Vegetation und Nutzung der Nieder- und Hochmoore kundig machen. Besonders sehenswert ist die einzige vollständig erhaltene Torfpresse Europas. Als weitere Attraktion wird ein kurzer Ausflug auf einem Schmalspur-Feldbahnzug angeboten. Öffnungszeiten: Mitte Mai bis Mitte Oktober Samstag 14 und 15.30 Uhr; Tel. 08641/2126.

15
TOURENGEBIET

ÜBER DEM TAL DER PRIEN

Eine fantastische Höhenwanderung mit Blick nach beiden Seiten, zwei kinderfreundliche Hütten und großartige Gipfelerlebnisse

Wenn das Ziel naht, werden neue Energien frei.

ANFAHRT

Bahn/Bus: Bahnlinie München – Salzburg bis Prien. Chiemgaubahn bis Aschau bzw. RVO-Bus bis Hohenaschau, dann zu Fuß zum Ausgangspunkt. Für die Tour zur Priener Hütte mit RVO-Bus bis Sachrang.
Auto: Salzburger Autobahn, Ausfahrt Frasdorf, über Aschau nach Hohenaschau; dort großer Parkplatz an der Schlossbergstraße bzw. 700 m weiter, dann rechts, einige Parkmöglichkeiten entlang der Straße. In Sachrang Wanderparkplatz vor dem Ortsanfang auf der linken Seite.

GEHZEITEN

Prientalwanderweg: 3½ Std.; von Hohenaschau über die Hofalm zur Riesenhütte: 2 Std.; Übergang zur Klausen: 2 Std.; Abstieg nach Innerwald: 2 Std.; Weiterweg zum Spitzstein: 2 Std., Abstieg zum Spitzsteinhaus: ½ Std.; Abstieg nach Sachrang: 1¾ Std.; Rückkehr mit RVO-Bus. Anstieg von Sachrang zur Priener Hütte: 3½ Std.; Anstieg auf den Geigelstein: 1½ Std.; Abstieg zur Hütte: 1 Std.; Rückkehr nach Sachrang: 3 Std.

ANFORDERUNGEN

Allgemein: Prientalwanderweg: Spazierweg mit leichten Steigungen. Zur Riesenhütte auf breiten Wander- bzw. Fahrwegen überwiegend durch Wald. Übergang zur Klausen auf Bergwegen mit kurzer Einlage auf Fahrsträßchen. Abstieg nach Innerwald auf Bergwanderwegen. Weiterweg zum Spitzstein auf Bergpfad. Die gesamte Route ist ohne Schwierigkeit, Trittsicherheit aber auf den schmalen Kammwegen wünschenswert. Der Anstieg auf die Priener Hütte erfolgt auf Fahr- bzw. Ziehwegen; der Anstieg auf den Geigelstein auf Bergwanderweg (häufig Wind und Wetter ausgesetzt).
Alter: Prientalwanderweg ab 4 Jahren; Tour über die gesamten westlichen Chiemgauer Berge aufgrund der Länge erst ab 12 Jahren; zur Riesenhütte ab 5 Jahren; ebenso der Weg zur Priener Hütte und zum Geigelstein.

HÜTTEN/EINKEHR

Hofalm, 970 m (während der Weidezeit bewirtschaftet); Riesenhütte, 1345 m (AV-Hütte, Kat. II, mit Ausnahme von November ganzjährig bewirtschaftet, familienfreundlich, 12 Betten, 30 Lager, 15 Notlager; Tel. 08052/2921); Klausen, 1508 m (privat, an Wochenenden und Feiertagen ganzjährig bewirtschaftet, im Sommer auch wochentags, jedoch nur bis 19 Uhr, 8 Betten, 12 Lager, Übernachtung nur am Wochenende möglich); Spitzsteinhaus, 1263 m (AV-Haus, Kat. II, Anfang April bis Anfang November bewirtschaftet, 20 Betten, 50 Lager; Tel. 05373/8330); Priener Hütte, 1411 m (AV-Haus, Kat. II, ganzjährig bewirtschaftet, zwei Wochen vor Weihnachten und zwei Wochen vor Ostern geschlossen, 55 Betten, 85 Lager; Tel. 08057/428); Ackeralm, 1320 m (während der Weidezeit einfach bewirtschaftet).

HÖCHSTE PUNKTE

Klausenberg, 1554 m; Spitzstein, 1596 m; Geigelstein, 1813 m.

KARTE

Topographische Karte 1:50000 Chiemsee und Umgebung (BLVA).

In diesem Wandergebiet rund um das Priental lernen wir unter anderem zwei kinderfreundliche Unterkunftshäuser kennen: Die Riesenhütte liegt auf einer Almhochfläche mit Weidevieh im Sommer und leichten Gipfeln in der Umgebung; die Priener Hütte auf der anderen Talseite befindet sich ebenfalls im Weidegebiet, dort gibt es einen kleinen See, Felsblöcke und einen Klettergarten in Hüttennähe. Wir unternehmen eine interessante Kammwanderung und steigen mehreren Gipfeln aufs Dach. Prominentester unter ihnen ist der Geigelstein. Dieser oft auch als »Blumenberg« apostrophierte, zweithöchste Gipfel der Chiemgauer Alpen steht unter Naturschutz. Aufgrund seiner geologischen Vielfalt weist er die reichhaltigste Flora im mittleren Bereich der Bayerischen Alpen auf. Das Verlassen der Wege und Steige ist dort also nicht gestattet. Das Gebiet um den Geigelstein ist auch uraltes Weidegebiet; die Almbewirtschaftung soll bis ins 6. Jahrhundert zurückgehen.

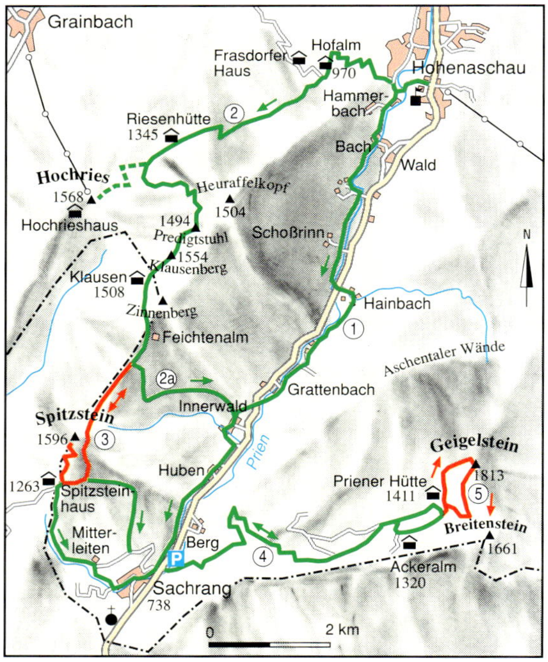

Falls uns jedoch nicht nach Höhe zumute ist, starten wir unseren Ausflug mit einer Talwanderung entlang der Prien nach Sachrang, dem Ort, der durch die Verfilmung der Geschichte des Müllner Peter berühmt wurde. Nach all dem Wandern machen wir dann noch einen Abstecher nach Österreich, beispielsweise zum Fohlenhof bzw. Raritätenzoo in Ebbs, zum Wildpark Wildbichl oder zur Sommerrodelbahn in Walchsee.

1 Prientalwanderweg nach Sachrang

Vom Parkplatz in Hohenaschau (wir können auch in Aschau starten) wandern wir zum Bergfuß, halten dann links und orientieren uns immer an der Markierungsnummer 12. Dieser Talwanderweg ist durchgehend bis zu unserem Ziel ausgeschildert. Wir kommen zunächst zum Ortsteil Bach (mit Einkehrmöglichkeit) und folgen nun dem Elisabethenweg nach Einfang, wo uns der Flodererwasserfall beein-

Im Schloss Hohenaschau, das durch seine Ausmaße beeindruckt, sind das Prientalmuseum und die Schlosskapelle sehenswert, die übrigen Räume sind der Öffentlichkeit nur zu bestimmten Zeiten im Rahmen von Führungen zugänglich.

DAS GIPFELKREUZ

Auf vielen Bergen steht ein Gipfelkreuz als Zeichen, dass der Mensch auf den Höhen der Gebirge dem Himmel und dem Göttlichen nahe ist. An diesen Kreuzen hoch über den Tälern soll er innehalten und sich beim Blick über die Schönheit der Bergwelt darauf besinnen, welches Wunder die Schöpfung ist. Zugleich sind Gipfelkreuze Zeichen des Sieges. Sie symbolisieren den Triumph des Christentums über die heidnischen Kulte, die in vorgeschichtlicher Zeit auf vielen unserer Berge praktiziert wurden. Deshalb stehen Gipfelkreuze nur in christlichen Gebieten, meist nur in katholischen; auf den Gipfeln des Himalaja oder des protestantischen Skandinavien gibt es sie nicht. Als Zeichen des Sieges haben Gipfelkreuze oft auch eine rein sportliche Bedeutung: Wer als erster einen Berg »bezwingt« und auf ihm ein Kreuz errichtet, oder wer während einer Wanderung als erster am Gipfelkreuz anlangt, darf sich als »Sieger« fühlen.

Die familienfreundliche Riesenhütte liegt auf einer weiten, ebenen Almwiese mit Weidevieh. In der Hütte gibt es zwei gemütliche Gasträume mit Spielen, Büchern und Zeitschriften. Leichte und aussichtsreiche Gipfel laden zu kurzen Wanderungen ein. Gut geeignet also für einen mehrtägigen Aufenthalt.

druckt. Bei Schoßrinn haben wir dann noch mal die Gelegenheit, einen Wasserfall zu besichtigen, müssen dafür aber einen kleinen Abstecher machen. In Hainbach wechseln wir auf die andere Seite der Prien und wandern durch eine reizvolle Felsenenge bis Grattenbach. Kurz dahinter queren wir wieder auf die gegenüberliegende Talseite und gehen durch eine schöne Wiesenlandschaft über Innerwald und Huben nach Sachrang. Um zur berühmten Ölbergkapelle zu gelangen, müssen wir durch das Dorf in den Kirchwald (ausgeschildert).

❷ Über die Riesenhütte zur Klausen

Von Hohenaschau wandern wir an den Bergfuß, dann rechts und gleich wieder links auf schmalem und steilem Almfahrweg hinauf zur Hofalm, die auf einer großen Weidefläche liegt. Dort seitlich vorbei, nach 150 Metern links vom Almfahrweg weg, wodurch wir nicht nur den Fahrweg abkürzen, sondern auch an einem historischen Kalkofen vorbeikommen. Bald treffen wir wieder auf eine Forststraße und folgen dieser bergwärts. Nun wieder im Wald, gehen wir dort, wo diese eine scharfe Rechtskurve macht, geradeaus auf steinigem Weg weiter (links bald die Abzweigung zur Klausen). Wir halten uns immer geradeaus, kürzen ein paarmal die Serpentinen ab und erreichen bald die freien Almwiesen mit mehreren Almhütten, darunter die Riesenhütte (1345 m). Im Hintergrund die Hochries, die durch eine Bergbahn erschlossen ist; leichter Wanderweg dorthin. Der Weiterweg zur Klausen erfolgt über die Almwiesen bis zu deren südwestlichem Ende. Dort zweigt links ein Wanderweg ab, der uns in einem Linksbogen hinab in ein kleines Hochtal führt. Wir treffen auf einen Fahrweg, halten uns links, gehen an einer Bergwachthütte vorbei und folgen kurz dahinter einem Pfad, der rechts – noch vor der Abergalm – über einen Hang hinauf zum Predigtstuhl (1494 m) führt. Nun auf dem Bergkamm hinüber zum Klausenberg (1554 m), den wir entweder überschreiten oder seitlich links liegen lassen. Bald ist auch schon die Klausenwirtschaft (1508 m) erreicht, die aussichtsreich auf einer welligen Hochfläche liegt. Diese urige Hütte mit dem freundlichen Wirt wird die Kinder begeistern. Rund um die Hütte gibt es genügend Auslauf und neben Jungvieh auch ein paar schöne Haflinger.

❷a Abstieg nach Innerwald

Kurz hinter der Feichtenalm zweigt links ein Steig ab, der ausgeschildert über die Brandelbergalm durch Wald und entlang dem Kohlstätter Bach hinab nach Innerwald führt.

Wandergruppe bei der Priener Hütte, die in einem abwechslungsreichen Weide- und Naturschutzgebiet liegt. Gepäcktransport dorthin ist möglich.

❸ Auf den Spitzstein

Von der Klausen wandern wir über freies Gelände rechts am Zinnenberg vorbei, passieren die Feichtenalm und gelangen so an den Fuß des Brandelbergs. Ab jetzt ist Trittsicherheit gefragt. Der Weg führt in den Wald und über den Bergkamm bzw. seitlich von ihm bis an den Fuß des Spitzsteins. Der direkte Anstieg über die Nordseite ist gesperrt (Warntafel). Auf gutem und interessantem Steig umwandern wir sodann den Spitzstein auf seiner linken Seite, nahe an den steilen Felswänden vorbei, und gelangen bei der Aueralm auf einen Almfahrweg. Auf diesem nach Westen zum Spitzsteinhaus (1263 m). Von hier verläuft der Gipfelweg ausgeschildert zunächst in Serpentinen über den freien Südhang, dann durch Wald auf felsigem Steig hinauf zum Gipfel (1596 m) mit kleiner Kapelle. Abstieg: Vom Spitzsteinhaus führen zwei ausgeschilderte Wege (über Mitterleiten bzw. über die Mesneralm) hinab nach Sachrang im Priental. Von dort zurück mit Bus.

❹ Hinauf zur Priener Hütte

Vom Parkplatz am Waldrand links den Fahrweg durch Wald aufwärts. Obwohl dieser breite Wirtschaftsweg bis zum Unterkunftshaus führt, lässt sich der Anstieg gut variieren. Mehrere alte Ziehwege verkürzen die weiten Schleifen des Fahrwegs und machen ihn abwechslungsreicher. Im obersten Teil wird der Weg dann flacher und führt durch Weidegelände, bis die Priener Hütte (1411 m) erreicht ist. Zurück auf dem Anstiegsweg, jedoch mit einem Schlenker über die Ackeralm.

❺ Gipfelabstecher zum Geigelstein

Von der Priener Hütte wandern wir links den zunächst noch breiten Weg Richtung Oberkaseralm aufwärts. Bald führt uns ein Wegweiser rechts weg, und über freies Gelände steigen wir in den Sattel zwischen Geigelstein und Roßalpenkopf. Dort rechts durch Latschengebüsch über den Westhang hinauf zum Gipfel mit Kreuz (1813 m). Der Abstieg über die Südseite ist auch mit Kindern machbar. Wir gehen die Serpentinen abwärts, folgen dann dem Pfad auf dem Kamm Richtung Breitenstein und steigen dann rechts wieder hinunter zur Priener Hütte.

Der Geigelstein ist der Hausberg der Priener Hütte und kann mit etwas Vorsicht auch mit kleineren Kindern erstiegen werden.

DER LOWA-TIPP

Im Schloss Hohenaschau ist das Prientalmuseum untergebracht. Teile der ehemaligen Rüstkammer sowie ein Überblick über die Eisenindustrie im Priental sind sehr sehenswert. Burgladerl und Burgcafé. Öffnungszeiten: Mai bis September Dienstag bis Freitag 9.30–12.30 Uhr, April bis Oktober Sonntag 13.30–17 Uhr, April und Oktober Donnerstag 9.30–12.30 Uhr; Tel. 08052/904937.

TEGERNSEER UND SCHLIERSEER BERGE

Die Kapelle bei der Bergstation der Wendelsteinbahn (oben).
Vom Ufer des Tegernsees (links) bieten sich – eventuell in Kombination mit einer Bootstour – schöne Wandermöglichkeiten.

Die Eishöhle und der Panoramaweg am Wendelstein stehen bei diesem Wandergebiet zwischen Inntal und Tölzer Land ebenso auf dem Programm wie ein paar ganzjährig anzusteuernde, bewirtschaftete Almen. Wilde und romantische Klammen geben dem Ganzen eine zusätzliche reizvolle Note. Ein kurzer gesicherter Steig am Brünnstein führt uns in die Genüsse der Klettersteige ein. Dann folgen wir den Spuren des Verfassers der »Lausbubengeschichten«, Ludwig Thoma, an der Baumgartenschneid.

16

TOURENGEBIET

AUF EIN UNGLEICHES BRÜDERPAAR

Eine Almwanderung mit Gipfeleinlage, eine Panoramatour mit Ausflug in eine Eishöhle und als Finale die Abfahrt mit der Zahnradbahn

Unterwegs bieten sich immer wieder kleine Erfrischungsmöglichkeiten.

ANFAHRT

Bahn/Bus: Bahnlinie München – Bayrischzell bis zum Haltepunkt Osterhofen. Nach Birkenstein ab Haltepunkt Aurach weiter mit RVO-Bus.
Auto: Nach Birkenstein: Salzburger Autobahn, Ausfahrt Weyarn, über Miesbach und Schliersee nach Fischbachau, rechts noch 1 km bis Birkenstein; dort goßer Parkplatz. Nach Osterhofen: Wie oben, aber nach Schliersee weiter in Richtung Bayrischzell; die Talstation der Wendelsteinbahn befindet sich direkt neben der Straße. Kabinenbahn und Zahnradbahn am Wendelstein sind mit Ringbus verbunden. Für den Anstieg aus dem Jenbachtal nach Bad Feilnbach fahren und dort der Wendelsteinstraße (im oberen Bereich unbefestigt) folgen bis zu den letzten Parkplätzen.

GEHZEITEN

Anstieg zur Hubertushütte: 2½ Std.; Gipfelabstecher zum Breitenstein ½ Std.; Abstieg über die Bucheralm: 2 Std.; Anstieg zum Wendelstein aus dem Jenbachtal: 4½ Std.; Gipfelweg am Wendelstein: 1½ Std.; Abstieg ins Jenbachtal: 2½ Std.; Abstieg nach Osterhofen: 2 Std.

ANFORDERUNGEN

Allgemein: Von Birkenstein bis oberhalb der Kesselalm Almfahrweg, überwiegend durch Wald, dann Bergsteig bzw. Bergwanderweg, einige steile, aber ungefährliche Stellen. Aufstieg zum Wendelstein aus dem Jenbachtal auf Bergwanderwegen und -steigen; Trittsicherheit erforderlich. Am Wendelstein mit Eisengeländer gesicherter Gipfelweg, etwas ausgesetzt. Die Abstiegswege verlaufen auf Bergwanderwegen und -steigen; Trittsicherheit erforderlich.
Alter: Breitenstein ab 6 Jahren; Wendelstein per Bahn ab 4 Jahren; Anstieg aus dem Tal ab 10 Jahren.

AUSRÜSTUNG

Für den Besuch der Wendelsteinhöhle empfiehlt sich unbedingt warme Kleidung (Pullover).

HÜTTEN/EINKEHR

Kesselalm, 1278 m (privat, im Sommer durchgehend, im Winter nur an Wochenenden bewirtschaftet, 50 Lager; Tel. 08028/2602); Hubertushütte, 1585 m (privat, während der Weidesaison einfach bewirtschaftet, einige Lager); Bucheralm, 1200 m (privat, im Sommer einfach bewirtschaftet; nachmittags Sitzterrassen angenehm im Schatten); Wirtsalm, 890 m (Mai bis Ende Oktober bewirtschaftet); Aiblinger Hütte, 1311 m (AV-Hütte, Kat. I, Selbstversorgerhütte, nur Getränkeausgabe, März bis Dezember am Wochenende geöffnet, Sa ab 14 Uhr bis So 16 Uhr, 45 Lager); Wendelsteinhaus, 1725 m (privat, ganzjährig bewirtschaftet, keine Übernachtung mehr; Wendelsteinalm, 1708 m (privat, während der Weidesaison einfach bewirtschaftet, Brotzeit, Getränke).

HÖCHSTE PUNKTE

Breitenstein, 1622 m; Wendelstein, 1838 m.

KARTE

Topographische Karte 1:50000 Mangfallgebirge (BLVA).

Breitenstein und Wendelstein sind zwei ungleiche Brüder. Der Wendelstein hat mehr Spektakuläres zu bieten – Zahnradbahn, Seilbahn, Wendelsteinhöhle und Wendelsteinkircherl –; die Stärke des Breitensteins dagegen liegt mehr im reinen Wanderbereich. Die Wege hier sind schattiger und weniger steil, auch verfügt er über gute Einkehrmöglichkeiten, er ist weniger überlaufen und für einen Familienausflug last but not least auch kostengünstiger. Und am Ausgangspunkt können wir neben der interessanten Wallfahrtskirche Birkenstein mit ihren vielen Votivbildern eine mechanische Gebirgsmühle besuchen.

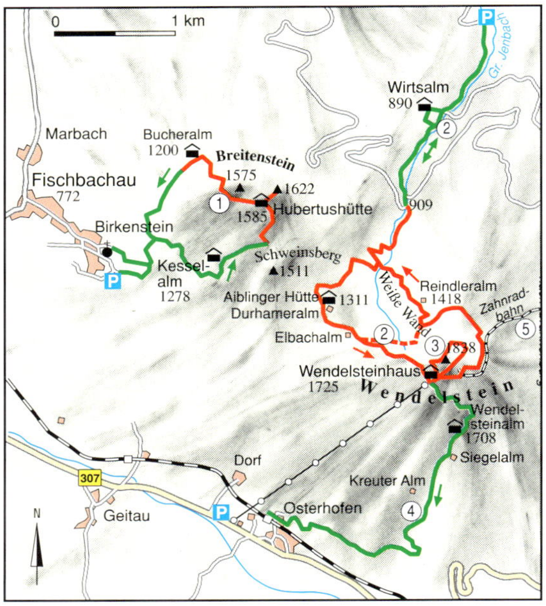

❶ Almrunde über den Breitenstein

Vom Parkplatz oberhalb der Wallfahrtskirche Birkenstein führt ein Almfahrweg in weiten Kehren (Ausschilderung) hinauf zur Kesselalm. Dort halten wir uns rechts und wandern durch Almwiesen und Wald bergwärts in den Sattel zwischen Schweinsberg und Breitenstein. Vom Sattel gehen wir links an den Fuß des Gipfelaufbaus und steigen dann über eine steile Passage, die aber problemlos zu bewältigen ist, zur Hubertushütte hinauf, die mit einer großen Sonnenterrasse aufwarten kann. Von der Hubertushütte (1585 m) ist es nur noch eine Viertelstunde bis zum Breitensteingipfel (1622 m). Der Weg ist nicht zu verfehlen und beginnt gleich an der Hütte. Direkt vom Gipfel wandern wir anschließend in westlicher Richtung auf Steig zum Joch links des Bocksteins (oder von der Hubertushütte) hinab. Auf markiertem Bergweg steigen wir steil durch Wald und Bergwiesen hinab zur Bucheralm (1200 m). Dort verzweigen sich die Wege. Wir halten uns links und bummeln durch Wald hinunter nach Birkenstein.

❷ Aus dem Jenbachtal zum Wendelstein

Vom Parkplatz im Jenbachtal wandern wir auf der breiten Almstraße (rechts liegt bald die be-

Der Wendelsteingipfel mit seinen diversen Aufbauten aus der Luft gesehen.

wirtschaftete Wirtsalm) bis zum Talschluss. Dort links über eine Brücke und gleich wieder rechts bis zum Ende des Fahrwegs. Bei der nächsten Wegverzweigung rechts und weiter durch Wald hinauf zur Aiblinger Hütte (1311 m). Über die Almwiesen der Durhamer Alm bis zum Ende des Almbodens, dann steiler hinauf zur Elbachalm. Links haltend weiter und bei der Einmündung des von Brannenburg heraufführenden Wegs rechts über Serpentinen aufwärts zum Wendelsteinhaus (1725 m). Der Abstieg erfolgt durch die Mulde auf der Südostseite zur Reindlerscharte, wo wir die Gleise der Zahnradbahn unterschreiten und dann steil hinab zur Reindleralm (1418 m) steigen. Dort links eben weiter, bis rechts der Steig über die bewaldete Weiße Wand in Serpentinen steil hinab ins Jenbachtal führt.

❸ Panoramaweg und Eishöhle am Wendelstein

Vom Wendelsteinhaus bringt uns ein zum Teil mit Geländer versehener Treppensteig in 20 Minuten hinauf zum höchsten Punkt des Berges. Dort beginnt ein zwei Kilometer langer, gesicherter Panoramarundweg, der knapp unterhalb des Wendelsteinhauses in Nähe der Wendelsteinhöhle endet. Informationstafeln geben Einblick in die Entstehungsgeschichte der Höhle. Neben bizarren Eisgebilden sehen wir auch interessante Kalksteinausformungen.

❹ Abstieg nach Osterhofen

Vom Wendelsteinhaus folgen wir zunächst dem Steig (Teil eines naturkundlichen Lehrpfades), der auf der Seilbahnseite in steilen Serpentinen ein Stück abwärts führt, dann nach links schwenkt und unter den Gipfelfelsen hinüber zur Wendelsteinalm (1708 m) verläuft. Von dort auf Wander- und Ziehwegen über die Mähder der Siegel- und Kreuter Alm und durch lichten Wald talwärts nach Hochkreut. Hier rechts auf Fahrweg und zur Talstation.

❺ Abfahrt mit der Zahnradbahn

Auch wenn wir mit der Seilbahn von Osterhofen aus auf den Wendelstein hinaufgefahren sind, bietet sich für Kinder das besondere Erlebnis der Abfahrt mit der ehrwürdigen Zahnradbahn aus dem Jahr 1912 (die Waggons sind allerdings modernisiert) nach Brannenburg. Von dort bringt uns ein Bus wieder zurück zum Ausgangspunkt in Osterhofen.

MARTERL

An Orten, an denen im Gebirge ein Mensch durch Unglück oder Verbrechen zu Tode gekommen ist, wurden vielfach Gedenksteine gesetzt oder Bildstöcke errichtet; sie erinnern an die Marter, an die Todesqualen, die ein Mensch hier litt. Ein solches Marterl am Wegrand lädt zum Gedenken für den Verstorbenen ein und warnt vor den Gefahren der Bergwelt. Oft haben die Gedenksteine Säulenform und zeigen in einem tabernakel- oder laternenartigen Aufbau Darstellungen von Heiligen, der Muttergottes oder des am Kreuz gemarterten Christus. So sind Marterl Stätten der Andacht, viele Wanderer sprechen hier ein stilles Gebet oder schmücken das Bild der Muttergottes mit Zweigen und Blumen.

DER LOWA-TIPP

In Birkenstein (unterhalb des Gasthofes Oberwirt) bei Fischbachau können wir ein seltenes Bastelkunstwerk betrachten: eine mechanische Gebirgsmühle aus dem Jahr 1919. Ein durch einen Pferdetritt gehandikapter Bauernknecht verwandte Jahre darauf, Figuren des bayerischen Gebirgsbauernlebens zu schnitzen und in Bewegung zu setzen. So können wir Holzknechten und Mägden sowie einer alten Müllerin bei der Arbeit zusehen – und auch einem Wilderer bei seinem ungesetzlichen Tun. Öffnungszeiten: Täglich außer Freitag 10–17 Uhr; geringe Eintrittsgebühr.

17

TOURENGEBIET

KAISERBLICK INKLUSIVE

Ein ganzjährig bewirtschaftetes Unterkunftshaus, ein Klettersteig für Anfänger, ein schönes Gipfelerlebnis und eine rauschende Klamm

Der aufregende Felsdurchschlupf am gesicherten Dr.-Julius-Mayr-Weg hinauf auf den Brünnsteingipfel.

ANFAHRT
Bahn/Bus: Bahnlinie München – Holzkirchen nach Bayrischzell. RVO-Bus zum oberen Sudelfeld. Von dort zu Fuß zum Gasthaus Rosengasse. Oder mit dem Bus weiter bis zum Gasthaus Feuriger Tatzelwurm. Zur Gießenbachklamm: Bahnlinie München – Innsbruck bis Kiefersfelden. RVO-Bus bis zum Klammeingang. Oder 14tägig mit dem Wachtl-Express dorthin. **Auto:** Salzburger Autobahn, Ausfahrt Weyarn, Bundesstraße über Miesbach nach Bayrischzell und weiter zum Sudelfeld; dort zweigt rechts – kurz vor Erreichen des Gasthauses Tatzelwurm – die Zufahrtsstraße zum Berggasthaus Rosengasse ab. Oder: Von der Inntalautobahn bis Brannenburg (von dort Mautstraße) oder von Oberaudorf zum Gasthaus Feuriger Tatzelwurm (Parkplätze) bzw. weiter zum Sudelfeld. Zwei Parkplätze vor der Rosengasse bzw. direkt beim Gasthaus. Zur Gießenbachklamm: Autobahnausfahrt Kiefersfelden, weiter Richtung Breitenau, nach 4 km zweigt rechts die Straße ins Gießenbachtal ab. Zum Klammeingang aber weiter bis Wachtl, wo nach etwa 700 m der Weg zur Klamm abzweigt; dort Parkplatz.

GEHZEITEN
Von der Rosengasse zum Brünnsteinhaus: 3 Std.; Anstieg vom Gasthaus Feuriger Tatzelwurm: 3¾ Std.; Aufstieg zum Brünnstein 1 Std.; Abstieg zum Ausgangspunkt 2–2½ Std.; Wanderung durch die Gießenbachklamm hin und zurück: jeweils 1½ Std.

ANFORDERUNGEN
Allgemein: Anstiege zum Brünnsteinhaus auf leichtem Bergwanderweg ohne ausgesetzte Stellen. Der Gipfelanstieg über den kurzen Klettersteig erfordert Trittsicherheit und Schwindelfreiheit; die heiklen Stellen sind mit Seilen bzw. Leitern gesichert. Wanderung durch die Vordere Gießenbachklamm auf gesichertem Steig. Weiterweg in die Hintere Gießenbachklamm auf gesperrtem Fahrweg.
Alter: Zum Brünnsteinhaus ab 6 Jahren; Brünnsteingipfel ab 10 Jahren; Klammwanderung bereits ab 4 Jahren.

AUSRÜSTUNG
Klettersteigausrüstung für Kinder mit Sitz- und Brustgurt, kurzem Seil und Sicherungskarabiner.

HÜTTE/EINKEHR
Brünnsteinhaus, 1342 m (AV-Haus, Kat. I, ganzjährig mit Ausnahme von Mitte Januar bis Mitte Februar, 14 Betten, 40 Lager; Tel. 08033/1431); Berggasthaus Rosengasse, 1200 m (privat, ganzjährig, Übernachtungsmöglichkeit; Tel. 08023/640); Schopperalm, 660 m (privat, Juni bis Oktober einfach bewirtschaftet); Gießenbachhütte, 874 m (TVN-Hütte, Anfang Mai bis Ende Oktober einfach bewirtschaftet); Gasthaus Feuriger Tatzelwurm, 760 m (ganzjährig).

HÖCHSTER PUNKT
Brünnstein, 1634 m.

KARTE
Topographische Karte 1:50000 Mangfallgebirge (BLVA).

Der Brünnstein bietet für jeden etwas: Der Anstieg zum Brünnsteinhaus ist abwechslungsreich und doch für klein und groß begehbar. Oben erwarten uns weite Almwiesen und ein ganzjährig bewirtschaftetes Unterkunftshaus. Und als Finale gibt es einen kurzen Klettersteig für Anfänger. Der »Kaiserblick« ist grandios. Falls wir noch weitere Abwechslung brauchen, fahren wir über die Sudelfeldstraße hinab nach Oberaudorf und legen unterwegs beim Gasthaus Feuriger Tatzelwurm einen Stopp ein. Hier betrachten wir die schon etwas verblasste Kopie des Lindwurms neben dem Wirtshaus, machen einen kurzen Abstecher zu den Tatzelwurmwasserfällen und fahren anschließend weiter in die Gießenbachklamm auf der Südwestseite des Brünnsteins. Dort erwarten uns zahlreiche Picknick- und Grillplätze. Einen eigenen Ausflug wert ist auch die Vordere Gießenbachklamm, die durch eine Steiganlage erschlossen ist. Und wer noch Energie hat, wandert das schattige, sanft ansteigende Bachtal aufwärts.

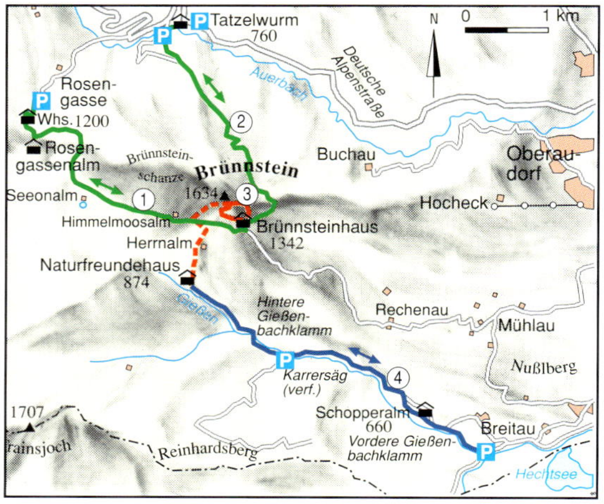

❶ Von der Rosengasse zum Brünnsteinhaus

Vom Parkplatz bei der Rosengassenalm gehen wir zuerst auf dem Fahrweg 100 Meter bergwärts, bis links der etwas schmälere Weg zur Rosengassenalm abzweigt. Wir überqueren eine kleine Brücke und erreichen den kleinen Almboden mit den Almhütten. Hier beginnt links der eigentliche Bergweg (Mark.-Nr. 651). Wir wandern links haltend hinauf zu einer Wegtafel, bleiben weiterhin links und steigen aufwärts zum Waldrand. Im weiten Rechtsbogen zu einer Bergschneide, dann weiter über Wiesen durch die Bergflanke Richtung Südosten. Bei einer Abzweigung links und nur mehr leicht steigend bergan. Bald treffen wir auf einen Almfahrweg, dem wir links bequem zu den weiten Wiesen der Himmelmoosalm folgen. Auf Fahrweg weiter bis zum etwas versteckt im Wald liegenden, ganzjährig bewirtschafteten Brünnsteinhaus (1342 m).

Am Gipfel des Brünnsteins erwartet uns neben der Gipfelkapelle eine fantastische Aussicht auf das Kaisergebirge. Mit etwas Glück lässt sich auch ein Gamsbock entdecken.

❷ Vom Gasthaus Feuriger Tatzelwurm

Dieser deutlich längere Weg hinauf zum Brünnsteinhaus startet entweder direkt beim Gasthaus oder etwas oberhalb vom Parkplatz an der Sudelfeldstraße. Vom Gasthaus folgen wir dem markierten Weg zu den Tatzelwurmwasserfällen, der am oberen Wanderparkplatz endet. Hier beginnt links der Almfahrweg hinauf zur Schoißeralm. Wir kreuzen einen querführenden Verbindungsweg und wandern geradeaus weiter bis zu einer starken Rechtskurve. Dort zweigt rechts der ausgeschilderte Wanderweg ab, der uns durch die Ostseite des Brünnsteins, zuletzt durch Wald, zum Brünnsteinhaus (1342 m) hinaufführt.

❸ Klettersteigrunde am Brünnstein

Unseren kleinen Einstieg in die Welt der Klettersteige beginnen wir am Brünnsteinhaus. Wir folgen in nordwestlicher Richtung durch Wald der Ausschilderung zum Dr.-Julius-Mayr-Weg. Die mit Hilfe von Leitern und Seilsicherungen begehbar gemachte Route führt durch steile Grashänge und baumbewachsene Steilflanken. Höhepunkt des kurzen Klettersteigs ist für Kinder sicher der kleine Felsdurchschlupf im unteren Teil. Gut markiert und unverfehlbar erreichen wir den Gipfel (1634 m), der mit einer Kapelle geschmückt ist. Das kleine Gipfelkreuz steht auf einer zweiten Gipfelerhebung. Abstieg über die Westseite.

❹ Durch die Gießenbachklamm

Falls wir nicht nur einen Picknickabstecher geplant haben, sondern auch ein aufregendes Klammerlebnis genießen wollen, starten wir unseren Ausflug in die Gießenbachklamm bei der so genannten Bleier Sag. Wir folgen zuerst dem Fahrweg auf der rechten Bachseite durch Wald, bis nach etwa einem Kilometer links ein Steg über den Gießenbach führt. Hier beginnt der eigentliche Klammweg durch die Vordere Gießenbachklamm, den aufregenderen Teil des Bachtals. Auf gutem Steig durchwandern wir die hier tief eingeschnittene Klamm und steigen anschließend hinauf durch Wald zur ersten Einkehrstelle, der Schopperalm (660 m). Danach wandern wir das kurze Stück aufwärts zum Fahrweg, der tief in das Tal reicht, und folgen ihm ins Hintere Gießenbachtal. Entlang des Weges treffen wir auf zahlreiche schöne Rast- und sogar Grillplätze. Endpunkt unserer Wanderung ist das Unterkunftshaus der Naturfreunde, wo wir auch einkehren können. Von der Gießenbachhütte lässt sich über einen steilen Steig die Verbindung zum Brünnsteinhaus herstellen.

GAMSBART

Hoch oben in den Berghängen der Alpen, aber auch in Mittelgebirgen wie dem Schwarzwald, lebt das Gamswild. Dieses einer Ziege ähnelnde Huftier, dessen Hörner Krickel genannt werden, ist ein ausgezeichneter Springer und Kletterer. Im Sommer steigt die Gams gern bis über die obere Waldgrenze hinauf, wo sie die Grasplätze zwischen den Felsen aufsucht. Sie ist ein sehr scheues und wachsames Tier; sobald Gefahr droht, ruft das Leittier des Rudels mit einem lauten Warnpfiff zur Flucht. Aus den langen Rückenhaaren der Gams werden Büschel zu so genannten Gamsbärten gebunden. Diese galten früher als Talismane und erfreuen sich heute noch großer Beliebtheit als Schmuck von Trachten- und Jägerhüten.

DER LOWA-TIPP

In den ehemaligen Atelierräumen des Tierbildhauers Philipp Harth (1885-1968) in Bayrischzell (Tannerhofstraße 44) sind die beeindruckenden Werke des Künstlers zu sehen (etwa 150 Ausstellungsstücke). Öffnungszeiten: März bis Oktober Mittwoch, Freitag und Sonntag 15–18 Uhr; Tel. 080 23/4 29.

18

TOURENGEBIET

RUND UM DEN SPITZINGSEE

Auf einem schönen Höhenweg zu einer familienfreundlichen Hütte, eine Almwanderung, zwei Gipfel und eine Schluchtwanderung

Die Obere Firstalm erwartet uns mit einer großen Aussichtsterrasse.

ANFAHRT

Bahn/Bus: Bahnlinie München – Holzkirchen – Bayrischzell bis zum Haltepunkt Fischhausen-Neuhaus. Bus zum Spitzingsee. Für die Schluchtwanderung ab Valepp mit der Bahn bis Tegernsee, dann mit Bus bis zum Endpunkt in der Valepp.
Auto: Salzburger Autobahn, Ausfahrt Weyarn, über Miesbach und Schliersee Richtung Bayrischzell, nach Fischhausen-Neuhaus rechts hinauf zum Spitzingsee; dort Parkplätze (gebührenpflichtig). In die Valepp: Ausfahrt Holzkirchen, über Gmund und Tegernsee nach Rottach-Egern, weiter auf mautpflichtiger Straße bis kurz vor das Forsthaus Valepp; dort Parkplätze.

GEHZEITEN

Anstieg zum Rotwandhaus: 1½ Std.; Rotwandgipfel: 20 Min.; Abstieg zum Spitzingsee: 2½ Std.; Zugang zum Albert-Link-Haus 20 Min.; Anstieg zum Roßkopf: 1½ Std. (Weiterweg zur Bergstation der Stümpflingbahn ¼ Std.); Runde über die Firstalmen: 1½ Std.; Verbindungsweg in die Valepp: 2 Std.; zur Erzherzog-Johann-Klause: 2 Std.; Rückweg: 2¼ Std.

ANFORDERUNGEN

Allgemein: Zum Rotwandhaus breiter und leichter Höhenweg, nur zu Beginn kurzes steiles Stück. Abstieg auf breitem Wander- bzw. Fahrweg. Runde über den Roßkopf und die Firstalmen sowie Verbindungsweg in die Valepp auf Bergwanderwegen bzw. gesperrten Fahrwegen. Zur Klause: Wanderweg und gesicherter Bergsteig, Trittsicherheit erforderlich.
Alter: Alle Routen ab 4 Jahren; der Steig durch die Klamm zur Erzherzog-Johann-Klause erst ab 6 Jahren.

HÜTTEN/EINKEHR

Rotwandhaus, 1765 m (AV-Haus, Kat. I, außer von November bis Mitte Dezember ganzjährig bewirtschaftet, 36 Betten, 90 Lager; Tel. 08026/7683); Untere Maxlraineralm (Gaststätte); Obere Firstalm, 1375 m (privat, ganzjährig, 30 Betten, 30 Lager, Tel. 08026/7302; Untere Firstalm, 1317 m (privat, ganzjährig, keine Übernachtung, Fr Ruhetag); Albert-Link-Haus, 1000 m (AV-Hütte, Kat. II, mit Ausnahme von November ganzjährig bewirtschaftet, 30 Betten, 37 Lager; Tel. 08026/1264); Blecksteinhaus, 1060 m (AV-Haus, außer von November bis Mitte Dezember ganzjährig bewirtschaftet, Di Ruhetag, 118 Betten, 24 Lager; Tel. 08026/71204); Erzherzog-Johann-Klause, 814 m (privat, Anfang Mai bis Ende Oktober, 10 Lager; Tel. 08026/71281); Fortshaus Valepp,872 m (Gaststätte).

HÖCHSTE PUNKTE

Roßkopf, 1580 m; Rotwand, 1884 m.

KARTE

Topographische Karte 1:50000 Mangfallgebirge (BLVA).

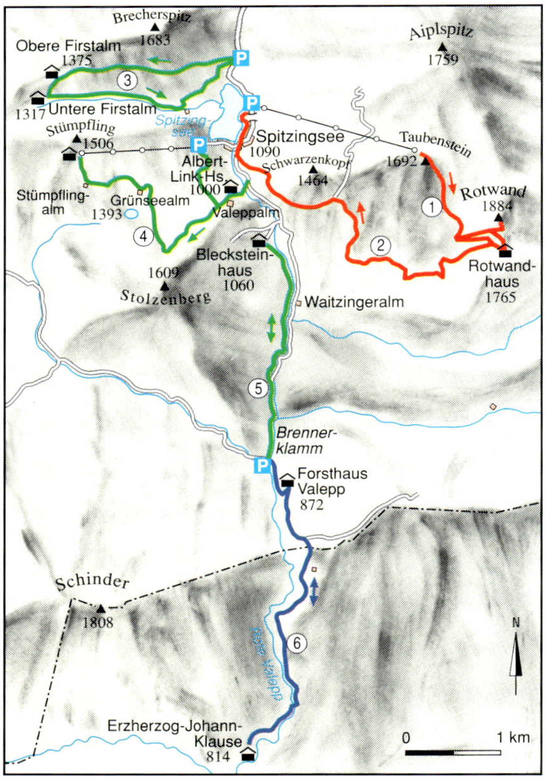

Die Berge rund um den Spitzingsee sind durchweg kinderfreundlich und für jeden Anspruch ist etwas dabei. Mit der Albert-Link-Hütte und dem Blecksteinhaus gleich in der Nähe des Sees finden wir verkehrsfreie Stützpunkte mit idealen Spielmöglichkeiten. Einige der Hütten sind sogar ganzjährig bewirtschaftet. Das Rotwandhaus, das eine der ersten Solaranlagen in den Bayerischen Alpen aufweisen kann, erreichen wir über einen reizvollen Höhenweg, der auch für die Mitnahme einer ganzen Kinderschar geeignet ist. Im Umfeld der Hütte können wir Murmeltiere und Gamswild entdecken. Etwas abenteuerlich wird es, wenn wir uns in die Klamm der Brandenberger Ache wagen. Auf gesichertem Steig besuchen wir die Erzherzog-Johann-Klause, wo früher Holz für den Salinenbetrieb getriftet wurde.

❶ Höhenweg zum Rotwandhaus

Von der Bergstation der Taubensteinbahn auf felsigem Steig das kurze Stück zum Taubensteinsattel hinauf. Abenteuerlustige machen hier einen kleinen Abstecher auf den Taubenstein. Dann wandern wir weiter in südöstlicher Richtung und halten dabei auf den Lempersberg zu.Wir passieren ihn auf seiner rechten Seite auf gutem, latschengesäumtem Höhenweg. Anschließend hinab in den Graben, der Rotwand und Lempersberg trennt. Nach einem kurzen Anstieg haben wir dann bereits das Rotwandhaus (1765 m) im Blick, zu dem wir in leichtem Rechtsbogen hinabsteigen. Der Rotwandgipfel lässt sich dabei in einem kurzen Abstecher »mitnehmen«.

❷ Abstieg zum Spitzingsee

Für den Abstieg wählen wir den Weg vom Rotwandhaus direkt hinunter zum Spitzingsee, schwenken aber bei Erreichen der Fahrstraße nach rechts und wandern das kurze Stück hinauf zur Unteren Maxlraineralm. Von dort folgen wir dem Wegweiser hinab zur Talstation.

❸ Eine Runde über die Firstalmen

Vom Parkplatz am Spitzingsattel nehmen wir den Trautweinweg (für den Allgemeinverkehr gesperrter Fahrweg) durch schattigen Wald

Der Steig durch die Klamm zur Erzherzog-Johann-Klause ist sehr abwechslungsreich.

hinauf zur Oberen Firstalm (1375 m), unserer ersten Einkehrstelle. Von dort geht es dann links haltend auf gepflastertem Weg in wenigen Minuten hinab zur Unteren Firstalm (1317 m). Hier findet alljährlich am Faschingssonntag der Skifasching statt. Von dort schlendern wir dann auf dem Fahrweg, der oberhalb des Firstgrabens entlangführt, hinunter in Richtung Spitzingsee, bis links die gesperrte Fahrstraße wieder hinauf zum Spitzingsattel leitet.

4 Abstecher zum Stümpfling

Vom Albert-Link-Haus auf der Asphaltstraße, dann auf Fahrweg hinauf zu den Unteren Haushamer Almen. Am oberen Ende der Almsiedlung rechts und weiter zur Grünseealm. Kurz vor Erreichen der Almhütten biegt links ein Pfad zum kleinen Grünsee (1393 m) ab. Bei der Grünseealm nehmen wir den links zum Stümpfling abzweigenden Steig, der uns über freies Almgelände hinauf zum aussichtsreichen Gipfel (1506 m) führt. Auf einem Höhenweg hinüber zur Bergstation der Stümpflingbahn, mit der wir zu Tal schweben.

5 Verbindungsweg in die Valepp

Früher verband eine Mautstraße den Spitzingsee mit der Valepp, heute steht das Gebiet entlang der Roten Valepp unter Naturschutz. Vom Südufer des Spitzingsees wandern wir auf der Forststraße immer in Nähe der Roten Valepp durch schönen Wald bis zur Brennerklamm, wo wir auf die von Rottach-Egern hereinführende Mautstraße treffen. Nun links weiter zum Forsthaus Valepp (872 m).

6 Zur Erzherzog-Johann-Klause

Vom Parkplatz bei der Brennerklamm gehen wir auf der Fahrstraße zum Forsthaus Valepp und an diesem vorbei auf dem unbefestigten Fahrweg durch die Wiesen. Bei der Wegverzweigung im hinteren Bereich halten wir uns rechts und folgen nun durch Wald dem Weg ins Enzenbachtal. Wir orientieren uns immer nach rechts und erreichen das Ende der Forststraße. Nun wird es aufregend. Wir folgen dem Steig, der 200 Meter über der Grundache und der Brandenberger Ache Richtung Süden zieht. Allmählich steigen wir in den Grund der Klamm ab, queren auf einer Hängebrücke den Bach und erreichen auf der anderen Seite auf dem nun breiter werdenden Wanderweg die Erzherzog-Johann-Klause (814 m).

HOLZTRIFT

Bis weit ins 20. Jahrhundert wurden die in den Bergwäldern geschlagenen Baumstämme auf dem Wasserweg zu Tal befördert. Während das Holz auf den breiten Flüssen des tiefer gelegenen Landes geflößt werden konnte, mussten die Stämme in den Bergen einzeln in die schmalen Bachläufe geworfen werden. Da die steinigen Bergbäche oft zu wenig Wasser führen, wurden viele Karseen durch einen Damm aufgestaut, das gestaute Wasser wurde während der Holztrift in kurzer Zeit abgelassen, und auf diese Weise entstand ein kleiner Hochwasserschwall, der es ermöglichte, den Bächen genügend Wasser für die Trift zuzuführen. An den weiter unten gelegenen Sammelstellen wurden die Stämme dann aus dem Wasser geholt. Das Zeitalter der Holztrift endete mit dem Aufkommen leistungsstarker Lastkraftwagen.

DER LOWA -TIPP

Oberhalb des Orts Schliersee befindet sich die Schliersbergalm, die allerdings keine richtige Alm ist. Dahinter verbirgt sich ein Vergnügungspark mit Restaurantbetrieb. Allein der Blick von oben auf den Schliersee ist einen Besuch wert, doch es gibt für Kinder weitere Highlights: Pool, Minigolf, Minikarussell. Hauptattraktion allerdings ist die Sommerrodelbahn bis ins Tal. Anfahrt von Schliersee-Ort bis zum Parkplatz an der Kleinkabinenbahn, die uns mühelos in die Höhe bringt. Eintritt. Kein Ruhetag.

19

TOURENGEBIET

HOCH ÜBER DEM TEGERNSEE

Wald- und Almwanderung zu ganzjährig bewirtschafteten Hütten mit Abstecher zu einer beliebten Alm, dazu eine Gipfeleinlage

Kleine Pause gefällig?

ANFAHRT
Bahn/Bus: Auf der Bahnlinie München – Tegernsee.
Auto: Salzburger Autobahn, Ausfahrt Holzkirchen, B 318/307 über Gmund nach Tegernsee; großer Parkplatz im Ortszentrum beim Schloss.

GEHZEITEN
Anstieg zur Neureut: 2 Std.; Übergang zur Gindelalm: 1 Std.; Weiterweg zur Kreuzbergalm: ½ Std.; Abstieg nach Tegernsee: 1¼ Std.; Anstieg von Tegernsee zum Wirtshaus Galaun: 1½ Std.; Weiterweg zum Riedersteinkircherl: ½ Std.; Weiterweg zur Baumgartenschneid: 1 Std.; Abstieg ins Tal nach Tegernsee: 2 Std.

ANFORDERUNGEN
Allgemein: Leichte Wege und Steige, zum Teil Almfahrwege; einige steilere Stellen, aber nicht ausgesetzt.
Alter: Alle Wege ab 5 Jahren; die gesamte Runde wegen der Länge erst ab 10 Jahren.

HÜTTEN/EINKEHR
Berggaststätte Neureuthaus, 1263 m (privat, mit Ausnahme der letzte sechs Wochen im Jahr ganzjährig bewirtschaftet, Mo Ruhetag); Gindelalm, 1242 m (privat, zur Weidesaison einfach bewirtschaftet, Übernachtung möglich); Kreuzbergalm, 1223 m (privat, während der Weidesaison einfach bewirtschaftet, Mo Ruhetag); Wirtshaus Galaun, 1160 m (ganzjährig bewirtschaftet, keine Übernachtung).

HÖCHSTE PUNKTE
Gindelalmschneid, 1335 m; Baumgartenschneid, 1444 m.

KARTE
Topographische Karte 1:50 000 Mangfallgebirge (BLVA).

Die Berge über dem Tegernsee sind nicht besonders hoch, sie sind überwiegend bewaldet, und nur selten durchbrechen kühne Felsformationen diese Voralpenidylle. Ein Vorteil besonders für Bergwanderungen mit Kindern: der Ausgangspunkt Tegernsee kann stressfrei mit der Bahn angefahren werden. Die Wege sind schattig, am Ziel der Wanderungen erwarten uns jeweils Brotzeitstationen, von denen zwei sogar ganzjährig bewirtschaftet sind. Und für den Ausklang gibt es die Strandbäder am Tegernsee oder eines der interessanten kleinen Museen, wie zum Beispiel den letzten Wohnort Ludwig Thomas, des Verfassers der »Lausbubengeschichten«, auf der Tuften.

❶ Hinauf zur Neureut

Wir starten unsere Tour am Bahnhof, im Zentrum von Tegernsee. Auf der Bahnhofstraße zuerst rechts, dann links in die Neureutstraße zur Volkshochschule. Auf steilem Treppenweg geht es hinauf zur Privatklinik Westerhof. Dann halten wir uns auf einer Fahrstraße links bis zum Waldrand und wandern anschließend weiter auf dem Westerhofweg. Bald münden der alte Sommerweg und der Bayernweg, die alle hinauf zur Neureut führen, auf unsere Route. Etwas unterhalb der Neureut treten wir aus dem Wald auf eine Wiese und steigen hinauf zur bereits sichtbaren Bergwirtschaft (1263 m), wo uns neben der großen Terrasse auch eine Kapelle erwartet.

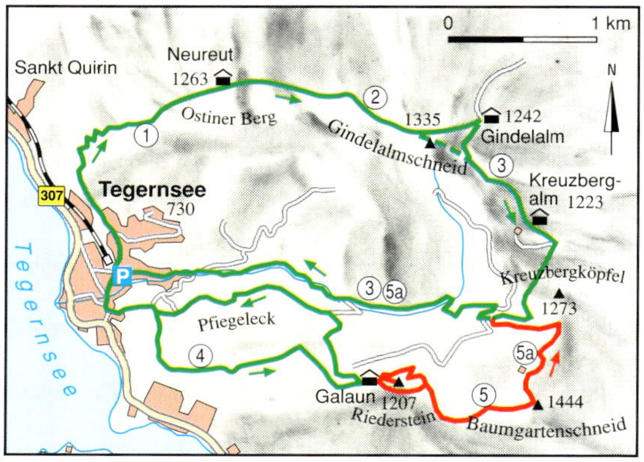

❷ Übergang zur Gindelalm

Von »der Neureut« führt ein nahezu ebener, breiter Weg auf dem bewaldeten Kamm hinüber zur Gindelalm (1242 m). Dort leicht fallend zu den drei Almhütten, von denen zwei bewirtschaftet sind.

❸ Über die Kreuzbergalm wieder hinunter nach Tegernsee

Von der Gindelalm führt ein ausgeschilderter Wanderweg über die Gindelalmschneid durch überwiegend freies Almgelände auf der Kammhöhe hinüber zur ebenfalls bewirtschafteten Kreuzbergalm (1223 m). Von dort zieht ein Almfahrweg durch das Alpbachtal nach Tegernsee hinunter.

❹ Zum Wirtshaus Galaun und Riedersteinkircherl

Vom Bahnhof in Tegernsee schlendern wir zunächst durch die Bahnhofstraße Richtung Schloss, über den Alpbach, dann links und bald wieder rechts die Kleinbergstraße hinauf, bis wir auf den querführenden Sonnleitenweg treffen. Nun wandern wir eben durch die Bergwiesen zum Pfliegelhof. Dort links weg und auf breitem Wanderweg in den Wald hinein, wo wir auf einen breiten, vom Tal heraufkommenden Fahrweg treffen. Auf diesem geht es links sanft ansteigend durch Wald höher – immer auf der Südseite des Kleinen Tegernseer Ber-

Der Tegernsee mit dem ehemaligen Stift. Dahinter baut sich der bewaldete Ostiner Berg auf.

ges – auf die Kammhöhe des Riedersteinholzes. Auf der Kammhöhe bei der Wegverzweigung rechts, dann eben hinüber zum Berggasthaus Galaun (1160 m), das auf einer schönen Waldlichtung liegt. Rechts vom Gasthaus führt ein ausgeschilderter Weg, vorbei an vierzehn Kreuzwegstationen, in einer halben Stunde hinauf zum Riederstein (1207 m) mit dem weithin sichtbaren Wallfahrtskirchlein. Für die Rückkehr zum Berggasthaus gibt es eine Alternativroute über die Nordseite des Riedersteins.

5 Gipfelabstecher auf die Baumgartenschneid

Am Fuß des Baumgartens, am Tuftenberg, hatte Ludwig Thoma sein Haus, und an der Baumgartenschneid war sein Jagdgebiet. Sein Grab befindet sich übrigens auf dem Friedhof von Rottach-Egern. Der überwiegend bewaldete Bergrücken weist lediglich zwei Anstiege auf, die üblicherweise zu einer Überschreitung verbunden werden. Vom Berggasthaus Galaun folgen wir dem Weg zum Riederstein (und gehen von dort weiter), oder wir zweigen nach wenigen Metern rechts ab und nehmen den Bergweg, der in den Sattel zwischen Riederstein und Baumgartenschneid verläuft. Dort rechts durch Wald hinauf zum vorgelagerten Rohrkopf und in Nähe der Kammhöhe hinüber zur Baumgartenschneid (1444 m), wobei wir das letzte Stück über steile Almwiesen ansteigen.

5a Abstiegsvariante von der Baumgartenschneid

Falls wir von der Baumgartenschneid eine Abstiegsvariante wählen wollen, steigen wir vom Gipfel auf der Nordseite über die Baumgartenalm hinunter zum Sagfleckl (1154 m). Dort folgen wir links dem Prinzenweg abwärts zum in Nr. 3 beschriebenen Almfahrweg.

DER ALPENSALAMANDER

Der schwarze, zehn bis 16 Zentimeter lange Alpensalamander lebt in den Höhenlagen der Alpen auf 800 bis 3000 Metern und ist ein Meister der Anpassung an niedrige Temperaturen. Als wechselwarmes Tier kann er seine Körperwärme nicht selbst erzeugen, sondern ist von der Außentemperatur abhängig. Eine große Hilfe bei der Aufnahme der Sonnenwärme ist ihm die Schwarzfärbung seines Körpers: Schwarze Farbe strahlt kein Sonnenlicht zurück, sondern nimmt alle Lichtstrahlung auf. Um möglichst viel Sonnenwärme aufzunehmen, bevorzugen die Bergsalamander tagsüber geschützte, sonnenbeschienene Plätze, wo sie nahezu regungslos verharren. Auch legen sie keine Eier, denn die Entwicklung eines Eis würde in den kalten Lagen der Gebirge zu lange dauern, sondern sie bringen vollständig ausgebildete kleine Salamander zur Welt. Der Alpensalamander steht unter Naturschutz.

DER LOWA -TIPP

Ein Besuch bei Ludwig Thoma ist in Tegernsee (Auf der Tuften 12) angesagt. Der Schöpfer der »Lausbubengeschichten« ließ sich dort auf der Anhöhe über dem See ein Haus bauen, das er bis zu seinem Tode bewohnte. Seine Wohnräume und das Studierzimmer sind im Rahmen von Veranstaltungen sowie auf Anfrage (Führung) zugänglich; Tel. 08022/5382.

20 TOURENGEBIET

EIN ZIEL FÜR ALLE JAHRESZEITEN

Auf eine ganzjährig bewirtschaftete Alm, ein abwechslungsreicher Gipfelabstecher und eine schöne Talwanderung im Sommer wie im Winter

Am Zeiselbach bieten sich immer wieder schöne Spielmöglichkeiten.

ANFAHRT
Bahn/Bus: Bahnlinie München – Gmund oder Tegernsee. Jeweils RVO-Bus nach Bad Wiessee.
Auto: Salzburger Autobahn, Ausfahrt Holzkirchen, B 318 über Gmund nach Bad Wiessee, am südwestlichen Ortsrand rechts Straße zum Gasthof Sonnenbichl, nach 400 m entweder links ab zu den Parkplätzen (100 m) oder geradeaus zum großen Parkplatz beim Gasthof Sonnenbichl.

GEHZEITEN
Talwanderung zur Söllbachklause: ½ Std.; Weiterweg zum Bauer in der Au: 1 Std.; Rückweg gleiche Zeit; Aufstieg zur Aueralm: 2½ Std; Aufstieg zum Fockenstein: 1 Std.; Abstieg ins Tal: 2½ Std.

ANFORDERUNGEN
Allgemein: Breiter Wanderweg zur Aueralm. Abstieg über das Waxelmooseck zum Teil auf Bergweg. Variante hinunter ins Söllbachtal auf Fahrweg. Der Gipfelanstieg auf den Fockenstein verläuft im letzten Teil auf Bergsteig. Die Talwanderung zum Bauer in der Au ist eine schöne, schattige Wanderung auf gesperrtem, unbefestigtem Fahrweg (auch Kutschenfahrten von Bad Wiessee).
Alter: Alle Wanderungen ab 4 Jahren; der Fockensteingipfel kann erst ab ab 6 Jahren empfohlen werden.

HÜTTEN/EINKEHR
Aueralm, 1260 m (privat, mit Ausnahme von November und Dezember ganz-jährig bewirtschaftet, Mo Ruhetag; Tel. 08022/ 83600); Gasthaus Sonnenbichl; Söllbachklause (privat, ganzjährig bewirtschaftet, Mo Ruhetag); Bauer in der Au, 900 m (privat, ganzjährig bewirtschaftet, Fr Ruhetag).

HÖCHSTE PUNKTE
Bauer in der Bau, 900 m; Aueralm, 1260 m; Fockenstein, 1564 m.

KARTE
Topographische Karte 1:50000 Bad Tölz – Lenggries und Umgebung (BLVA).

Die bewaldeten Höhen in den westlichen Tegernseer Bergen werden durch eine große Talfurche zerschnitten. Das Söllbachtal ist auf beiden Seiten von interessanten Berggipfeln wie dem Fockenstein, dem Hirschberg, dem Roß- und Buchstein und dem Kampengipfel eingerahmt. In diesem Tourengebiet wollen wir stellvertretend für alle anderen Aussichtsberge dem Fockenstein einen Besuch abstatten. Ein wichtiger Faktor sind die Einkehrmöglichkeiten am Wege, von denen zwei auch im Winter angesteuert werden können. Die Wege zur Söllbachklause und zur Schwarzentennalm (siehe Tourengebiet 22) werden dann sogar geräumt. Den Auftakt bildet die Talwanderung zum Bauer in der Au. Der ehemalige Einfirstbauernhof (das heißt Wohnhaus, Stall und Tenne befinden sich unter einem langen Dach) war früher im Besitz des Klosters Tegernsee und stellte mit einer Firstlänge von 61 Metern den größten Hof dieser Bauart im gesamten Oberland dar. Leider brannte das Kulturdenkmal 1971 nieder. Die heutige Einkehrstation ist nur mehr ein Schatten des ursprünglichen Anwesens.

❶ Söllbachklause und Bauer in der Au

Vom Parkplatz am Eingang zum Söllbachtal gehen wir auf breitem, unbefestigtem Fahrweg am Söllbach entlang bis zur bewirtschafteten Söllbachklause. Wenige Meter dahinter können wir auf einer Brücke auf die andere Bachseite hinüberwechseln und gelangen so zu den Mähwiesen von Buch. Links haltend zurück zum Ortsteil Abwinkl. Um zum Parkplatz zu kommen, müssen wir allerdings in den Ort und auf der anderen Bachseite zurückwandern.
Der breite, aber schattige Weg zum Bauer in der Au zweigt 250 Meter nach der Söllbachklause links ab. Dort über eine Brücke und nun leicht ansteigend immer durch Wald hinauf zum Bauer in der Au (900 m), der am Rand einer großen Wiese liegt. Nach der Einkehr entweder auf dem Anstiegsweg zurück. Oder beim Hof links haltend auf gesperrtem Fahrweg durch die Wiesen in Richtung Bad Wiessee, dann über den Mühlbach und über die Wiesen von Buch. Kurz vor den Gebäuden zweigt links der Bucherweg ab, der uns zur Söllbachklause hinunterbringt. Von dort weiter zum Parkplatz am Eingang des Söllbachtals.

❷ Durchs Zeiselbachtal auf die Aueralm

Vom Parkplatz am Söllbach bzw. oberhalb des Gasthauses Sonnenbichl wandern wir zuerst durch das schattige Zeiselbachtal (die Wegabzweigung links und rechts ignorieren), bis sich das Tal immer mehr verengt. Wir haben hier zwar keine Aussicht, aber es bieten sich immer wieder Möglichkeiten, direkt am Zeiselbach zu

Die rund ums Jahr bewirtschaftete Aueralm entspricht so ganz dem Ideal einer oberbayerischen Alm: viel Holz, eine gemütliche Stube und eine herrliche Aussicht.

rasten und eine Spielpause einzulegen. Und der Weg ist breit genug, um nicht im Gänsemarsch wandern zu müssen. Das letzte Stück zu den freien Böden der Aueralm ist relativ steil, doch einfach zu begehen. Nach dem Waldende rechts bequem hinauf zur bereits sichtbaren Alm (1260 m). Rund um die ganzjährig bewirtschaftete Hütte gibt es viel ungefährlichen Auslauf für Kinder, so dass man auch einen ganzen Tag hier verbringen könnte.

❸ Gipfelabstecher auf den Fockenstein

Von der Aueralm folgen wir dem breiten Almfahrweg Richtung Neuhüttenalm, bis wir nach zehn Minuten auf den Pfad treffen, der rechts weg hinauf durch Hochwald steil Richtung Gipfel führt. Nach einem flacheren Stück geht es noch mal steil aufwärts über die Gipfelflanke zum aussichtsreichen höchsten Punkt (1564 m).

❸a Abstieg ins Söllbachtal

Um die Runde auszugehen, bietet sich neben dem Wanderweg über das Waxelmooseck der Fahrweg hinab ins Söllbachtal an. Der Weg ist recht sonnig und für einen Anstieg im Sommer wohl zu heiß. Wir genießen dabei aber ein Mehr an Aussicht, beispielsweise auf den dicht bewaldeten Hirschberg gegenüber und die vier Kampengipfel, die das Tegernseer Tal gegen das Isartal abschirmen.

HASE UND KANINCHEN

Hasen sind größer als Wildkaninchen, sie haben längere Ohren, Löffel genannt, und längere Hinterläufe. Auch ihr Verhalten und ihre Lebensweise ist verschieden: Kaninchen sind gesellige Tiere und wohnen in Erdbauten, der Hase hingegen ist ein Einzelgänger, der seine Bleibe in einer einfachen Erdmulde, der Sasse, hat. Bei Gefahr rennt der Hase hakenschlagend in hohem Tempo davon, das Kaninchen hingegen sucht Schutz in seinem Erdbau.

DER LOWA-TIPP

Ein Vergnügen nicht nur für Kinder ist der historische Dampfzug, der zwischen Schaftlach und Tegernsee verkehrt. In der Zeit zwischen Juli und September haben Eisenbahnfreunde in zweiwöchigem Turnus das Vergnügen, in Bayerns ältester und kleinster Privatbahn mitzufahren; die Reise dauert eine knappe halbe Stunde. Die nostalgischen Personenwagen stammen aus der Zeit um 1930 und sind noch mit ungepolsterten Holzbänken ausgestattet. Informationen: Bahnhof Tegernsee; Tel. 08022/75439.

21

TOURENGEBIET

UNTERWEGS IN DEN BLAUBERGEN

Wo schon Mönche und Könige zur Kur weilten, ein paar Ausflugsalmen, eine Bioalm, eine kinderfreundliche Hütte und schöne Gipfelerlebnisse

Die Siebenhüttenalm am Ufer des Felsweißach. Im breiten Flussbett gleich daneben bieten sich schöne Spielmöglichkeiten.

ANFAHRT

Bahn/Bus: Bahnlinie München – Tegernsee. RVO-Bus bis Haltestelle Kreuth bzw. Wildbad Kreuth.
Auto: Salzburger Autobahn, Ausfahrt Holzkirchen, B 318/307 über Gmund und Bad Wiessee nach Kreuth; oder weiter zum Parkplatz Lange Au bzw. Schießstätte.

GEHZEITEN

Von Kreuth bzw. vom Parkplatz Lange Au zur Siebenhüttenalm: 1 Std. bzw. 20 Min.; Talwanderung über Schwaigeralm nach Kreuth: 1½ Std.; Anstieg über die Geißalm zur Königsalm: 1½ Std.; Weiterweg zum Schildenstein: 1½ Std.; durch die Lange Au zur Gufferthütte: 3 Std.; Aufstieg zur Halserspitz, Übergang zur Blaubergalm: 1 Std; Abstieg über die Königsalm von der Blaubergalm: 3 Std.; Anstieg durch die Wolfsschlucht: 2½ Std.

ANFORDERUNGEN

Allgemein: Mit Ausnahme der Wolfsschlucht und des Anstiegs auf die Halserspitz Wirtschaftswege, gute Wanderwege und leichte Bergsteige. Die Wolfsschlucht nicht nach einer längeren Regenperiode begehen.
Alter: Zur Siebenhüttenalm und Schwaigeralm für alle Altersgruppen; zur Gufferthütte ab 6 Jahren; Anstieg zum Schildenstein durch die Wolfsschlucht und Anstieg auf die Halserspitz sowie Wanderung über die Blauberge ab 10 Jahren.

AUSRÜSTUNG

Für die Wolfsschlucht evtl. Brustgeschirr mit Reepschnur.

HÜTTEN/EINKEHR

Blaubergalm, 1540 m (privat, Anfang Juni bis Anfang Oktober durchgehend, bis Ende Oktober an Wochenenden bewirtschaftet, 15 Lager; Tel. 0043/663/587779); Schönleitenalm, 1470 m (während der Weidezeit bewirtschaftet); Königsalm, 1114 m (privat, während der Almsaison einfach bewirtschaftet, Di Ruhetag); Siebenhüttenalm, 836 m (privat, Mai bis Oktober, Getränke, Kuchen, Brotzeit; Di Ruhetag); Schwaigeralm, 800 m (Gaststätte, Anfang November bis Weihnachten geschlossen); Gufferthütte, 1475 m (AV-Hütte, Kat. I, Mitte Mai bis Ende Oktober bewirtschaftet, 8 Betten, 62 Lager; Tel. 0161/1815887).

HÖCHSTE PUNKTE

Halserspitz, 1862 m; Schildenstein, 1613 m.

KARTE

Topographische Karte 1:50000 Mangfallgebirge (BLVA).

Am Fuß der Blauberge, im Alten Bad, suchten bereits die Mönche und Äbte des Klosters Tegernsee im späten Mittelalter Erholung. Direkt gegenüber ließ dann König Max I. Joseph im Jahr 1818 das biedermeierliche Neue Bad errichten. Der Badebetrieb ist zwar eingestellt, doch die Zahl der Erholungssuchenden ist nicht kleiner geworden. Heute sind es Ausflugsalmen und das Gasthaus Altes Bad, die Wanderer anlocken. Die »blauen« Berge, die ihren Namen vermutlich wegen des dichten Nadelwaldes erhalten haben, der in der Sommerhitze bläulich schimmert, haben noch jede Menge zu bieten. So besuchen wir die Wolfsschlucht, wo wir wildes Bergwasser und blaue Gumpen entdecken können; wir wandern auf die Rückseite der Blauberge zu einer kinderfreundlichen Hütte, und von dort sind die Gipfel dieses Bergkammes leicht zu ersteigen. Wir schauen bei einer Bioalm vorbei, auf der Käse, Brot, Butter und auch Schnaps hergestellt werden, und machen am Kavaliershaus der Königsalm Station.

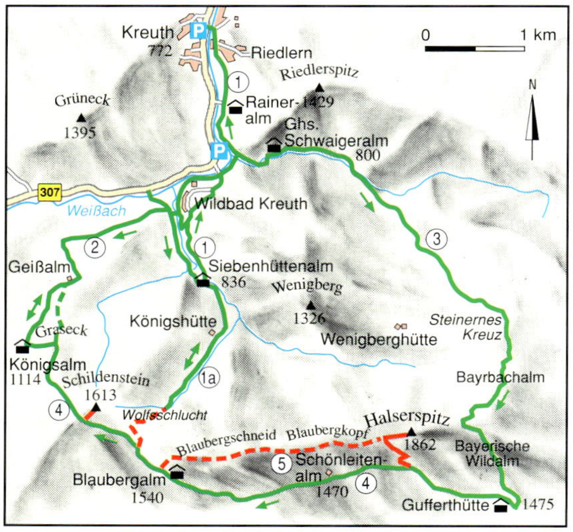

❶ Zur Siebenhüttenalm

In Kreuth gehen wir zuerst zur Brücke über die Weißach, dann auf dem Wanderweg direkt am Fluss entlang durch Wald bis zum Parkplatz Lange Au. Dort, bei der Brücke über die Weißach, folgen wir zuerst dem unbefestigten breiten Weg am Flussufer entlang (nicht dem asphaltierten nach Wildbad Kreuth) bis zu einer Brücke. Hier die Weißach überqueren und auf der anderen Seite links weiter zur versteckt liegenden Siebenhüttenalm (836 m). Das geröllreiche Bachbett der Weißach bietet schöne Spielmöglichkeiten mit Steinen und Schwemmholz. Zurück wandern wir auf der rechten Seite des Baches und kommen so direkt nach Wildbad Kreuth mit Gasthaus Altes Bad und anschließend zum Wanderparkplatz am Taleingang. Dort vor der Brücke rechts und auf Fahrweg in einer halben Stunde zur Gaststätte Schwaigeralm (800 m). Danach gehen wir nicht zurück zum Parkplatz, sondern folgen der Ausschilderung zur Raineralm und nach Kreuth.

❶a Anstieg durch die Wolfsschlucht

Von der Siebenhüttenalm auf Fahrweg weiter zur Königshütte und jenseits wieder hinab ins Tal der Felsweißach. Nun teilweise im Bachbett zum Talschluss. Auf zum Teil mit Drahtseilen gesichertem Steig turnen wir schließlich durch die steile Wolfsschlucht hinauf zum

Der Blauberggrat mit der höchsten Gipfelerhebung, der Halserspitz.

Blaubergsattel und gehen links weiter zur Blaubergalm (1540 m) mit Bioprodukten.

❷ Hinauf zur Königsalm

Vom Parkplatz Lange Au folgen wir dem breiten Weg zur Siebenhüttenalm, bis rechts ein ausgeschilderter Weg zur Königsalm abzweigt. Auf diesem steil durch Wald zur Geißalm und dann über die Weidewiesen hinauf zur Königsalm (1114 m) mit dem langen Kuhstall.

❸ Durch die Lange Au zur Gufferthütte

Vom Parkplatz Lange Au wandern wir auf Wirtschaftsweg über die Schwaigeralm leicht ansteigend in die Lange Au bis zum Steinernen Kreuz (884 m). Dort rechts weg (Mark. BB 1) und bald in steilen Serpentinen durch Wald hinauf zu einer Wasserscheide (1222 m) und den Böden der Bayrbachalm. Hier halten wir uns rechts, steigen durch Wald und über Bergwiesen steil aufwärts und wechseln hinüber zur Bayerischen Wildalm und weiter zur Gufferthütte (1475 m). Kinder können im wald- und wiesenreichen Umfeld gefahrlos spielen.

❹ Eine Runde über die Blaubergalm

Von der Gufferthütte folgen wir der Ausschilderung zur Halserspitz und steigen auf der bewaldeten Südseite an, bis wir nach einer Dreiviertelstunde auf eine Wegverzweigung stoßen. Nun links weiter, wieder leicht fallend, zur Einkehrstation Schönleitenalm (1470 m). Danach nahezu eben weiter auf Wirtschaftsweg überwiegend durch Wald zur Blaubergalm (1540 m). Im weiteren Verlauf wandern wir zur Einsenkung zwischen Blaubergkamm und Halserspitz und steigen links haltend hinauf an den Fuß des Schildensteins. Von hier auf einem Felssteig zum Gipfel (1613 m). Anschließend folgend wir dem markierten Weg (BB 2) hinab zur Königsalm (1114 m).

❺ Über Halserspitz und Blaubergkamm

Von der Wegverzweigung oberhalb der Gufferthütte steigen wir über den Wald- und Latschenhang auf Pfad hinauf zur Westseite der Halserspitz. Dort folgen wir rechts dem steilen Steig hinauf zum Gipfelkreuz. Anschließend wieder zurück in die Einsattelung und dann auf dem Pfad auf der Kammhöhe im Auf und Ab immer westwärts über Karkopf, Blaubergkopf und Blaubergschneid zur Blaubergalm.

DAS ALTER DER BÄUME

Während ein Baum im Frühjahr sein Laub entfaltet und es im Sommer trägt, wächst auch sein Stamm. Diese jahreszeitlich bedingten Holzschichten werden Jahrringe genannt: Sie wachsen ringförmig um den Jahrring des jeweils letzten Jahres und sind sichtbar, wenn ein Baumstamm durchgeschnitten wird. Aus der Anzahl der Ringe lässt sich das Alter des Baums errechnen: Je ein starker und ein feiner, meist dunkler gefärbter Ring entstehen während eines Wachstumsjahres – im Frühjahr das hellere »Frühholz«, im Sommer das dunklere »Spätholz«. Weil manche Bäume sehr alt werden können und das Dickenwachstum der Waldbäume nie völlig aufhört, lässt sich anhand der Jahrringe weit in die Vergangenheit zurückschauen. Jedes Jahr formen sich, bedingt durch die jeweiligen klimatischen Verhältnisse, die Zuwachsringe anders aus.

DER LOWA -TIPP

Einen schnellen Gipfelerfolg bringt uns die Auffahrt mit der Wallbergbahn. Die Talstation liegt bei Rottach-Egern (dort auf dem Friedhof finden wir übrigens das Grab von Ludwig Thoma, Ganghofer und anderer Tegernseeprominenz). Gleich neben der Bahn befindet sich ein Alpen-Wildpark. Von der Bergstation benötigen wir für den Gipfelabstecher etwa eine Stunde Gehzeit. Dort oben können wir dann auch den Drachenfliegern und Gleitschirmpiloten bei ihrem luftigen Spiel zuschauen. Einkehrmöglichkeiten an der Bergstation und etwas unterhalb beim Wallberghaus.

22

TOURENGEBIET

Am Anstiegsweg bzw. rund um die Tegernseer Hütte bieten sich zahlreiche Möglichkeiten für erste Kletterversuche.

DOPPELGIPFEL MIT ADLERBLICK

Gipfelwanderung auf den zahmen Roß- und den markanten Buchstein und zu einer Hütte in spektakulärer Lage sowie eine Almwanderung

ANFAHRT

Bahn/Bus: Bahnlinie München – Holzkirchen – Tegernsee. RVO-Bus über Rottach-Egern und Kreuth zur Achenpassstraße bis zur Haltestelle Klamm/Winterstube für die Schwarzentennalm; oder weiter bis Bayerwald für Roß- und Buchstein.
Auto: Salzburger Autobahn, Ausfahrt Holzkirchen, über Gmund und Bad Wiessee, weiter auf der Achenpassstraße, bis etwa 4,5 km hinter Kreuth rechts ein unbefestigter Fahrweg zum Parkplatz führt (200 m von der Straße); dort Startpunkt für die Schwarzentennalm. Für Roß- und Buchstein fahren wir ein Stück weiter, bis 700 m hinter dem Gasthaus Bayerwald Richtung Achenpass rechts die Zufahrt zum Parkplatz abzweigt.

GEHZEITEN

Wanderung zur Schwarzentennalm: 1¾ Std.; Rückweg: 1½ Std.; Abstecher auf den Leonhardstein: 2 Std.; Anstieg zur Tegernseer Hütte: 3 Std.; Gipfelabstecher zum Roß- und Buchstein: jeweils ¼ Std. im Anstieg; Abstieg auf dem Anstiegsweg: 2 Std.; Abstieg über die Röhrlmoosalm bzw. durch das Schwarzenbachtal: jeweils 3 Std.

ANFORDERUNGEN

Allgemein: Wanderung zur Schwarzentennalm auf Almfahrweg oder als Alternative auf schattigem Waldweg; dieser Waldweg ist vorzuziehen, da die Strecke von Mountainbikefahrern stark frequentiert wird. Tour zum Roß- und Buchstein passagenweise anspruchsvoll. Der Anstieg zur Tegernseer Hütte ist teilweise sehr steil, ab dem Brotzeitfelsen einige Seilsicherungen. Roßsteingipfel leicht, Abstecher auf den Buchstein Kletterei im Schwierigkeitsbereich I; nur bei absolut trockenen Felsen besteigen.
Alter: Wanderung zur Schwarzentennalm für alle Altersgruppen; Roß- und Buchstein ab 10 Jahren; Buchsteingipfel jedoch erst ab 12 Jahren.

AUSRÜSTUNG

Für einen Abstecher auf den Buchstein Kinder unbedingt ans Seil nehmen.

HÜTTEN/EINKEHR

Tegernseer Hütte, 1650 m (AV-Hütte, Mitte Mai bis Mitte Oktober, 30 Lager; Tel. 0161/1836381); Röhrlmoosalm, 1000 m (während der Weidesaison einfach bewirtschaftet); evtl. Buchsteinhütte, 1240 m (privat, nahezu ganzjährig, 30 Betten, 20 Lager; Tel. 08029/244); Schwarzentennalm, 1027 m (während der Weidesaison täglich, davor und danach ganzjährig an Wochenenden und Feiertagen geöffnet; keine Übernachtung); Gasthaus Bayerwald mit Biergarten an der Achenseestraße.

HÖCHSTE PUNKTE

Roßstein, 1698 m; evtl. Buchstein, 1701 m.

KARTE

Topographische Karte 1:50000 Mangfallgebirge (BLVA).

Roß- und Buchstein sind Paradeberge in den Bayerischen Voralpen. Ein berühmtes Zwillingspärchen, beliebt und geeignet als Wanderziel bis in den späten Herbst und genussvoll auch deshalb, weil in der engen Scharte zwischen beiden Gipfeln die Tegernseer Hütte einen wirklich unvergleichlichen Platz gefunden hat. Bei dieser Wanderung ist alles geboten, was insbesondere auch Kindern gefällt: gute, meist schattige Wege, ein einfacher Klettersteig, eine interessante Hütte, ein leichter Gipfel und ein freier Blick auf die umliegenden Berge. Für jene, die nicht so hoch hinauswollen, gibt es eine schöne Talwanderung und als rassige kleine Gipfeleinlage den Felszahn des Leonhardsteins.

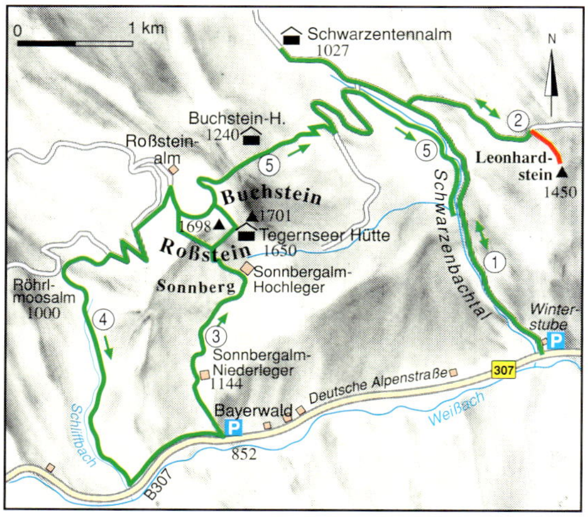

❶ Talwanderung zur Schwarzentennalm

Vom Parkplatz gehen wir auf dem nur langsam ansteigenden Almfahrweg durch Wald. Schon kurz nach dem Ausgangspunkt zweigt links ein Wanderweg ab, der immer entlang des Baches verläuft. Wir wechseln zu ihm hinüber und vermeiden so die Mountainbiker, die den Fahrweg frequentieren. Nach einer knappen Stunde wird der Wald lichter, das Tal weitet sich und bald erreichen wir die Weiden der Schwarzentennalm (1027 m) mit der gleichnamigen Brotzeitstation.

❷ Auf den steilen Leonhardstein

Vom Weg zur Schwarzentennalm biegt nach etwa einer Stunde der Verbindungsweg nach Kreuth ab. Diesem folgen wir bis in den bewaldeten Sattel auf 1185 Meter Höhe. Dort zweigt rechts vom Forstweg der steile Gipfelsteig (Ausschilderung) ab, der uns zunächst noch durch Wald, dann über die Gipfelschrofen zum höchsten Punkt (1450 m) führt.

❸ Zur Tegernseer Hütte und zum Roßstein

Vom Parkplatz an der Achenpassstraße geht es die erste halbe Stunde ziemlich steil durch Hochwald empor. Am Sonnbergalm-Niederleger können wir eine erste Rast einlegen. Immer wieder schöne Ausblicke auf den Blaubergkamm gewährend zieht der Steig weiter empor zum Sonnbergalm-Hochleger. Nach einer Dreiviertelstunde im Mischwald gelangen

Die Tegernseer Hütte liegt an die Felsen geschmiegt im Sattel zwischen Roßstein und Buchstein. Achtung also auf kleinere Kinder.

wir dann in alpines Gelände und genießen einen ersten Eindruck von Roß- und Buchstein, die mit steilen Felsflanken an ihren Südseiten imponieren. Der gut markierte Weg führt in einem Linksbogen an die Felsen des Roßsteins heran. Am sogenannten Brotzeitfelsen machen wir noch mal kurz Rast, bevor wir den Schlussspurt angehen. Drahtseilgesichert windet sich nun der Steig zwischen Hauptgipfel und ungemein imponierender Roßsteinnadel hindurch und erreicht die 1650 Meter hoch gelegene Tegernseer Hütte – ein Adlerhorst zwischen Felsen, mit herrlicher Terrasse. Auf schmalem, latschengesäumtem Pfad steigen wir jedoch zuerst noch hinauf zum unschwierigen Roßsteingipfel (1698 m). Schwieriger ist der Buchstein: Der kurze Aufstieg weist leichtes Klettergelände und abgespeckten Fels auf.

4 Abstieg über die Röhrlmoosalm

Nordostwärts führt ein Steig hinab zur Roßsteinalm. Hier halten wir uns links und wandern hinunter zur Röhrlmoosalm (1000 m) und auf Bergwanderweg hinaus zur Straße. Zurück zum Auto muß man dann noch etwa einen Kilometer entlang der Straße gehen.

5 Rückweg durch das Schwarzenbachtal

Ein zahmerer Rückweg vom Roß- und Buchstein verläuft durch das Schwarzenbachtal. Das Ganze lässt sich mit einem Abstecher über die Buchsteinhütte abrunden, denn von dort können wir auf einem Fahrweg gemütlich talauswärts schlendern. Wir steigen dafür ebenfalls auf der Nordseite des Roß- und Buchsteins auf schmalem Steig ab und queren links (rechts geht es direkt ins Schwarzenbachtal) hinüber zu den Roßsteinalmen. Hier halten wir uns rechts, steigen hinab zur Buchsteinhütte (1240 m) und wandern dann auf Fahrweg hinunter ins Schwarzenbachtal. Von dort nun rechts des Baches auf angenehmem Wanderweg bzw. auf der Almfahrstraße und hinaus zur Bundesstraße. Links der Straße verläuft ein Wanderweg zurück nach Bayerwald.

AUCH TOTES HOLZ LEBT

Auch abgestorbene oder gefällte Bäume bieten vielen Tieren Schutz und Nahrung und sind deshalb von großem Nutzen innerhalb der Lebensgemeinschaft des Waldes. Pilze, Bakterien, Würmer und Insekten zersetzen die Überreste toter Bäume und finden hier ihren Lebensraum. Pilzfäden durchziehen das Holz und zerlegen dessen Baustoffe in für viele Käferarten nutzbare Nährstoffe. Die Larven der Holzwespe und des Bockkäfers fressen sich durch morsches Holz, ehe sie sich verpuppen. Spechte wiederum hacken Käferlarven aus dem Holz, um damit ihren Nachwuchs zu füttern. Besonders bedrohte Käferarten wie der Alpenbockkäfer, der seine Eier ausschließlich in moderndes Buchenholz legt, und die im Eichenholz lebenden Larven des Hirschkäfers sind darauf angewiesen, dass auch totes Holz im Wald verbleiben darf.

DER LOWA -TIPP

Ein neues Museum mit sechs Spezialgebieten in Kreuth (Tegernseer Straße 32) gibt u. a. Einblicke in die Geschichte des Nachttopfs und des Tretautos sowie in die Abgründe des Wolpertingerkults, und in einem ethnischen Puppenmuseum können wir uns Puppen aus 170 Ländern anschauen. Öffnungszeiten: Tägl. 13–19 Uhr; Tel. 080 22/9 35 00.

KARWENDEL GEBIRGE

Zu den schönsten Erlebnissen im Großen Ahornboden zählt die goldgelbe Laubfärbung der Ahornbäume im Herbst (oben). Die beeindruckende Felsmauer der Laliderer Wände ist eines der Schaustücke des Karwendels. Rechts im Vordergrund die Falkenhütte (links).

Schroff aus den grünen Bergwiesen aufsteigende Felsen, Almsiedlungen und große Schotterreisen geben im Karwendelgebirge die Kulisse für aufregende Unternehmungen ab. Als Auftakt statten wir einer kinderfreundlichen Hütte am Schafreuter einen Besuch ab, versuchen, einen Blick auf die Murmeltierkolonie zu werfen, und wandern dann weiter zu den Engalmen, wo wir den Almbauern bei der Herstellung von Käse zuschauen können. Danach steigen wir hinauf unter die massiven Laliderer Wände zur Falkenhütte und erklimmen einen leichten Aussichtsgipfel. Hoch über Mittenwald versuchen wir uns am aufregenden Mittenwalder Höhenweg, und zum Abschluss machen wir noch eine Hüttenrunde.

23

TOURENGEBIET

IM VORKARWENDEL

Eine kinderfreundliche Hütte, ein kleiner Bergsee und eine Kraxeleinlage am Hausberg der Tölzer Hütte sowie eine abwechslungsreiche Almrunde

Auch wenn die Wege gut bezeichnet sind, vergewissern wir uns gerne immer wieder, wie hoch wir denn schon gekommen sind.

ANFAHRT
Bahn/Bus: Bahnlinie München – Lenggries bis zum Endpunkt. Bus (im Sommer nur einmal täglich in der Früh) für den Anstieg zur Tölzer Hütte bis kurz vor Hinterriß zum Parkplatz Leckbach; für die Rontal-Tortal-Runde weiter nach Hinterriß bis Ortsmitte.
Auto: Salzburger Autobahn, Ausfahrt Holzkirchen, weiter nach Bad Tölz. Oder Garmischer Autobahn, Ausfahrt Penzberg, weiter nach Bad Tölz. In beiden Fällen über Lenggries und Vorderriß Richtung Hinterriß zum Parkplatz Leckbach bzw. in den kleinen Ort Hinterriß; dort gibt es große Parkplätze am Ortsanfang bzw. Ortsende.

GEHZEITEN
Anstieg auf die Tölzer Hütte: 3½ Std.; Gipfelanstieg auf den Schafreuter: 1 Std.; Abstecher zum Delpssee: 1½ Std.; Rückweg über die Moosenalm: 3 Std.; Rontal-Tortal-Runde: 5 Std.

ANFORDERUNGEN
Allgemein: Anstieg zur Tölzer Hütte auf steilem, aber gut zu begehendem Bergsteig. Der Gipfelweg zum Schafreuter erfordert Trittsicherheit.
Die gut beschilderte Rontal-Tortal-Runde ist leicht und verläuft mit Ausnahme des Übergangs über die Torscharte, der auf Bergwanderweg erfolgt, auf Almwegen.

Alter: Schafreuter ab 10 Jahren; alle übrigen Wege ab 6 Jahren.

HÜTTEN/EINKEHR
Tölzer Hütte, 1835 m (AV-Hütte, Kat. I, Mitte Mai bis Mitte Oktober bewirtschaftet, kinderfreundlich, 33 Betten, 38 Lager; Tel. 0161/1811371; Gasthaus Kaiserhütte und Gasthöfe in Hinterriß.

HÖCHSTE PUNKTE
Schafreuter, 2101 m; Torscharte, 1815 m.

KARTE
Topographische Karte 1:50000 Karwendelgebirge (BLVA).

Das Vorkarwendel ist – im Gegensatz zum eigentlichen Karwendelgebirge – wenig spektakulär und gilt doch als ausgesprochenes Wander- und Skitourengebiet. Es besteht überwiegend aus grasigen Buckeln, die sich auf zahlreichen Wegen ersteigen und überschreiten lassen. Der Schafreuter, der zweithöchste Gipfel des Vorkarwendels, liegt genau dort, wo drei Höhenzüge zusammenlaufen. Er bietet deshalb den Vorzug, im Anschluss an die Gipfeltour noch einen der zahlreichen Höhenwege dranzuhängen. Stützpunkt für die Wanderung auf den Schafreuter ist die Tölzer Hütte. Kinder und Jugendliche bis 14 Jahren in Begleitung Erwachsener können dort oben kostenlos im Lager übernachten. Die Hütte steht an einem schönen, ungefährlichen Berghang. In ihrer Nähe gibt es einen Bach und Felsblöcke für Kletterübungen und ein Stück von der Hütte entfernt sogar einen kleinen Bergsee. Wenn wir Glück haben, können wir auf dieser Tour Gamswild und Murmeltiere beobachten. Auf der anderen Seite des Rißbachtals finden wir einen Tourenklassiker, die Rontal-Tortal-Runde. Auf dieser ebenfalls kinderfreundlichen Rundtour gibt es jedoch keine Einkehrmöglichkeit; die Brotzeit müssen wir also selbst mittragen.

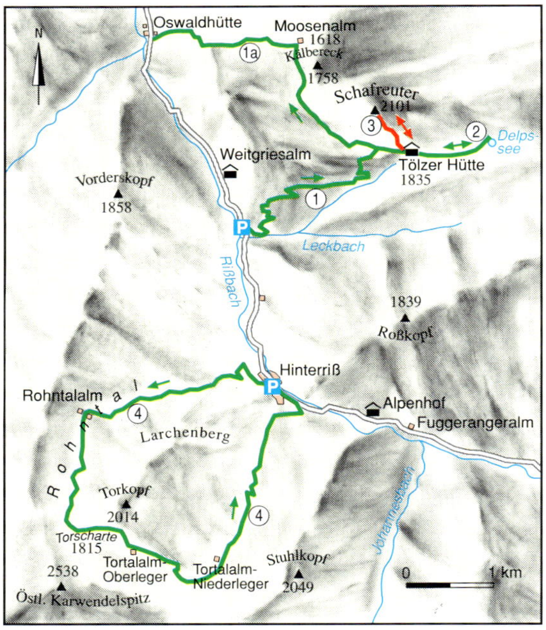

❶ Hinauf zur Tölzer Hütte
Vom Parkplatz an der Einmündung des Leckbachs steigen wir zuerst auf gutem, aber steilem Jagdsteig in zahlreichen Serpentinen hinauf durch die bewaldete Flanke des Wiesingberges, bis wir weit oben beinahe den Pfannlochgraben berühren. Dort verzweigen sich die Wege: Beide führen in einem Rechts- bzw. Linksbogen durch Latschenfelder hinauf zur aussichtsreich gelegenen Tölzer Hütte (1835 m).

❶a Abstieg über die Moosenalm
Von der Tölzer Hütte folgen wir dem ausgeschilderten Höhenweg auf der Westeite des Schafreuters, der über freie Hänge, durch Latschenfelder und Waldstücke hinüber zur Moosenalm (1618 m) leitet. Der direkte Abstieg vom Schafreuter dorthin über den Nordwestgrat ist jedoch ebenfalls möglich. Von der Moosenalm führt dann links ein steiler Waldweg hinab ins Rißbachtal, das wir bei der Oßwaldhütte erreichen.

❷ Abstecher zum Delpssee
Wenn wir uns nicht scheuen, etwas über 200 Höhenmeter abzusteigen, können wir von der Tölzer Hütte einen Abstecher zum kleinen

Im Umfeld der Tölzer Hütte gibt es nicht nur Kletterblöcke für Kraxelversuche, sondern auch eine Murmeltierkolonie. Im Hintergrund der Hüttenberg: der Schafreuter.

Delpssee unternehmen. Wir folgen dabei dem Bergpfad über die freien Hänge auf der Westseite des Delpshalses, der über den Delpssee hinaus nach Fall führt.

3 Auf den Schafreuter

Von der Tölzer Hütte führt uns ein serpentinenreicher Steig über den Südgratrücken des Schafreuters zuerst über freies Gelände, dann durch Latschen bis an den Gipfelaufbau. Zuletzt müssen wir noch eine gesicherte Schrofenrinne bewältigen, bis wir auf dem eigentlichen Gipfel (2101 m) mit Gipfelkreuz stehen.

4 Die Rontal-Tortal-Runde

Der beschilderte Rontalweg beginnt beim ehemaligen Zollhaus in Hinterriß am Ufer des Ronbachs talein. Bei der Abzweigung auf der rechten Seite nach Vordersbach halten wir uns weiter am südlichen Bachufer. Nach einer knappen Stunde überschreiten wir den Bach auf einer Brücke und gelangen bald darauf zu den aussichtsreichen Bergwiesen der Rontalalm. Der Blick von hier auf die wilden Nordflanken von Östlicher Karwendelspitze und Vogelkarspitze ist überwältigend. Dann wandern wir weiter, gelangen wieder in Wald, bis auf der linken Seite ein Steig über steile Bergwiesen und Geröll hinauf zur Torscharte (1815 m) leitet. Rund um diesen Übergang haben sich die Murmeltiere einquartiert, und wir können ihr Pfeifen vernehmen. Von der Scharte führt der Steig auf der anderen Seite hinab ins Tortal. Wir passieren den Tortal-Hochleger und die Weideflächen der Tortalalm, die ebenfalls mit einem beeindruckenden Talschluss aufwarten können. Das letzte Stück wandern wir dann links bzw. rechts des Torbaches gemütlich hinaus nach Hinterriß.

WUNDERKRAUT ARNIKA

Im Juni und Juli finden sich auf mageren, torfigen Bergwiesen noch bis in eine Höhe von 2600 Metern die gelben Blütenkörbchen der 20 bis 50 Zentimeter großen Arnika. Aufgrund ihrer großen und vielfältigen Heilwirkung nennt der Volksmund diese alte Heilpflanze auch »Bergwohlverleih«. Früher fehlte in keiner Hausapotheke eine Tinktur dieses Wunderkrauts, das bei Wunden, Verstauchungen und Quetschungen Anwendung fand; auch heute ist die Arnika wichtiger Bestandteil von Sportsalben. Als ausgesprochene Gebirgspflanze, die nährstoffarme Böden bevorzugt, ging ihr Bestand stark zurück, da sie keinen Dünger verträgt. Die Arnika steht deshalb unter Naturschutz.

DER LOWA-TIPP

Das Karwendel war und ist noch immer ein großzügiges Jagdrevier. Ludwig Thoma verbrachte dort seine Kindheit, sein Vater war Oberjäger in Vorderriß. Das ehemalige Forsthaus ist heute ein gern besuchter Gasthof und beherbergt zahlreiche Jagdtrophäen aus dieser Zeit; bei einer Einkehr kann man sie sich anschauen. Auch König Ludwig II. war mehrmals zu Jagdaufenthalten in Vorderriß und logierte dabei im sogenannten Königshaus, wie Thoma in seinen Erinnerungen berichtet.

24

TOURENGEBIET

Der Talschluss in der Eng wird zum Teil von steilen Felswänden gebildet, wie hier von einem Ausläufer des Sonnjochmassivs.

IM GROSSEN AHORNBODEN

Zum größten Almdorf Tirols, zu drei reizvollen Unterkunftshütten und als Finale zwei kleine Gipfeleinlagen mit großartiger Aussicht

ANFAHRT
Bahn/Bus: Bahnlinie München – Lenggries. RVO-Bus in die Eng (verkehrt nur von Ende Mai bis Ende September).
Auto: Über Holzkirchen oder Penzberg (Salzburger bzw. Garmischer Autobahn) nach Bad Tölz, dann über Lenggries, Vorderriß und Hinterriß in die Eng (das letzte Stück Mautstraße); große Parkplätze am Ende der Straße.

GEHZEITEN
Zu den Engalmen: 10 Min.; zur Falkenhütte: 2½ Std.; Gipfelabstecher zum Mahnkopf: ½ Std.; Aufstieg zur Lamsenjochhütte: 3 Std.; Rückweg über den Hahnkampl: 2¼ Std.

ANFORDERUNGEN
Allgemein: Spazierweg zu den Engalmen. Guter Bergweg ohne Schwierigkeiten zu den Alpenvereinshütten. Für die Überschreitung des Hahnkampls Trittsicherheit und Schwindelfreiheit erforderlich.
Alter: Engalmen für alle Altersgruppen; Falkenhütte ab 6 Jahren; Lamsenjochhütte ab 8 Jahren.

HÜTTEN/EINKEHR
Alpengasthof Eng, 1203 m (privat, Mitte Mai bis Ende Oktober, 33 Betten, 30 Lager; Tel. 05245/206); Engalmen, 1227 m (Jausenstation und mehrere Almenhütten mit Übernachtungsmöglichkeiten während der Weidesaison); Falkenhütte, 1846 m (AV-Hütte, Anfang Juni bis Mitte Oktober bewirtschaftet, 23 Betten, 110 Lager; Tel. 05245/245); Lamsenjochhütte, 1953 m (AV-Hütte, Anfang Juni bis Mitte Oktober bewirtschaftet, 24 Betten, 72 Lager; Tel. 05244/62063); Binsalm-Niederleger, 1503 m (privat, Anfang Mai bis Oktober bewirtschaftet, 40 Lager; Tel. 0043/5245/214).

HÖCHSTE PUNKTE
Hahnkampl, 2080 m; Falkenhütte, 1846 m; Mahnkopf, 2094 m.

KARTE
Topographische Karte 1:50000 Karwendelgebirge (BLVA).

Der Große Ahornboden mit seinem imponierenden Talabschluss zählt zu den schönsten alpinen Plätzen in den gesamten Alpen. Besonders im Herbst, wenn sich der prächtigste Ahornbestand in den Ostalpen einfärbt, strömen Scharen von Ausflüglern in dieses Hochtal. Falls wir jedoch beides – die schönen Herbstfarben und die Hüttenerlebnisse – haben wollen, bleibt nur wenig Zeit, denn die Hütten schließen relativ früh. Aber auch im Sommer ist dieses Hochtal einen Besuch wert. Dann weiden dort zahlreiche Kühe, im Almdorf Eng können wir ohne lange Anstiegsmühen urig übernachten, und in der Gemeinschaftskäserei dürfen wir jeden Vormittag bei der Käseherstellung zuschauen. Und schließlich kann man im weiten Schotterbett des Rißbachs stundenlang Steine sammeln und herrlich Picknick machen.

❶ Zu den Engalmen und zur Falkenhütte

Wir wandern von den großen Parkplätzen am Ende der Fahrstraße auf breitem, asphaltiertem Weg in zehn Minuten hinüber zu den Engalmen (1227 m). Hinter den Almhütten folgen wir noch 100 Meter diesem Fahrweg, passieren ein Weidegatter und orientieren uns dann am Wegweiser hinauf zur Falkenhütte. Auf einem der zahlreichen Bergwege wandern wir über

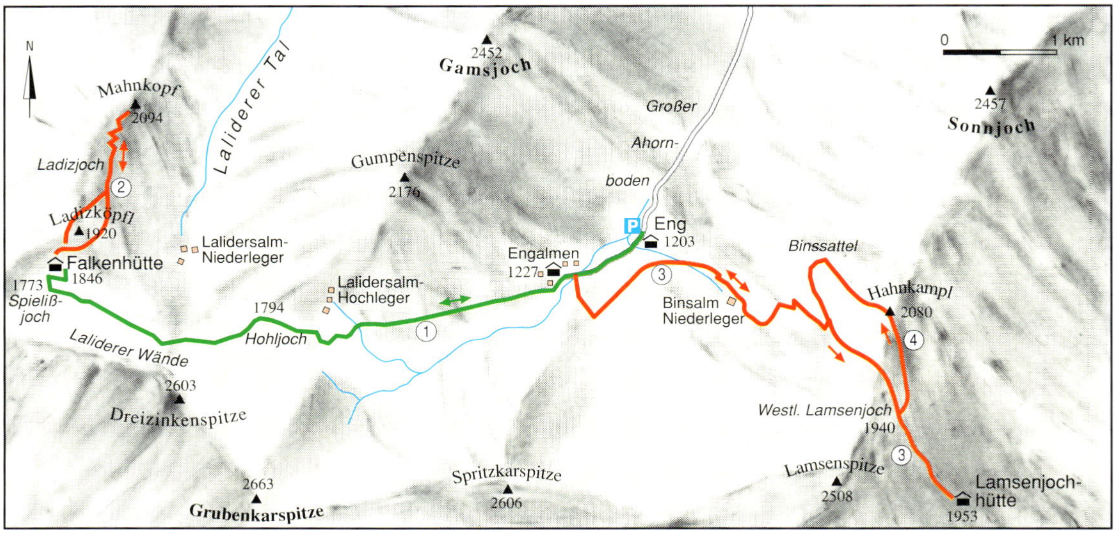

Im Almdorf Eng finden wir nicht nur Brunnen zum Erfrischen, sondern auch einen Almladen sowie Möglichkeiten zum Einkehren und Übernachten.

die sonnige Almfläche und durch den lichten Bergwald zu den weiten Wiesen am Hohljoch (1794 m). Jenseits etwas hinab und über die Laliderer Reisen (Kare) nahezu eben hinüber zum Spielißjoch (1773 m) und rechts hinauf zur Falkenhütte (1846 m).

❷ Abstecher zum Mahnkopf

Von der Falkenhütte wandern wir auf dem Steig links bzw. rechts um das Ladizköpfl herum in das Ladizjoch. Wir bleiben auf der Kammhöhe und folgen dem rot-weiß markierten Steig in Serpentinen hinauf zum kreuzgeschmückten Mahnkopf (2094 m).

❸ Binsalm und Lamsenjochhütte

Beim Gasthaus Eng wenden wir uns zuerst in südöstliche Richtung (wir können auch den breiten Wanderweg zu den Engalmen nehmen und auf der dort abzweigenden Almfahrstraße zur Binsalm hinaufwandern) und steigen durch den Binsgraben auf schmalem Steig durch Wald aufwärts zu einer Almstraße, der wir zum Binsalm-Niederleger folgen. Weiter über Almböden und vorbei am Binsalm-Hochleger bis an den Fuß des Hahnkampls. Rechts weiter auf das Westliche Lamsenjoch (1940) und von dort eben hinüber zur Lamsenjochhütte (1953 m).

❹ Über den Hahnkampl

Für den Rückweg bietet sich die Überschreitung des Hahnkampls an, ein schöner und leichter Aussichtsgipfel. Von der Lamsenjochhütte wandern wir zunächst zurück zum Westlichen Lamsenjoch und nehmen dann den rechts zum Gipfel hinaufführenden Steig. Vom Hahnkampl (2080 m) folgen wir der Kammhöhe (eine drahtseilgesicherte Stelle) in Richtung Norden und steigen über den Nordwestgrat hinunter in den Binssattel (1901 m). Dort links weiter und über Geröll und durch Latschenfelder hinab bis zu unserem Hüttenweg. Anschließend talwärts weiter über die Binsalmen in die Eng.

DER ALMKÄSE

Aus der Milch der Almtiere stellen der Bergbauer bzw. Senner und Sennerin während des Sommers einen haltbaren Käse her, der in früheren Zeiten eine wichtige Lebensgrundlage für die ganze Familie sowie auch Zahlungsmittel war. Durch Zugabe von Lab gerinnt die angesäuerte und erwärmte Milch, und es trennt sich eine dickflüssige Masse, der Bruch, von der dünnflüssigen Molke. Der Bruch muss nun, in Tücher und Formen gepresst, verschieden lange ausreifen. Je nach Reifezeit, Milch und Rezeptur entstehen unterschiedliche Käsesorten. Die gute Milch der Tiere, die sich jeden Tag auf den Almwiesen sattfressen können, gibt einen besonders köstlichen Almkäse.

DER LOWA-TIPP

Im Almdorf Eng können wir nicht nur rustikal in einer der Almhütten übernachten (mehrere Hinweisschilder), wir finden dort auch eine Käserei, in der wir jeweils am Vormittag bei der Käsezubereitung zuschauen können. Den fertigen Käse und weitere almspezifische Produkte gibt es im Almladen gleich nebenan zu kaufen. – Eine »Spielwiese« ganz anderer Art ist das schotterreiche Kiesbett des Rißbachs, wo wir entweder eine Brotzeitpause einlegen oder interessante Steine sammeln können.

25

TOURENGEBIET

HOCH ÜBER MITTENWALD

Ein spektakulärer Klettersteig über die westlichen Karwendelberge, zwei reizvolle Hütten und eine sanfte Alternative

ANFAHRT

Bahn/Bus: Bahnlinie München – Garmisch – Innsbruck bis Mittenwald. Zu Fuß zur Talstation der Karwendelbahn.
Auto: Garmischer Autobahn bis Eschenlohe, B 2 über Garmisch nach Mittenwald, Umgehungsstraße bis zur Abfahrt »Karwendelbahn«; großer Parkplatz. Für den Anstieg zur Hochlandhütte gibt es an der B 2 einen Parkplatz kurz vor Erreichen der Karwendelbahn.

GEHZEITEN

Gipfelrunde: etwa 1 Std.; Mittenwalder Höhenweg: 4–5 Std.; Abstieg zur Brunnsteinhütte: 1 Std; Abstieg von der Karwendelbahn-Bergstation über den Heinrich-Noè-Weg zur Brunnsteinhütte: 2 Std.; Abstieg ins Tal: 1¾ Std.; Anstieg zur Hochlandhütte: 3 Std.; Abstieg nach Mittenwald 1½ Std.

ANFORDERUNGEN

Allgemein: Der Klettersteig führt über mehrere Gipfel, die Abstiege und Anstiege sind jeweils kurz; die Route ist mit zahlreichen Metallleitern, Sicherungsseilen, Eisenstiften und Trittstufen versichert. Achtung: Die Tour verläuft durch stark ausgesetztes Gelände; bei Wettersturz gefährlich! Der Abstieg über den Heinrich-Noé-Weg ist ebenfalls teilweise ausgesetzt und an einigen Stellen gesichert, insgesamt aber bedeutend leichter. Der Anstieg zur Hochlandhütte erfolgt auf Bergsteig.
Alter: Mittenwalder Höhenweg ab 12 Jahren; Hochlandhütte, Gipfelrunde und Dammkarhütte ab 8 Jahren.

AUSRÜSTUNG

Klettersteigausrüstung mit Komplettgurt, Sicherungskarabiner und Sicherungsschleifen sowie Steinschlaghelm.

HÜTTEN/EINKEHR

Restaurant in der Bergstation der Karwendelbahn. Brunnsteinhütte, 1523 m (AV-Hütte, Mitte Mai bis Mitte Oktober bewirtschaftet, 25 Lager, 10 Notlager; Tel. 01 72/8 90 96 13); Tiroler Hütte, 2100 m (privat, im Sommer einfach bewirtschaftet, 6 Lager); Hochlandhütte, 1623 m (AV-Hütte, Anfang Juni bis Anfang Oktober bewirtschaftet, 35 Lager; Tel. 01 61/2 82 22 71). Dammkarhütte, 1667 m (privat, Ostern bis Ende September bewirtschaftet, 6 Betten, 15 Lager; Tel. 088 23/83 13).

HÖCHSTE PUNKTE

Westliche Karwendelspitze, 2384 m; Nördliche Linderspitze, 2374 m.

KARTE

Topographische Karte 1:50 000 (Karwendelgebirge – Werdenfelser Land (BLVA).

Die Hochlandhütte über Mittenwald gehört zu den eher kleinen, dafür aber sehr gemütlichen Hütten im Karwendelgebirge.

Der westliche Ausläufer des Karwendelgebirges fällt steil ab. Über seine Gipfelerhebungen wurde ein sehr attraktiver Klettersteig gebaut, der mit der Karwendelbahn in kurzer Zeit erreicht werden kann. Da dieser Höhenweg nahezu überwiegend auf 2300 Metern verläuft, darf er nur mit bergerfahrenen großen Kindern unternommen werden. Als Alternativen dazu bieten sich die relativ leichten Anstiege auf die Nördliche Linderspitze und die Westliche Karwendelspitze an. Auch die Tour zur Hochlandhütte und die Runde über das Dammkar vermitteln aufregende Bergerlebnisse – ohne anspruchsvolle, ausgesetzte Passagen.

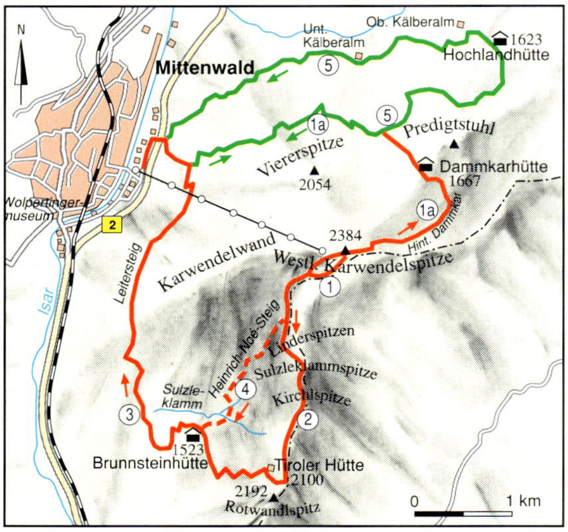

❶ Kleine Runde über die Westliche Karwendelspitze

Allein die steile Auffahrt von Mittenwald mit der Karwendelbahn ist für Kinder Aufregung genug. Ohne großen Aufwand können wir dann einen sehr aussichtsreichen Gipfel erreichen. Von der Bergstation der Karwendelbahn wandern wir auf breitem Weg zur Karwendelgrube, wo Sitzbänke zum Verweilen einladen. Dann folgen wir in einem Rechtsbogen dem Weg zum Gipfelaufbau. Eine kleine Steiganlage leitet zum höchsten Punkt (2384 m).

❶a Abstieg über das Dammkar

Von der Bergstation der Karwendelbahn führt ein Tunnel zum oberen Ende des Dammkars. Dann über einen Grashang und steile Schrofen hinab zur Dammkarhütte (1667 m). Von dort verläuft ein leichter Steig durch Latschen hinunter zum Anstiegsweg zur Hochlandhütte. Auf diesem links abwärts nach Mittenwald.

❷ Auf dem Mittenwalder Höhenweg

Der Anfang der 70er Jahre installierte Klettersteig wurde mit zahlreichen Eisenleitern, Holzstegen und 1500 Meter Drahtseil gesichert. Anders als bei den üblichen Klettersteigen geht es hier nicht ausschließlich steil bergauf, sondern wir folgen einem aussichtsreichen Gebirgskamm ohne große Höhenverluste. Von der Bergstation der Karwendelbahn führt der durchgehend ausgeschilderte und wegen der Sicherungen auch nicht zu verfehlende Weg zunächst zur Karwendelgrube bis zum bayerisch-österreichischen Grenzstein. Dort beginnt der eigentliche Steig in Kehren hinauf zur Nördlichen Linderspitze (2374 m). Wir

Gut ausgerüstet ist selbst der steile und ausgesetzte Mittenwalder Höhenweg auch für Kinder ein Genuss.

bleiben überwiegend auf der Grathöhe, überschreiten in abenteuerlicher Klettersteigmanier im Auf und Ab die Südliche Linderspitze, die Sulzleklammspitze und die Kirchlspitze. Danach geht es über schrofendurchsetzte Schafweiden hinab zur Tiroler Hütte. Von dort in Serpentinen hinunter zur Brunnsteinhütte (1523 m).

3 Abstieg über die Brunnsteinhütte

Von der Hütte wandern wir in zahlreichen Serpentinen durch Hochwald hinab, queren die Sulzleklamm und das Kar Lindlähne und folgen dann rechts ein Stück dem Leitersteig. Bald zweigt links der Weg durch Wald hinunter nach Mittenwald ab. Abschließend auf Feldweg parallel zur Bundesstraße zurück zur Talstation der Karwendelbahn.

4 Variante über den Heinrich-Noé-Weg

Diese Verbindungsroute zwischen der Bergstation der Karwendelbahn und der Brunnsteinhütte ist natürlich kein Weg, sondern ein Steig. Er führt markiert vom Mittenwalder Höhenweg (nach der Nördlichen Linderspitze) rechts ab, quert die felsige Westseite der Linderspitzen und erreicht über den Sulzleanger und die Obere Sulzleklamm die Brunnsteinhütte.

5 Zur Hochlandhütte

Vom Wanderparkplatz an der B 2 gehen wir auf Wirtschaftsweg durch Wald hinauf, machen einen Rechtsbogen Richtung Dammkarhütte und nehmen bei der Talstation des Materiallifts zur Dammkarhütte den links abzweigenden Steig. Nun bleiben wir vorwiegend oberhalb der Waldgrenze, durchqueren mehrere Kare und gelangen durch ein Waldstück zur Hochlandhütte (1623 m). Von dieser wandern wir durch Wald hinab zur Oberen Kälberalm, dann auf steilem Steig hinunter in einen Graben, wo wir auf eine schmale Straße treffen. Nun einige Meter hinab, dann links haltend um das Mittereck herum und weiter durch Wald abwärts zur Unteren Kälberalm. Wir queren einen Wirtschaftsweg und steigen links hoch zur Straße, die uns wieder hinab zum Ausgangspunkt bringt.

DIE BAUMGRENZE

Auf Gebirgswanderungen lässt sich gut beobachten, dass ab einer bestimmten Höhe immer weniger Bäume wachsen. Sie werden niedriger oder stehen nur noch in kleinen Gruppen oder vereinzelt da. Dort, wo schließlich kein Baum mehr wächst, weil die Sommerhitze zu groß, der Frost im Winter zu hart ist und der Schnee zu hoch liegt, befindet sich die Baumgrenze. In den Alpen liegt sie etwa auf 2000 Metern. Oberhalb der Baumgrenze beginnt die alpine Zone mit ihren Sträuchern und Bergwiesen. Je näher ein Gebirge am Äquator liegt, desto mehr verschiebt sich die Baumgrenze nach oben. Am Kilimandscharo liegt sie bei 3000 Metern und in den Tropen bei 4000 bis 4200 Metern; umgekehrt sinkt sie im Norden Skandinaviens bis auf Meereshöhe.

DER LOWA-TIPP

Wer wollte nicht schon einmal einen richtigen Wolpertinger sehen? Im neuen Wolpertingermuseum in Mittenwald können wir uns Dutzende dieser rätselhaften Wesen anschauen. Dem Museum ist ein kleines Lokal angeschlossen (oder umgekehrt). Bei Bezahlung einer Eintrittsgebühr dürfen wir uns das Ganze mit einer Dosis Kunstnebel noch ein bißchen spukhafter gestalten lassen. Das Museum liegt an der Straße nach Scharnitz auf der rechten Seite, gleich nach dem Ortsende. Öffnungszeiten: Tägl. 10–22 Uhr.

ISARWINKEL UND ESTER-GEBIRGE

Die kleine Heimgartenhütte direkt unter dem gleichnamigen Gipfel – willkommene Raststelle nach dem anregenden Gratweg vom Herzogstand (oben).
Blick über den Herzogstand auf den Jochberg. Links unten sehen wir den Kochelsee (links).

Zwischen Bad Tölz und Mittenwald eröffnet sich ein abwechslungsreiches Wanderrevier für die ganze Familie. Wir rodeln vom Blomberg auf der Sommerrodelbahn herunter, besuchen die Denkalm oder fahren mit der Seilbahn aufs Brauneck mit seinen Bergwandermöglichkeiten. Anschließend treten wir am Herzogstand in königliche Fußspuren, versuchen uns an der Gratwanderung zum Heimgarten oder statten der Jocheralm einen Besuch ab. Rund um Wallgau geht es zu reizvollen Almen und in die Finzbachklamm. Mit einem schnellen Gipfelerfolg am Wank und den Kuhfluchtwasserfällen runden wir den Ausflug ab.

26

TOURENGEBIET

IM TÖLZER LAND

Durchs waldreiche Vorgebirge – mit zwei Gipfeleinlagen, einer Sommerrodelbahn und einer Talwanderung mit Badeabstecher

Verlaufen ist unmöglich: Am Blomberg sind alle Wege hervorragend ausgeschildert.

ANFAHRT
Bahn/Bus: Bahnlinie München – Bad Tölz. Bus zur Talstation der Blombergbahn. **Auto:** Garmischer Autobahn, Ausfahrt Penzberg/Iffeldorf, über Penzberg und Bad Heilbrunn zur Talstation der Blombergbahn kurz vor Bad Tölz; großer Parkplatz. Oder weiter auf der Straße Richtung Wackersberg/Lenggries, beim Ort Steinberg rechts ab zur Waldherralm; dort Wanderparkplatz.

GEHZEITEN
Von der Bergstation der Blombergbahn zum Blomberghaus: 20 Min. (beim Aufstieg aus dem Tal 2 Std. länger); Weiterweg zum Zwieselberg: 3/4 Std.; Abstieg zur Sommerrodelbahn: 1 Std.; von der Waldherralm über den Heigelkopf zum Blomberghaus: 2 Std.; über die Höhen am Stallauer Weiher: 2 Std.

ANFORDERUNGEN
Allgemein: Leichte, breite Wander- bzw. Forstwege mit einigen steileren Passagen. Talwanderung durch Bauernlandschaft. **Alter:** Durchweg ab 4 Jahren.

HÜTTEN/EINKEHR
Blomberghaus, 1203 m (privat, ganzjährig bewirtschaftet, im Winter Mi Ruhetag, 24 Betten, 22 Lager; Tel. 08041/6436); Kiosk an der Talstation der Blombergbahn; Waldherralm, 750 m (ganzjährig bewirtschaftet, Mo, Di Ruhetage; Tel. 08041/9520); Gasthaus Wiesweber mit Biergarten am Stallauer Weiher; Café Nirwana und Krapfenhütte in Vorderstallau.

HÖCHSTE PUNKTE
Blomberghaus, 1203 m; Heigelkopf, 1205 m; Zwieselberg, 1348 m.

KARTE
Topographische Karte 1:50000 Bad Tölz – Lenggries und Umgebung (BLVA).

Der Blomberg ist ein richtiger Familienberg. Weil er nicht allzu hoch ist, wird er Kindern nicht zur Plage. Und weil die Wege gut sind und das Gelände nicht gefährlich, ist das Wandern hier für Jung und Alt gleichermaßen vergnüglich. Die Sommerrodelbahn vom Blomberg macht dann das Vergnügen perfekt. Wir können aber auch ein paar Routenvarianten einbauen und uns diesem bewaldeten Vorgebirgshügel von mehreren Seiten nähern. Wenn wir es geschafft haben, uns von der weiten, kinderfreundlichen Terrasse des Blomberghauses loszureißen, machen wir gleich noch einen Abstecher auf den benachbarten Zwieselberg (1348 m), von dem wir einen freien Panoramablick auf Brauneck und Benediktenwand haben. Zum Abschluss besuchen wir noch den Stallauer Weiher am Bergfuß und wandern durch eine idyllische Bauernlandschaft.

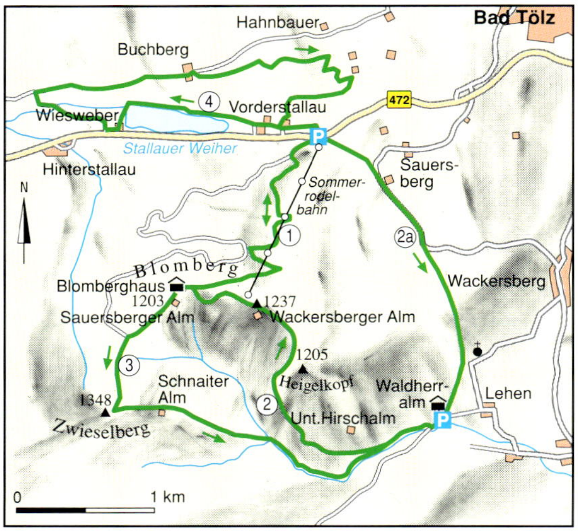

❶ Mit dem Sessellift auf den Blomberg

Am schnellsten erreichen wir den Blomberggipfel natürlich mit dem Sessellift der Blombergbahn. Von der Bergstation wandern wir rechts haltend in 20 Minuten auf breitem Forstweg durch schönen Nadelwald etwas bergab und dann leicht ansteigend zum Blomberghaus (1203 m). Dort genießen wir die schöne Terrasse und die Kinder den freien Auslauf. Natürlich können wir den Anstieg auch zu Fuß unternehmen: Vom Parkplatz an der Talstation führt rechts eine Forststraße bergan, die wir nach 200 Metern nach links verlassen. Durch Wald und vorbei an der Mittelstation der Seilbahn, die zugleich Startpunkt für die Rodelstrecke ist, wandern wir in steilen Kehren hinauf zum Blomberghaus.

❷ Aufstieg über den Heigelkopf

Vom Parkplatz bei der Waldherralm auf breitem Forstweg talein. An der ersten Gabelung wandern wir rechts am Bach entlang und dann die zweite Abzweigung rechts aufwärts. Über freies Almgelände steil hoch bis an den Wald und auf ausgewaschenem Weg weiter bis zu einer Verzweigung, dort wieder rechts. In einer ausgeprägten Rechtsbiegung erreichen wir den Gipfelhang des Heigelkopfes (1205 m), wo uns ein Wiesenweg zum Kreuz bringt. Nun auf der anderen Seite auf Pfad hinunter. Dann müssen wir einen kurzen Gegenanstieg bewältigen und gelangen über die Hochfläche des Blombergs zum Aussichtspunkt unweit der Bergstation des Sessellifts. Auf breitem Forstweg erreichen wir schließlich das Blomberghaus.

❷a Abstiegsvariante via Sommerrodelbahn

Vom Blomberghaus den Beschilderungen folgend in Kehren durch Wald hinab zur Mittelstation des Sessellifts. Ab hier benützen wir die Sommerrodelbahn (dort auch Schlittenausgabe; vorsichtig fahren!). Von der Talstation

Der freie Gipfel des Zwieselbergs bietet eine weite Sicht auf das Tölzer Land. Neben dem großen Gipfelkreuz steht auch eine Sitzbank auf dem grasigen Aussichtspunkt.

nach rechts und durch ein kleines Waldstück zu einer wenig befahrenen Straße. Auf dieser gehen wir südwärts, bis ein beschilderter Wanderweg zur Waldherralm abzweigt.

❸ Runde über den Zwieselberg

Vom Blomberghaus folgen wir dem Fahrweg in südwestlicher Richtung nahezu eben bis in den Sattel Kotlache zwischen Blomberg und Zwieselberg. Dort beginnt der Steig, der auf dem bewaldeten Kammrücken hinauf zu den freien Gipfelhängen des Zwieselbergs (1348 m) führt. Nach ausgiebiger Pause und Genuss des schönen Gebirgspanoramas im Süden mit Brauneck und Benediktenwand verlassen wir den Gipfel in östlicher Richtung und wandern über die freien Hänge hinab zur Schnaiter Alm (1245 m). Von dort folgen wir dem Pfad direkt durch Wald hinunter in den Großbachgraben, wo wir auf ein kleines Sträßchen stoßen. Auf diesem rechts hinaus zum Parkplatz bzw. zur Einkehrstation Waldherralm.

❹ Abstecher zum Stallauer Weiher

Vom Parkplatz an der Talstation der Blombergbahn wechseln wir auf die andere Straßenseite und nehmen den ausgeschilderten Wanderweg zum Café Nirwana in Vorderstallau. Anschließend gehen wir links auf dem Fahrweg zum Stallauer Weiher. An seinem Nordufer passieren wir den Campingplatz und die kleine Badeanstalt. Am westlichen Seeende machen wir einen Schlenker zum Gasthaus Wiesweber mit Biergarten. Dort rechts vorbei, 100 Meter parallel zur Bundesstraße weiter, dann rechts auf dem schmalen, asphaltierten Fahrweg (Mark.-Nr. 51) hinauf zum bewaldeten Bergkamm. Kurz davor treffen wir auf das Verbindungssträßchen nach Buchberg, dem wir in spitzem Winkel nach rechts folgen (Mark.-Nr. 52). Leicht ansteigend erreichen wir das schöne Bauerndorf, das wir am Ortsende auf einem rechts abzweigenden Feldweg wieder verlassen. Durch bunte Mähwiesen und ein Waldstück kommen wir zum Weiler Reit, von dem aus wir in südlicher Richtung wieder nach Vorderstallau hinunterwandern (Ausschilderung: »Café Nirwana«).

KRÖTEN UNTERWEGS

Kröten, die wie die Frösche zur Familie der Lurche gehören, verbringen die meiste Zeit des Jahres auf Wiesen und Feldern, in Hecken und Wäldern. Nur zur Eiablage im April und Mai suchen sie fischarme, seichte Gewässer auf. Die Ortstreue der Kröten zu diesen Laichplätzen ist so stark, dass sie auch weite Strecken zurücklegen, um dorthin zu gelangen. Häufig stellen deshalb Naturschützer an stark befahrenen Straßen, die die Tiere auf ihrer Wanderschaft queren müssen, Krötenzäune auf: Unbeschadet werden die auf diese Weise aufgehaltenen Kröten dann über die Straße getragen. Haben sie ihre Laichgewässer erreicht, legen sie ihre Eier in acht bis zehn Laichschnüren ab; diese sind oft mehrere Meter lang und tragen Hunderte von Eiern.

DER LOWA-TIPP

Am Blomberg befindet sich die mit 1226 Metern längste Sommerrodelbahn Deutschlands. Der Start liegt im Wald und ist mit dem Sessellift erreichbar (Mittelstation). Dort werden die Kunststoffrodel in Empfang genommen. Bei der Abfahrt bewältigen wir auf der Eternitbahn eine Höhendifferenz von 220 Metern. Kinder unter acht Jahren dürfen die Anlage nur in Begleitung Erwachsener benützen. Öffnungszeiten: April bis Oktober.

27

TOURENGEBIET

RUND UM LENGGRIES

Leichte und aussichtsreiche Höhenwege am Brauneck und ein abwechslungsreicher Abstieg, eine Almwanderung und ein einsamer Berggipfel

Der Aufstieg zur ganzjährig bewirtschafteten Denkalm ist auch für kleine Kinder kein Problem. Dort erwartet uns neben einem Brunnen zum Plantschen auch ein kleines Wildgehege.

ANFAHRT
Bahn/Bus: Bahnlinie München – Lenggries. 1 km zu Fuß zur Talstation der Brauneckbahn.
Auto: Salzburger Autobahn, Ausfahrt Holzkirchen, oder Garmischer Autobahn, Ausfahrt Penzberg, nach Bad Tölz und weiter nach Lenggries; parken an der Talstation der Brauneckbahn oder in Ortsmitte. Oder auf Fahrweg der Ausschilderung zur Denkalm folgen bis zum Ende des befahrbaren Weges; dort kleiner Wanderparkplatz. Für den Geierstein weiter zum Lenggrieser Ortsteil Hohenburg; dort Parkplatz beim Gasthaus Hirschbachstüberl.

GEHZEITEN
Kleiner Panoramaweg: 1 Std.; großer Panoramaweg: 2½ Std.; Abstieg über das Längental: 4 Std.; zur Denkalm: ¾ Std.; Runde über den Geierstein: 4½ Std.

ANFORDERUNGEN
Allgemein: Kleiner Panoramaweg breiter, leicht fallender Wanderweg. Großer Panoramaweg gut begehbarer Bergweg, dann gesperrter Fahrweg. Abstieg ins Längental auf Bergsteig und Forstwegen. Zur Denkalm schmaler Fahrweg. Auf den Geierstein Bergsteig; Trittsicherheit im Gipfelbereich und Orientierungssinn erforderlich.
Alter: Kleiner Panoramaweg für jedes Alter; großer Panoramaweg sowie Abstieg ins Längental ab 6 Jahren; Denkalm ab 4 Jahren; Geierstein ab 8 Jahren.

HÜTTEN/EINKEHR
Brauneckhaus, 1540 m (AV-Haus, Mitte Mai bis Anfang November und Mitte Dezember bis Mitte April, 22 Betten, 46 Lager; Tel. 08042/8786); Stiealm, 1520 m (privat, ganzjährig, 86 Schlafplätze, Tel. 08042/2336); Strasseralm, Quengeralm, Tölzer Hütte am Panoramaweg (während der Wandersaison bewirtschaftet); Hintere Längentalalm, 1003 m (privat, während der Weidesaison Brotzeit und Getränke); Denkalm, 970 m (privat, Anfang Juni bis Ende Oktober bewirtschaftet, Mi Ruhetag).

HÖCHSTE PUNKTE
Geierstein, 1491 m; Brauneck, 1555 m; Vorderer Kirchstein, 1670 m.

KARTE
Topographische Karte 1:50000 Bad Tölz, Lenggries und Umgebung (BLVA).

Auf der Westseite des Braunecks bieten sich zahlreiche Wandermöglichkeiten, für die der Anstiegsweg durch die Benutzung der Brauneckbahn erheblich abgekürzt werden kann. Denn die leichten, familiengeeigneten Wanderungen finden wir auf der Höhe: Zwei Panoramawege mit vielen Einkehrmöglichkeiten und mehrere interessante Abstiege stehen zur Auswahl. Ein weiterer Vorteil: Der kleine Panoramaweg ist auch im Winter bei Schnee zu begehen. Auf der Ostseite des Lenggrieser Tales bildet die Denkalm ein ganzjährig lohnendes Ziel mit kleinem Wildgehege. Und wer es einsam mag, der ist mit einer Wanderung auf den Geierstein gut bedient.

❶ Brauneck: Kleiner Panoramaweg
Der unterhalb des Gipfelkamms verlaufende Panoramaweg wird besonders gern von Eltern mit Kindern und von älteren Leuten begangen. Der breite Weg ist einfach, jedoch ab Tölzer Hütte nicht frei von Auf- und Abstiegen. Am Endpunkt der Wanderung – bei der Stiealm (1520 m) – kehrt man dann wieder um und geht auf demselben Weg zurück zur Bergstation.

❷ Brauneck: Großer Panoramaweg
Von der Bergstation der Brauneckbahn wandern wir auf dem breiten Panoramaweg hinauf zum Brauneckhaus und die wenigen Meter zum eigentlichen Gipfelpunkt (1555 m). Dort können wir den Gleitschirmfliegern bei ihrem sportlichen Tun zuschauen. Dann weiter auf dem breiten, aussichtsreichen Weg Richtung Westen. Entsprechend der Beschilderung »Benediktenwand« zum Vorderen Kirchstein. Nun wird das Gelände exponierter. Auf der Südseite des Kirchsteins durch Latschen hinab in den Probstensattel. (Wegverzweigung, zahlreiche Wegweiser). Wir machen einen

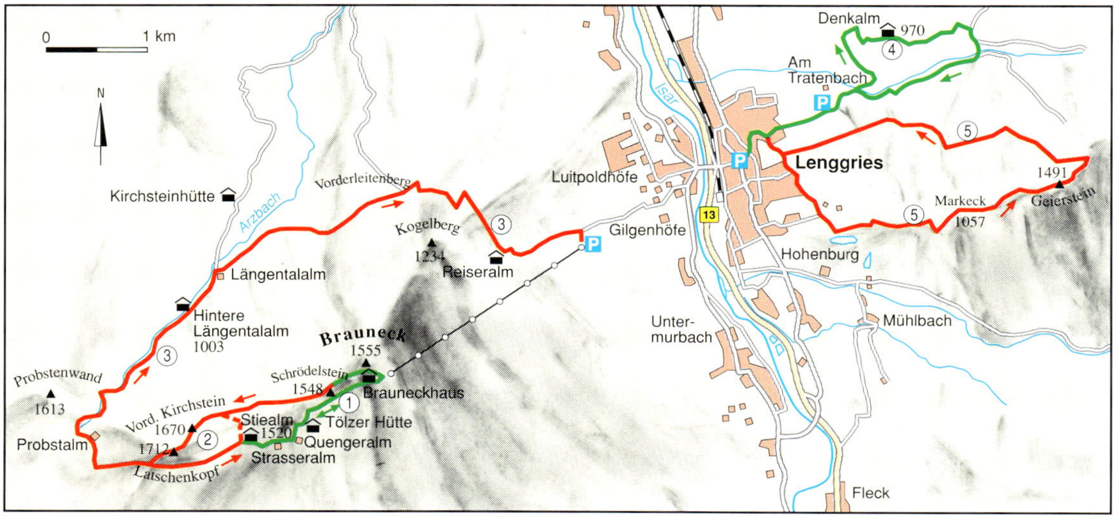

Auf dem großen Panoramaweg am Brauneck.

spitzen Winkel und gehen nun wieder in östlicher Richtung leicht fallend Richtung Ausgangspunkt zurück. Auf schmalem Steig queren wir zwei Tälchen und wandern hinab zur Stiealm (1520 m). Der breite Panoramaweg führt bald steil hinunter zur Strasser- und Quengeralm. Dort links kurz, aber steil hinauf zur Tölzer Hütte und zur Bergstation.

❸ Abstiegsrunde über das Längental

Wir folgen zuerst dem großen Panoramaweg bis zum Probstensattel. Dort ostwärts auf Steig hinab zur Probstenalm (nicht bewirtschaftet). Bald erreichen wir die Waldgrenze. Nach einer etwas heiklen felsigen Stelle hinunter zur Hinteren Längentalalm (1003 m). Hier folgen wir der Almstraße bis zum nächsten Gebäude, wo rechts ein Wiesenweg abzweigt (Schild »Talstation«). Bald erreichen wir den Wald und nehmen den Weg Richtung Osten, bis dieser in einen Forstweg übergeht. Bei der Wegverzweigung kurz rechts hinauf, dann links und ein Stück unterhalb wieder rechts zurück zur Brauneckbahn.

❹ Zu jeder Jahreszeit: Auf die Denkalm

Vom Parkplatz in den Wiesen folgen wir dem breiten Weg zum Waldrand, gehen links über eine Brücke und wandern in weitem Bogen hinauf zur Denkalm (970 m). Falls wir für den Abstieg noch etwas Abwechslung suchen, gehen wir von der Alm rechts den Ziehweg aufwärts und halten uns bei der Weggabelung rechts in den Wald hinein. Dann folgen wir der Ausschilderung nach Lenggries.

❺ Auf den einsamen Geierstein

Vom Parkplatz in Hohenburg folgen wir zunächst den Wegweisern zum Schlossweiher, dann dem rot markierten Steig (Mark.-Nr. 611) durch Wald bald ziemlich steil aufwärts. Nach knapp zwei Stunden Gehzeit führt links ein Abstecher zu einer Aussichtskanzel mit Bank (schöner Rastplatz). Im weiteren Verlauf wandern wir auf dem Kammweg bis zu einem steilen Durchschlupf und steigen dann hinauf zum Geiersteingipfel (1491 m). Hier orientieren wir uns an den Pfadspuren Richtung Osten, bis links der markierte Steig abzweigt, der in den Sattel zwischen Geierstein und Schwarzwand führt. Nun dem Wegweiser folgend hinab nach Lenggries. Am Ortsrand links und auf dem schmalen Weg nach Hohenburg zurück.

ESSBARE BEEREN

Vom Sommer bis zum Frühherbst reifen in den Gebirgen eine Menge wilder Früchte. Ab Juni lockt an lichten Waldrändern und -wegen die Walderdbeere, die zwar kleiner, aber weitaus aromatischer ist als die Gartenerdbeere. Im Juli reifen die Himbeeren, im Spätsommer die Brombeeren – beide an Sträuchern, die mit ihren stachligen Zweigen meist Dickichte bilden. Der dicht am Boden wachsende, immergrüne Preiselbeerzwergstrauch trägt ebenfalls ab Juli essbare Beeren. Die blauschwarze, saftige Frucht des Heidelbeerstrauchs reift je nach Lage vom Frühsommer bis zum Spätherbst und wird gerne zu Marmeladen und Wein verarbeitet. Die Eberesche, ein bis zu zehn Meter hoher Laubbaum, trägt im Sommer rote Beeren, die man aber wegen ihres bitterherben Geschmacks den Vögeln überlassen sollte – deshalb werden sie auch »Vogelbeeren« genannt.

DER LOWA -TIPP

Deutschlands größtes privates Tiermuseum befindet sich in Lenggries (Bergweg 12). Etwa 2000 präparierte Vögel und Säugetiere aus Mitteleuropa werden hier präsentiert. Neben bereits ausgestorbenen und vom Aussterben bedrohten Tieren hat Kaspar Waldherr auch Haustiere in seine Sammlung integriert. Öffnungszeiten: Tägl. 10–16 Uhr; Tel. 08042/2510.
In Lenggries gibt es auch ein reizvolles kleines Freibad (am Waldrand) sowie ein Hallenbad mit »Wildwasserrun«, Whirlpool und Außenbecken.

28

TOURENGEBIET

IN DEN WALCHENSEEBERGEN

Ein steiler Steig und eine bewirtschaftete Alm, auf ehemaligem Reitweg zu den Jagdhäusern des Bayernkönigs und eine reizvolle Gratwanderung

Die Jocheralm am Jochberg ist Ziel für Wanderer und Biker gleichermaßen. Die Wanderer steigen bevorzugt von der Kesselbergstraße an, die Biker hingegen starten in Jachenau, so dass man sich nicht ins Gehege kommt.

ANFAHRT
Bahn/Bus: Bahnlinie München – Kochel. RVO-Bus über die Kesselbergstraße zum Walchensee.
Auto: Garmischer Autobahn, Ausfahrt Murnau/Kochel, über Kochel und die Kesselbergstraße zur Kesselberghöhe bzw. zum Ort Walchensee mit der Talstation der Herzogstandbahn. An der Kesselbergstraße und in Walchensee mehrere Parkplätze.

GEHZEITEN
Aufstieg zum Jochberg: 2¼ Std.; Abstieg zum Ausgangspunkt über Sachenbach: 1½ Std.; Aufstieg zu den Herzogstandhäusern: 2 Std. (oder per Gondel, dann 10 Min. zu Fuß); direkter Abstieg nach Walchensee: 1½ Std.; Aufstieg zum Herzogstand: 1 Std.; Übergang zum Heimgarten: 1½ Std.; Abstieg nach Walchensee zur Talstation: 2 Std.

ANFORDERUNGEN
Allgemein: Wanderung auf den Jochberg zum Teil auf steilem Bergsteig, Rückweg zum Teil auf Fahrweg. Aufstieg zum Herzogstand auf Fahrweg und Bergwanderweg. Übergang zum Heimgarten auf schmalem und an einigen Stellen ausgesetztem Bergsteig. Abstieg auf Bergwanderweg (die direkte Variante ab den Herzogstandhäusern ist sehr steil).
Alter: Jochberg ab 6 Jahren; Herzogstand ab 4 Jahren bei Benützung der Kabinenbahn, ansonsten ab 6 Jahren; Übergang zum Heimgarten ab 10 Jahren.

HÜTTEN/EINKEHR
Jocheralm, 1381 m (privat, während der Weidesaison einfach bewirtschaftet, Getränke, Brotzeiten und einige warme Gerichte; keine Übernachtung); Herzogstandhäuser, 1575 m (privat, Anfang Januar bis Ende Oktober bewirtschaftet, 24 Betten, 29 Lager; Tel. 08851/234); Heimgartenhütte, 1790 m (privat, in den Sommermonaten einfach bewirtschaftet).

HÖCHSTE PUNKTE
Jochberg, 1565 m; Herzogstand, 1731 m; Heimgarten, 1790 m.

KARTE
Topographische Karte 1:50000 Bad Tölz – Lenggries und Umgebung (BLVA).

Das Walchenseegebiet hat nur wenige bewirtschaftete Bergziele aufzuweisen. Deshalb sind die Herzogstandhäuser und die Jocheralm die ganze Wandersaison über gefragt. Für Kinder gibt es auf der Jocheralm jede Menge Tiere, darunter einen Hund, und sogar einen kleinen Spielplatz. Am Herzogstand lädt nach der Auffahrt mit der neuen Gondelbahn der kurze Weg zu einem grandiosen Gipfelerlebnis ein. Im kleinen Pavillon sitzend schauen wir hinab auf den Kochelsee auf der einen und auf den Walchensee auf der anderen Seite. Für Trittsichere und Schwindelfreie bietet der Übergang zum Heimgarten eine weitere Steigerung des Bergwandererlebnisses mit freien Ausblicken.

❶ Zur Jocheralm und auf den Jochberg
Vom Parkplatz an der Kesselbergstraße überqueren wir die Straße und folgen der Ausschilderung zum Jochberg. Zuerst durch lichten Mischwald über Treppen, später auf schmalem Bergsteig, der bald an Höhe gewinnt. Nun geht es eine Stunde lang in Serpentinen nach oben, bis wir nach rechts schwenkend eine Schulter im westlichen Ausläufer des Jochbergs gewinnen. Hier halten wir uns rechts (links beginnt der direkte Anstieg auf den Jochberg) und wandern nahezu eben durch Wald hinüber zur Jocheralm (1381 m), die nach einer Viertelstunde ab Abzweigung erreicht ist. Dann steigen wir links über die freien Hänge in einer Viertelstunde aufwärts und in Nähe der Nordabbrüche weiter Richtung Jochberggipfel (1565 m).

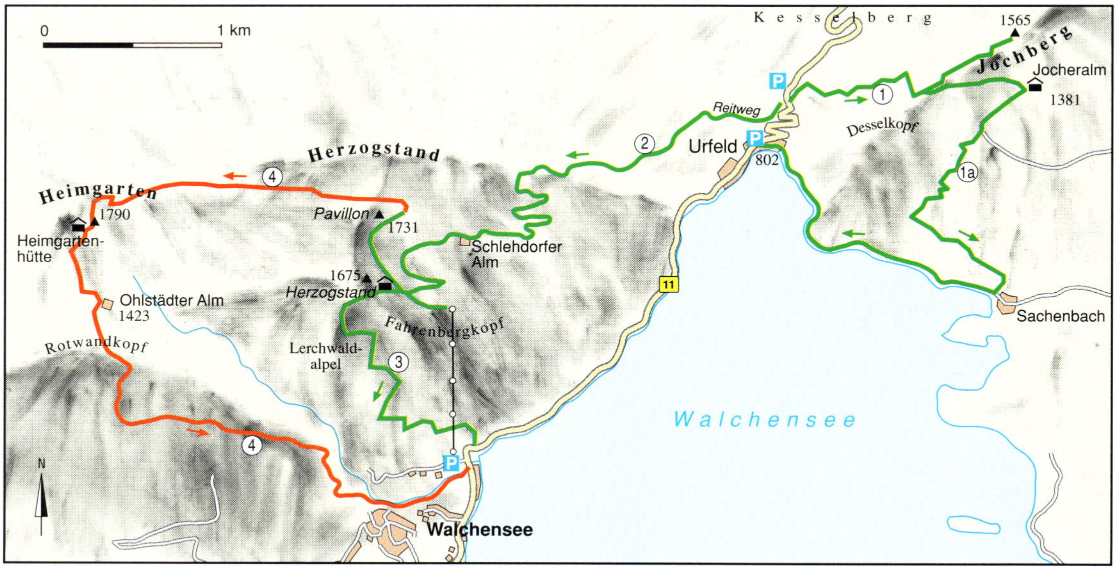

❶a Abstiegsvariante über Sachenbach
Von der Jocheralm wandern wir auf dem anfangs breiten

Blick vom Jochberggipfel über den Kochelsee hinweg bis zum Staffelsee und nach Murnau.

Fahrweg Richtung Süden, bis rechts der Steig abzweigt, der uns direkt durch Wald hinab zum Walchenseeufer bei Sachenbach führt. Dort rechts und auf dem Uferweg zurück.

❷ Auf königlichen Spuren zum Herzogstand

Der durch eine Gondelbahn erschlossene Herzogstand (1731 m) und sein Nachbar, der höchste Gipfel der Walchenseeberge, der Heimgarten (1790 m), beherrschen das Wanderrevier um Walchen- und Kochelsee. Da beide durch einen Grat verbunden sind, bietet sich eine Gipfelüberschreitung an. Legitimerweise haben wir uns von der Herzogstandbahn auf eine bereits komfortable Höhe tragen lassen. Oben angekommen, schlendern wir auf breitem Weg nahezu eben hinüber zu den Herzogstandhäusern, wobei wir die exzellente Aussicht von diesem Höhenweg genießen. Außerhalb der Saison ist der Anstieg von der Passhöhe der Kesselbergstraße ein beliebter Auftakt. Der ehemalige königliche Reitweg beginnt auf gleicher Höhe wie der Jochberganstieg. Er führt zunächst angenehm schattig und nur mäßig ansteigend durch Wald zu den ehemaligen Almwiesen Am Älple, dann links haltend in steilen Serpentinen zur Schlehdorfer Alm und durch den hier freien Kessel zu den Herzogstandhäusern. Weiter geht es Richtung Gipfelaufbau des Herzogstands, den wir in einigen Kehren durch dichte Latschenbestände erreichen. Auf dem Gipfel erwartet uns ein hübscher Pavillion.

❸ Direkter Abstieg nach Walchensee

Von den Herzogstandhäusern führt ein direkter, steiler Bergpfad hinab zur Talstation.

❹ Gratwanderung zum Heimgarten

Vom Gipfel des Herzogstands beginnt der reizvolle Gratweg hinüber zum Heimgarten (1790 m), wobei alle ausgesetzten Stellen mit Seilen gesichert sind. Rechts genießen wir die Aussicht hinunter zum Kochelsee, links locken die Karwendelberge und der dunkelblaue Walchensee. Nach der langen Querung führt uns der Steig zuletzt den steilen Gipfelhang des Heimgartens hinauf und zu der etwas unterhalb stehenden Heimgartenhütte. Für den Abstieg nach Walchensee halten wir uns an die Markierung E4 Richtung Ohlstädter Alm. Kurz danach verlassen wir diese, queren links den freien Nordosthang des Rotwandkopfs und wandern wieder durch Wald zum Ort Walchensee.

HOLZWIRTSCHAFT

Als beste Zeit für das Fällen der Bäume gilt die Zeit zwischen Laubfall und Blattaustrieb, das heißt die Zeit der Winterruhe, wenn wenig »Saft« in den Stämmen ist. In den Hochlagen der Gebirge machen Eis und hoher Schnee die Holzernte im Winter unmöglich, so dass hier die Bäume während der Wachstumszeit im Sommer gefällt werden. Wird Holz im Sommer geschlagen, beispielsweise Buchennutzholz, so bleiben die gefällten Stämme einschließlich ihrer Laubkrone oftmals drei bis vier Wochen liegen – vor seiner Weiterverwendung muss das Holz gut austrocknen. Der Einsatz moderner Hochleistungsmaschinen hat dazu geführt, dass Holz heutzutage ganzjährig eingeschlagen werden kann. Längst haben Forstmaschinen Axt und Handsäge ersetzt, in kleinflächigen Waldgebieten kommt die Motorsäge zum Einsatz, in Großwaldflächen erledigen kombinierte Holzerntemaschinen neben dem Fällen auch Arbeitsgänge wie Entasten, Ablängen und Entrinden.

DER LOWA-TIPP

Im 19. Jahrhundert richtete Joseph Utzschneider im säkularisierten Kloster von Benediktbeuern eine Schmelze für optisches Glas ein, die später zusammen mit Fraunhofer und Reichenbach zu einem mathematisch-optischen Institut erweitert wurde. Die alte Glashütte ist heute als Museum zugänglich. Öffnungszeiten: März bis Oktober tägl. 9–18 Uhr; Tel. 08857/88-235.

29
TOURENGEBIET

IM OBEREN ISARTAL

Eine leichte, aber lange Almwanderung mit schönen Ausblicken, ein Minigipfel und als Kurzziel für zwischendurch: die Maxhütte

Gemeinsam wandert es sich besser, man macht sich Mut und feuert sich gegenseitig an.

ANFAHRT
Bahn/Bus: Werdenfelsexpress München – Garmisch-Partenkirchen. RVO-Bus über Krün (dort aussteigen, falls wir hinaus zur Fischbachalm wandern wollen) nach Wallgau bis zur Ortsmitte; bei Anstieg zur Maxhütte bis Haltestelle Maxhütte.
Auto: Garmischer Autobahn, Ausfahrt Kochelsee/Murnau, über Kochel, Walchensee nach Wallgau; Parkmöglichkeiten im Ort. Am Startpunkt zur Maxhütte (Wanderweg), kurz vor Wallgau, kleiner Parkplatz direkt an der Straße.
Eine Fahrt über die kurvenreiche Kesselbergstraße kann bei kleineren Kindern zu Übelkeit führen. Dann besser bis zum Autobahnende weiterfahren und auf der Bundesstraße über Garmisch-Partenkirchen Richtung Mittenwald bis Krün (hier auch Start zur Fischbachalm; Wanderparkplatz zwischen Kirche und Isarbrücke) und links haltend weiter nach Wallgau.

GEHZEITEN
Anstieg zur Maxhütte: 30 Min.; Anstieg zum Krepelschrofen: 1 Std.; von Wallgau zur Krüner Alm: 3½ Std.; Abstieg über die Finzbachklamm: 3 Std.; Fischbachalm: 2 Std.; Abstieg 1½ Std.

ANFORDERUNGEN
Allgemein: Zur Maxhütte leichter, breiter Wanderweg. Zum Krepelschrofen Panorama- und Bergweg, zuletzt weglos, aber einfach.
Anstieg zur Krüner Alm größtenteils auf Forst- und Bergwegen durch Wald mit einigen steileren Abschnitten. Zur Fischbachalm Almfahrweg bzw. ein kurzes Stück Bergwanderweg.
Alter: Krüner Alm ab 8 Jahren; Krepelschrofen und Fischbachalm ab 5 Jahren; Maxhütte für jedes Alter.

HÜTTEN/EINKEHR
Krüner Alm, 1621 m (während der Weidesaison einfach bewirtschaftet); Maxhütte, 1022 m (mit Ausnahme von November und Dezember ganzjährig, Di Ruhetag, Tel. 08825/1582); Fischbachalm, 1403 m (privat, Anfang Mai bis Ende Oktober, keine Übernachtung). Gasthäuser in Wallgau.

HÖCHSTE PUNKTE
Krepelschrofen, 1160 m; Fischbachalm, 1403 m; Krüner Alm, 1621 m.

KARTE
Topographische Karte 1:50000 Karwendelgebirge – Werdenfelser Land (BLVA).

Das obere Isartal war früher wichtiges Durchgangsgebiet für die Warentransporte von Süden nach Norden und umgekehrt. Die üppigen Wandmalereien in den Orten Wallgau, Krün und Mittenwald geben heute noch Zeugnis vom einstigen Wohlstand der Bürger. Touristisch gesehen liegt das Isartal für den, der etwas weniger Trubel schätzt, ideal zwischen dem Walchensee und dem Garmischer Gebiet. Die gängigen Wanderziele sind für Kinder in der Regel jedoch zu weit (etwa der Krottenkopf oder das Soiernhaus) und vielleicht auch zu eintönig. Daneben gibt es jedoch auch ein paar reizvolle Kurzwanderziele sowie zwei hübsche Almtouren. Und zwischen Wallgau und Krün liegen einige kleine Badeseen, die zum Ausklang angesteuert werden können.

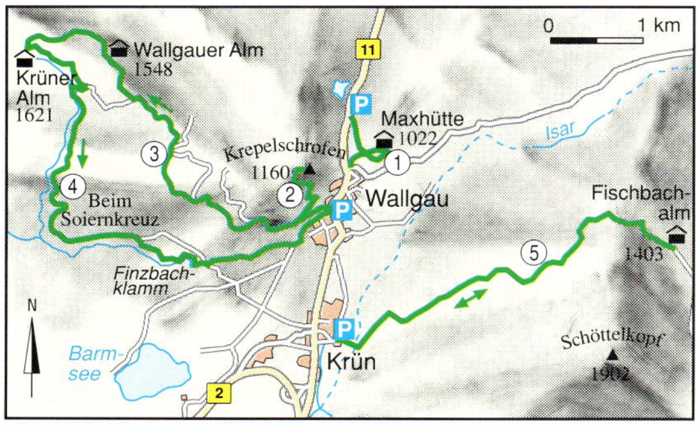

❶ Ein Ziel für zwischendurch: Die Maxhütte
Dieses kleine, aber aussichtsreiche Wanderziel auf der Südseite des Fahrenbergs bei Wallgau lässt sich von zwei Punkten aus angehen. Wir wandern von der Ortsmitte von Wallgau entlang der Walchenseestraße zum nördlichen Ortsrand, wo rechts die Risserstraße abzweigt. Auf ihr bis zur Abzweigung des ausgeschilderten Anstiegswegs zur Maxhütte. In einigen Kehren durch Wald hinauf zur aussichtsreich über dem Hochtal gelegenen Berghütte (1022 m).

❷ Kleiner Gipfelabstecher zum Krepelschrofen
Von der Ortsmitte in Wallgau bei der Kirche zunächst auf dem Sonnleitenweg zum Isarkanal und zu den letzten Häusern des Orts. Dort zweigt unser Anstieg mit der Markierung (Nr. 19) rechts ab und führt über den Panoramaweg in einem weiten Bogen den Hang hinauf. Nach einigen hundert Metern biegen wir links vom Panoramaweg ab und steigen durch den Kiefern- und Fichtenwald bergan. Die letzten Meter nahezu weglos durch lichten Wald hinauf zum höchsten Punkt (1160 m).

❸ Auf schattigem Steig zur Krüner Alm
Am Kurgästehaus in Wallgau parken wir das Auto und gehen ein paar Schritte nach Norden, wo der Weg zur Krüner Alm an den Wiesenhängen des Krepelschrofens seinen Anfang nimmt. Ein breiter Forstweg führt nach etwa 30 Minuten zu einer Abzweigung. Dort biegen wir links auf einen abwechslungsreicheren und etwas steileren Waldweg ab. Der Weg streift bald wieder die Forststraße, hält sich aber weiterhin separat und führt linker Hand im Wald

Die Krüner Alm. Im Hintergrund der höchste Gipfel des Estergebirges, der Krottenkopf.

empor. Erst bei der nächsten Einmündung in eine andere Forststraße, dort, wo sie eine scharfe Linkskehre beschreibt, gehen wir auf dieser weiter. An ihrem nordwestlichen Ende leitet ein markierter Steig zur Krüner Alm (1621 m) hinauf. Alternativ können wir aber auch kurz nach der Einmündung in die vorab erwähnte Forststraße rechts den Wegweisern hinauf zur Wallgauer Alm (1548 m) folgen. Von dort führt der Weg nahezu eben hinüber zur Krüner Alm. Auf den hügeligen Bergwiesen rund um die bestoßene Alm finden wir sicher ein schönes Rastplätzchen. Der Krüner Steig, die Fortsetzung unseres Anstiegsweges, führt über die Lochtalalm hinauf zur Weilheimer Hütte.

4 Abstieg über die Finzbachklamm

Für den Abstieg empfiehlt sich eine zwar nicht kürzere, aber um so reizvollere Route. Von der Krüner Alm wandern wir zunächst eine gute halbe Stunde auf dem Anstiegsweg zurück, bis von der Forststraße rechts ein Fahrweg abzweigt. Auf diesem durch den Altgraben hinab zu einer querführenden Forstraße. Auf ihr rechts oberhalb des Finzbaches weiter ostwärts. Bei der Weggabelung rechts hinaus Richtung Krün, wo wir auf den Wegweiser zur Finzbachklamm treffen. Wir folgen den roten Markierungen hinunter in den Talboden des Finzbachs und wandern dann rechts zur Klamm. Am Ende der Klamm halten wir uns links und spazieren hinaus nach Wallgau.

5 Zur Fischbachalm

Vom Parkplatz am Ostende von Krün gehen wir über die Isarbrücke und folgen links dem Isarrundweg, dann rechts dem ausgeschilderten (Wegweiser »Soiernhaus«) Wirtschaftsweg. Nun immer durch Wald aufwärts zur bewirtschafteten Fischbachalm (1403 m), von der wir bereits einen Blick hinauf zu den Gipfeln der Soierngruppe werfen können. Auf der Fischbachalm erwarten uns neben einer schönen Almwiese auch frische Buttermilch und ein wohlschmeckender Kaiserschmarrn. Der Abstieg erfolgt auf dem Anstiegsweg. Wir können aber auch die Variante nach Wallgau nehmen, die nach dem ersten Wegdrittel im Abstieg nach rechts abzweigt.

DIE FICHTE

Die Fichte ist der in Nord- und Mitteleuropa am häufigsten anzutreffende Waldbaum. Von einer Tanne unterscheidet sie sich durch ihre vierkantigen, spitzen, steifen Nadeln und ihren von den Zweigen herabhängenden Zapfen. Ihre natürliche Heimat sind die Alpen und die höheren Lagen der Mittelgebirge bis zur Waldgrenze. Von Sturm, Schnee und Eis gezeichnete Wetterfichten wachsen einzelstehend noch bis in eine Höhe von 2000 Metern. Wegen ihrer vielseitigen Verwendungsmöglichkeiten, ihrer Widerstandsfähigkeit und der großen Holzerträge wird die Fichte auch standortfremd angepflanzt. Als wichtiger Wirtschaftsbaum nimmt sie mehr als 40 Prozent der Waldfläche in Deutschland ein. Für die vom Autoverkehr und der Industrie erzeugten Giftstoffe in unserer Luft ist die Fichte ganz besonders anfällig.

DER LOWA-TIPP

Bei Krün, direkt neben dem romantischen Barmsee, liegt der kleine, von Wald eingeschlossene Grubsee. Vom Parkplatz beim Gasthaus Barmsee (gleich neben der B 2) wandern wir in einer Viertelstunde dorthin und treffen auf ein reizvolles Badeidyll. Neben einer aufregenden Wasserrutsche und einem kleinen Kinderbecken gibt es einen Kiosk mit Sitzmöglichkeiten und eine steile, schattige Liegewiese. Eintrittsgebühr.

30
TOURENGEBIET

RUND UM DEN WANK

Zu einer ganzjährig bewirtschafteten Alm, auf einen Panoramagipfel und eine interessante Wanderung zu einem Naturphänomen

Der Frickenbach und die Kuhfluchtwasserfälle sind Attraktionen im Werdenfelser Land.

ANFAHRT

Bahn/Bus: Werdenfelsexpress München – Garmisch-Partenkirchen. Citybus zur Talstation der Wankbahn. Zu den Kuhfluchtwasserfällen: Aussteigen in Oberau.
Auto: Garmischer Autobahn bis Eschenlohe, B 2 nach Garmisch und weiter Richtung Mittenwald, links Abzweigung der Zufahrt zur Wankbahn; großer Parkplatz an der Talstation. Zu den Kuhfluchtwasserfällen: In Ortsmitte von Oberau links, über die Gleise; dort Parkplatz.

GEHZEITEN

Anstieg zur Esterbergalm: 2 Std.; Abstieg vom Wank zur Esterbergalm: 1 Std.; Abstieg ins Tal: 2 Std.; Rückweg von der Esterbergalm bzw. vom Wank über den Gschwandtnerbauer: 3 Std.; von Oberau zu den Kuhfluchtwasserfällen: 1¼ Std.; Weiterweg zur Quelle: 45 Min.; Rückweg: 2 Std.

ANFORDERUNGEN

Allgemein: Überwiegend breite Wander- bzw. gesperrte Fahrwege. Abstieg vom Wank bzw. Rückkehr über den Gschwandtnerbauer auf Bergwanderweg. Breiter Wanderweg in den Kuhfluchtgraben, dann weiter auf Pfad und Bergsteig bis zur Quelle.
Alter: Rundwanderung auf dem Wankgipfel für alle Altersgruppen; Anstieg vom Tal zur Esterbergalm sowie Rückweg: ab 5 Jahren; Abstecher zu den Kuhfluchtwasserfällen ab 8 Jahren.

HÜTTEN/EINKEHR

Esterbergalm, 1264 m (privat, ganzjährig bewirtschaftet, keine Übernachtung); Wankhaus, 1780 m (AV-Haus, Anfang Mai bis Mitte September, keine Übernachtung; Tel. 08821/562 01); Gschwandtnerbauer, 1020 m (Gaststätte, Mo Ruhetag).

HÖCHSTER PUNKT

Wank, 1780 m.

KARTE

Topographische Karte 1:50 000 Werdenfelser Land (BLVA).

Das Estergebirge, zu dem auch der Wank gehört, ist eher ein ruhiges Wandergebiet. Doch da der Wank direkt dem Wettersteingebirge gegenüberliegt, gehört er zu den bevorzugten Ausflugsbergen rund um Garmisch. Zudem erleichtert die Kabinenbahn den Zugang zu dem großartigen Gebirgspanorama, das von den Tegernseer Bergen über Karwendel und Wetterstein bis zu den Ammergauer Alpen reicht. Allein die Gipfelhochfläche ist schon einen Ausflug wert, denn wir können hier gefahrlos herumwandern, den Drachen- und Gleitschirmfliegern zuschauen oder Brotzeit machen und die Aussicht genießen. Zum Abschluss besuchen wir das Naturschauspiel der Kuhfluchtwasserfälle. Die vor allem im Frühjahr kräftig sprudelnde Quelle tritt direkt aus einer Felswand hervor, und kühle Gumpen laden zu einem Bad ein.

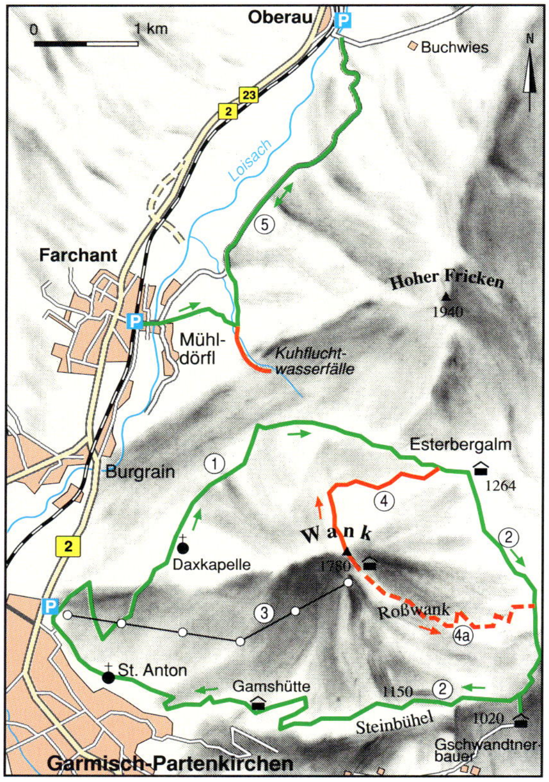

❶ Gemütlich hinauf zur Esterbergalm

Vom Ortsteil Partenkirchen bzw. von der Talstation der Wankbahn wandern wir nordostwärts auf ausgeschildertem, breitem Forst- und Almfahrweg durch Wald den Berg hinauf und umrunden dabei schon fast zur Hälfte den Wank. Wir passieren die kleine Daxkapelle. Nach dem etwas steilen Anstieg treten wir hinaus in das Hochtal, in dem sich die Esterbergalm (1264 m) befindet.

❷ Über den Gschwandtnerbauer

Der ausgeschilderte Weg beginnt an der Esterbergalm direkt bei der Kapelle und führt in südlicher Richtung über Wiesen bis zum Waldrand und dann zwischen Wank und Rotenkopf weiter bis zum höchsten Punkt des Bergeinschnitts. Jenseits durch den Häuslgraben hinab, bei den nächsten zwei Wegverzweigungen rechts haltend zum Gschwandtnerbauer (1020 m) auf einer aussichtsreichen Bergwiese. Nach der Einkehr wandern wir ein kurzes Stück auf dem Weg zurück und folgen dann dem linken Abzweiger (Wegweiser »Gamshütte«) durch Wald hinauf zum Steinbühel (1150 m). Wir stoßen auf eine Forststraße, verlassen diese aber gleich wieder nach rechts und kommen in die Schalmerschlucht mit kleinem Wasserfall. Im weiteren Verlauf gelangen wir zur Wallfahrtskirche St. Anton. Und auf dem Philosophenweg kehren wir schließlich zurück zum Ausgangspunkt.

❸ Ganz schnell auf den Wank

Natürlich können wir den Wank auch zu Fuß besteigen, aber einfacher und schneller geht es

Blick auf den weiten Wankgipfel mit der Bergstation der Wankbahn.

mit der Kabinenbahn. Und gerade Kinder würden den eher langweiligen Aufstieg nicht so sehr schätzen, denn der Wank zeigt seine positiven Seiten erst auf dem Gipfel. Hier können wir auf den gefahrlosen Höhenwegen zu den verschiedenen Aussichtspunkten wandern oder an einem der Brotzeitplätze rasten.

4 Vom Wank zur Esterbergalm

Vom Wankhaus bzw. von der Bergstation wandern wir den Höhenweg (W 3) auf dem breiten Bergrücken in nordwestlicher Richtung zu einer Wegverzweigung. Hier nach links oder rechts Abstecher zu zwei Aussichtspunkten: Links bietet sich ein fantastischer Blick hinab ins Loisachtal, rechts, vom Ameisberg, hinunter zur Esterbergalm. Dann steigen wir über zahlreiche Serpentinen zuerst noch in freiem Gelände, dann durch Wald abwärts. Bei der Wegverzweigung kurz vor Erreichen des Hochtals halten wir uns rechts und treffen auf den Fahrweg zur Esterbergalm.

4a Abstiegsvariante vom Wank

Auf dem breiten, aussichtsreichen Höhenweg gehen wir zunächst in Richtung Osten zum Roßwank. An diesem entweder links oder rechts vorbei und dann hinunter in den Taleinschnitt zwischen Wank und Rotenkopf. Hier stoßen wir auf den von der Esterbergalm heraufführenden Weg.

5 Die Kuhfluchtwasserfälle

Vom Parkplatz in Oberau wandern wir wenige Meter zurück, queren die Zufahrtsstraße und folgen dann dem breiten Fahrweg in Richtung Farchant. In einem weiten Rechtsbogen entlang des Röhrlbaches erreichen wir so den Fuß des Estergebirges. Nach etwa einer Dreiviertelstunde treffen wir auf den Kuhfluchtgraben. Vor der Brücke, die diesen quert, folgen wir links dem Wanderweg aufwärts, der uns in einer knappen halben Stunde zum ersten Wasserfall bringt. Von dort können wir weiter zur Kuhfluchtquelle wandern. Wir überqueren zuerst eine Brücke und steigen dann auf dem schmalen, steilen Steig die Hänge aufwärts. Wir erreichen wieder ein Waldstück und gehen entlang der Grabenkante hinauf zum Felssturz mit der Quelle. Zustiegsmöglichkeit auch vom Ortsteil Mühldörfl in Farchant.

MONOKULTUR

Wird auf einer größeren Fläche über mehrere Jahre hinweg ausschließlich dieselbe Pflanze angebaut, spricht man von Monokultur. In unseren Wäldern ist am häufigsten die Fichte dicht stehend in Monokultur angepflanzt, obwohl diese Einseitigkeit für das Waldleben mit großen Schäden verbunden ist. Die Bodenqualität verschlechtert sich, weil die Nadeln der Fichte nur langsam verrotten und ihre flachen Wurzeln das Wasser nur unzureichend im Boden halten können. Sträuchern und Pflanzen, die sonst naturgegeben auf dem Waldboden wachsen, fehlt es in den düsteren Fichtenmonokulturen an Licht, und auch die Tiere, die sich von diesen Pflanzen ernähren, ziehen sich aus den Fichtendickichten zurück. Mischkulturen hingegen berücksichtigen die komplizierte Lebensgemeinschaft vieler verschiedener Pflanzen und einer artenreichen Tierwelt. Deshalb wird in vielen Wirtschaftswäldern die Fichte »gemischt« gezogen, beispielsweise mit Buchen. Dies schützt nicht nur die flach wurzelnde Fichte vor starken Winden und Krankheiten, sondern erhält auch Klima-, Boden- und Wasserverhältnisse des Waldes.

DER LOWA-TIPP

Interessant ist der Besuch des Walchensee-Kraftwerks am Kochelsee. Die von Oskar von Miller, dem Gründer des Deutschen Museums in München, in den Jahren 1918–1924 errichtete Anlage rief in damaliger Zeit höchste Bewunderung hervor. Durch sechs Druckleitungen schießt das Wasser aus dem 200 Meter höher gelegenen Walchensee herab, um die Turbinen für die Stromerzeugung anzutreiben – damals eine Meisterleistung. Zufahrt von Kochel am See, Parkplatz. Öffnungszeiten: Mai bis September tägl. 9–18 Uhr, Oktober bis April 9–17 Uhr; geringe Eintrittsgebühr.
Nebenan im Ort Kochelsee befindet sich das Trimini – eine Bade- und Erlebnisanlage der Extraklasse. Ganzjährig geöffnet.

WETTERSTEIN UND MIEMINGER BERGE

Die Höllentalklamm im Wettersteingebirge wurde bereits vor der touristischen Erschließung für die bei den Knappenhäusern tätigen Bergleute gangbar gemacht (oben). Das berühmte Dreigestirn des Wettersteingebirges: Alpspitze, Zugspitze und Waxensteine (links).

Das schroff ansteigende kleine Gebirge mit dem höchsten Gipfel Deutschlands, der Zugspitze, ist mit Bergbahnen bestens erschlossen. Gut ausgerüstet starten wir zu einer Tour auf die Alpspitze. Drei interessante Klammen gestatten uns einen Blick ins Innere des Gebirges. Ein Jagdschloss König Ludwig II. und ein botanischer Alpengarten sind weitere attraktive Wanderziele. Wir besuchen hochgelegene Hütten und Almen und wandeln auf den Spuren Ludwig Ganghofers.

31
TOURENGEBIET

RUND UM MITTENWALD

Schneller Gipfelerfolg per Sessellift, Abstiegsrunde über zwei Badeseen, Abstecher mit Blick ins Tal der Leutasch und der Besuch einer Klamm

Die Leutaschklamm ist im ersten Abschnitt durch eine Steiganlage auch für Wanderer zugänglich gemacht worden.

ANFAHRT
Bahn/Bus: Auf der Bahnlinie München – Garmisch-Partenkirchen – Mittenwald. Dort zu Fuß weiter zum Kranzberglift (ausgeschildert).
Auto: Garmischer Autobahn bis Eschenlohe, B 2 über Garmisch nach Mittenwald, in Ortsmitte ausgeschilderte Zufahrt zur Talstation der Kranzbergbahn; dort Parkplatz.

GEHZEITEN
Bergstation des Kranzberglifts: ¾ Std.; Abstieg zum Ferchensee: 1 Std.; Rückkehr zum Ausgangspunkt: 1 Std.; Abstecher auf die Ederkanzel: 1½ Std.; Wanderung in die Leutaschklamm: 1 Std.

ANFORDERUNGEN
Allgemein: Rundwanderweg am Kranzberg auf Bergwanderweg, im Bereich der Seen auf gesperrten Fahrwegen. Anstieg zur Ederkanzel auf Wanderweg, Abstieg auf Fahrweg. Die Leutaschklamm ist mit einer Steiganlage zugänglich gemacht.
Alter: Alle Wege ab 4 Jahren.

HÜTTEN/EINKEHR
Kranzberghaus, 1350 m (privat, ganzjährig bewirtschaftet); Gasthaus St. Anton, 1227 m (privat, Weihnachten bis nach Ostern und Pfingsten bis Allerheiligen; Tel. 08823/8001); Berggasthaus Ederkanzel, 1181 m (privat, ganzjährig bewirtschaftet, keine Übernachtung).

HÖCHSTE PUNKTE
Hoher Kranzberg, 1391 m; Ederkanzel, 1181 m.

KARTE
Topographische Karte 1:50 000 Werdenfelser Land (BLVA).

Der berühmte Geigenbauort Mittenwald ist umgeben von felsigem Hochgebirge; das westliche Karwendelmassiv, die Arnspitzen und die Wettersteinspitzen dominieren das beeindruckende Bild. Dazwischen erwartet uns ein geradezu voralpiner Hügel – der Hohe Kranzberg – mit grandiosen Ausblicken und schönen Wanderwegen. An seinem Fuß finden wir zwei reizvolle Badeseen mit Einkehrmöglichkeiten. Den Aufstieg können wir mit einem Sessellift abkürzen und so das beeindruckende Gebirgspanorama noch schneller genießen. Als kürzere und nicht weniger reizvolle Alternativen bieten sich die Ausflüge auf die Ederkanzel mit einem beeindruckenden Panoramablick und in die mit einem Steig versehene Leutaschklamm an.

❶ Auf den Hohen Kranzberg
Den Aufstieg gehen wir bequem an: Vom Kranzbergsessellift lassen wir uns hinaufbringen zum Gasthaus St. Anton (1227 m), wo dann – vielleicht nach noch unverdienter Stärkung (aber die Terrasse mit Aussicht aufs Karwendel ist schon sehr verlockend) – die eigentliche Wanderung beginnt. In einer guten halben Stunde steigen wir auf etwas steilem, beschwerlichem Weg hinauf zum an Wochenenden geöffneten Kranzberghaus (1350 m). Und in weiteren zehn Minuten gelangen wir über ein paar Serpentinen zum Blockhaus am Gipfel. Hier bietet sich eine prächtige Rundsicht auf vier verschiedene Gebirgsgruppen: Im Westen sehen wir das Wetterstein mit Hochblassen und Alpspitze, im Norden das Estergebirge und die Bayerischen Voralpen und im Osten das Karwendel.

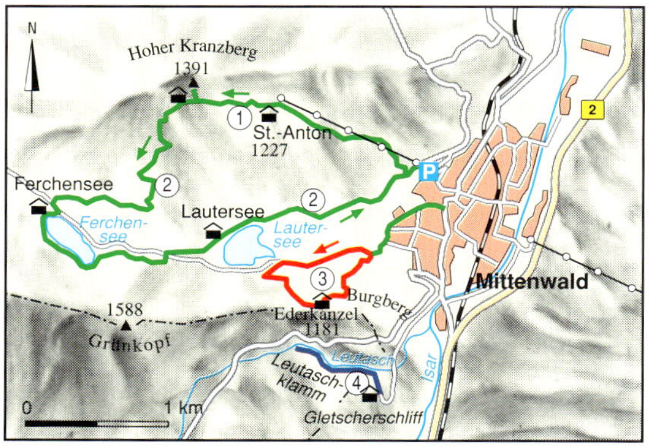

❷ Rückweg über Lautersee und Ferchensee
Der längere Teil der Kranzbergtour ist der Abstieg. Zunächst gehen wir die paar Höhenmeter zurück zum Kranzberghaus, wo der Weg zum Ferchensee ausgeschildert ist. Im lichten Wald führt der Steig bergab, um nach etwa einer Stunde den Ferchensee zu erreichen. Er liegt genau unter den schroffen Nordostabstürzen der Wettersteinspitzen – ein gewaltiger Eindruck für den Wanderer auf dem Spazierweg, der Ferchensee und Lautersee verbindet. In beiden Seen kann man baden, und an beiden Seen laden Gasthäuser zur Einkehr. Am Lautersee zweigt dann ein beschilderter Weg nordostwärts ab, der hoch über den Häusern von Mittenwald zur Talstation der Kranzbergbahn zurückführt.

❸ Abstecher auf die Ederkanzel
Prachtvolle Blicke ins Leutaschtal, auf das Wettersteingebirge und die hellen Felsen des Karwendels – und tief unter uns liegt der Lautersee. Dieses alpine Erlebnis können wir uns mit einem Anstieg von nur 300 Höhenmetern zur Ederkanzel erwandern. Die bayerisch-österreichische Grenze verläuft dort oben ge-

Wandergruppe am Kranzberg.

radewegs durch die Wirtsstube des Berggasthauses auf dem Burgberg. Ausgangspunkt ist der Schanzweg in Nähe des Kurparks. Gut ausgeschildert wandern wir zuerst in Richtung Lautersee, bis links der Weg hinauf zur Ederkanzel (1181 m) abzweigt. Wir queren beim Anstieg zwei querführende Wege, nehmen für das letzte Stück den Zufahrtsweg und erreichen so das auf der Kammlinie liegende Berggasthaus. Abstieg durch dichten Wald auf markiertem Bergwanderweg direkt nach Mittenwald.

4 In die Leutaschklamm

Die Leutascher Ache bahnt sich südlich von Mittenwald ihren Weg aus Tirol nach Bayern. Die beeindruckenden senkrechten Felswände und das rauschende Gebirgswasser lohnen auf alle Fälle einen Besuch. Wir starten unseren Ausflug in die Leutaschklamm (Eintrittsgebühr) vom Gasthaus Gletscherschliff. Allerdings ist nur der vordere Teil der Klamm auf etwa 200 Metern mittels einer Steiganlage zugänglich. Auf demselben Weg müssen wir dann wieder zum Ausgangspunkt zurückkehren. Zugangsmöglichkeit auch vom Gasthaus Brücke am Anfahrtsweg.

DER LOWA-TIPP

In einer historischen Geigenbauwerkstätte (Ballenhausgasse 3) ist in Mittenwald das Geigenbaumuseum untergebracht. Der Mittenwalder Matthias Klotz wurde nach seinen Wanderjahren, die ihn nach Italien geführt hatten, 1684 in seiner Heimatstadt der Begründer der Geigenbaukunst. Die weltweit bedeutende Sammlung zeigt die Geschichte des Geigenbaus und verwandter Instrumente. Öffnungszeiten: Weihnachten bis Ende Oktober Montag bis Freitag 10–12 Uhr und 14–17 Uhr, Samstag, Sonntag und Feiertage 10–12 Uhr.

WIE WACHSEN PILZE?

Vielerorts schießen die Pilze bei warmer, feuchter Witterung im Frühherbst sprichwörtlich aus dem Boden. Was dann auf Wiesen- und Waldböden oder auf abgestorbenem Baumholz für uns sichtbar wächst, ist jedoch nur der Pilzkörper; der größere Teil besteht aus dem unterirdisch oder im Holz wachsenden Pilzgeflecht, dem Myzel, das sich aus spinnennetzartig verwobenen Fäden zusammensetzt. Bei manchen Pilzarten wie dem Wiesenchampignon wächst das Myzel strahlenförmig nach allen Seiten, und die Pilzkörper, die am äußeren Saum dieses Geflechts hervorschießen, bilden zuweilen auffallende Kreise, die im Volksmund Hexenringe heißen. Der kundige Pilzsammler reißt niemals einen Pilz aus dem Boden, sondern schneidet ihn immer mit einem Messer sauber ab, um das Myzel zu schonen.

32

TOURENGEBIET

IM REICH KÖNIG LUDWIGS

Zu einem Königsschloss in majestätischer Umgebung, eine Alm und ein Hüttenabstecher ins Felsenreich des Wettersteingebirges

Durch das Reintal führen leichte Wanderwege. Erst am Ende geht es steil hinauf zur Zugspitze. Wir benutzen den Weg für die Rückkehr vom Schachenhaus ins Tal.

ANFAHRT

Bahn/Bus: Bahnlinie München – Mittenwald – Innsbruck bis zum Haltepunkt Klais. Nach Elmau allerdings keine Busverbindung.
Auto: Garmischer Autobahn bis Eschenlohe, B 2 über Garmisch Richtung Mittenwald, in Klais rechts ab und hinauf nach Elmau; dort Parkplatz.

GEHZEITEN

Anstieg zum Schachenhaus von Elmau: 3½ Std.; Abstieg auf dem Anstiegsweg: 2 Std.; Abstecher zur Wettersteinalm: 20 Min.; Aufstieg zur Meilerhütte: 1½ Std.; Abstieg durch das Reintal: 3½ Std.

ANFORDERUNGEN

Allgemein: Anstieg zum Schachenhaus auf breitem Wanderweg. Anstieg zur Meilerhütte auf steilem Steig; Trittsicherheit und Schwindelfreiheit erforderlich.
Alter: Zum Schachenhaus aufgrund der Länge ab 6 Jahren; zur Meilerhütte und Rückweg über das Reintal ab 10 Jahren.

HÜTTEN/EINKEHR

Schachenhaus, 1866 m (privat, Anfang Juni bis Mitte Oktober, 22 Betten, 12 Lager; Tel. 08821/2996); Wettersteinalm, 1464 m (privat, Anfang Juli bis Ende September einfach bewirtschaftet; keine Übernachtung); Meilerhütte, 2366 m (AV-Hütte, Kat. I, Mitte Juni bis Anfang Oktober, 70 Lager, 40 Notlager; Tel. 0171/5227897); Gasthaus in Elmau mit Biergarten.

HÖCHSTE PUNKTE

Schachenhaus, 1866 m; Meilerhütte, 2366 m.

KARTE

Topographische Karte 1:50000 Werdenfelser Land (BLVA).

Die leichte, aber etwas lange Wanderung auf den Schachen bietet drei unvergessliche Eindrücke: den zu Recht gerühmten Tiefblick in das Reintal mit den Blauen Gumpen und den sich darüber erhebenden grandiosen Wettersteingipfeln Plattspitze, Hochwanner, Dreitorspitzen und Alpspitze; ferner das Königsschloss mit dem Maurischen Saal und schließlich den botanischen Alpengarten mit über 1500 verschiedenen Blumen und Pflanzen aus den Gebirgen der Welt. Hier kann man die in unseren Alpen vorkommenden Bergblumen benennen lernen, aber auch Blumen betrachten, die wir kaum mehr zu sehen bekommen, weil sie nur noch selten vorkommen. Und was viele nicht wissen: Dort oben kann man in den Touristenhäusern, gleich unterhalb dem Königshaus, auch übernachten. König Ludwig II. ließ auf der Schachenalm in 1866 Meter Höhe ein Jagdschloss, das Königshaus, bauen. Der 1870 errichtete Holzbau ähnelt im Typus einem Schweizer Haus und birgt im Obergeschoss den sogenannten Türkischen Saal, der einem orientalischen Palastraum nachgebildet wurde.

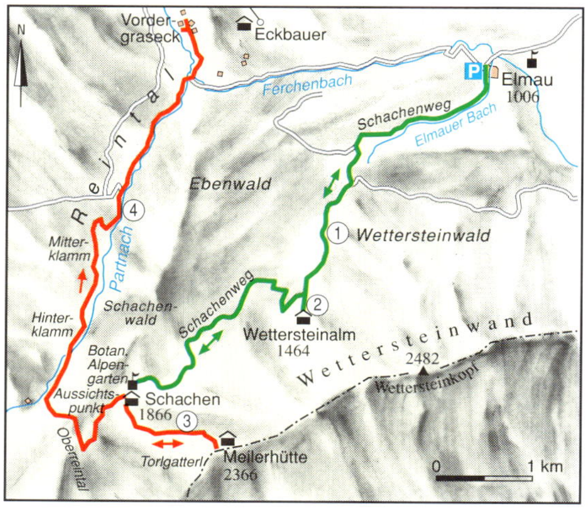

❶ Auf dem Königsweg zum Schachen

Vom Schloss Elmau, malerisch eingebettet zwischen Weideböden und Wettersteinwänden, führt ein breiter, bequem zu gehender und gut ausgeschilderter Weg südwestwärts empor Richtung Schachen. Wir sind zuerst unterwegs auf dem Königsweg, gewinnen dann allmählich an Höhe, steigen steil zum Steilenberg hinauf und erreichen schließlich das Schachenhaus (1866 m). Für beides, für die Besichtigung des Schlosses wie auch für die farbenprächtige Artenvielfalt des botanischen Alpengartens, sollten wir uns auf jeden Fall Zeit nehmen. Und vielleicht noch eine Stunde mehr, um ganz dem Landschaftsgenuss zu frönen – so wie einst der bayerische Märchenkönig.

❷ Kurzbesuch bei der Wettersteinalm

Falls wir uns beim Schachenhaus noch zu keiner Einkehr durchgerungen haben, machen wir stattdessen auf dem Abstiegsweg einen Abstecher zur Wettersteinalm (1464 m), die nur eine Viertelstunde abseits vom Weg liegt und von den beeindruckenden Wettersteinwänden überragt wird.

❸ Ins Felsenreich der Meilerhütte

Die sich wie eine kleine Burg ins Dreitorspitzgatterl schmiegende Meilerhütte kann als kleiner Gipfelersatz angesehen werden, denn die Aussicht von dort reicht hinein bis in die Zillertaler und Stubaier Alpen. Und was vom Schachen aus nicht möglich ist – hier können wir sogar einen Blick auf Deutschlands höchsten Berg, die Zugspitze (2963 m), werfen. Wir sind mitten in der alpinen Felsszenerie des Wettersteingebirges, ohne anspruchsvolle Gipfel erklettern zu müssen. Die Meilerhütte ist

Das Schachenschloss war ein Jagdschloss König Ludwigs II. Im Innern ist der orientalisch ausgestattete Salon sehenswert.

übrigens Vorreiterin bei der Anwendung alternativer Energien: Zur Stromversorgung werden nur Wind- und Solarkräfte genutzt. Vom Schachenschloss steigen wir auf gutem Wanderweg zunächst über den Wiesenrücken des Teufelsgsaß zu den Felsen des Frauenalprückens. Von dort leitet uns ein in den Fels gesprengter Steig hinauf zum Frauenalpl (2202 m). Nun wieder etwas abwärts, dann über einen Hang zum gleichnamigen Sattel. Jenseits ein Stück hinab und über ein schmales Geröllfeld hinauf zur Meilerhütte (2366 m). Abstieg wie Anstieg.

4 Rückweg durch das Reintal

Vom Pavillon am Schachen steigen wir links hinunter, bleiben aber vor dem Wasserreservoir. Nun in Kehren steil hinab zu einem trockenen Bachbett im Oberreintal, das wir dann überschreiten. Wir treffen auf den zur Oberreintalhütte führenden Weg, gehen aber rechts, talwärts, durch Wald, meist am Oberreintalbach entlang, hinunter ins Reintal (links führt der Weg weiter zur Bockhütte). Den Wegweisern folgend immer talwärts die Partnach entlang das Reintal hinab. Dann entweder durch die Partnachklamm (siehe Tourengebiet 33) oder rechts hinauf nach Vordergraseck (Einkehrmöglichkeit mit Spielplatz) und mit der Graseckbahn ins Tal.

GREIFVÖGEL

Frisst ein Tier überwiegend andere lebende Tiere, so nennt man es Raubtier oder besser Beutegreifer; Raubvögel heißen nach der Art, wie sie ihre Beute fassen, Greifvögel. Zu den Greifvögeln zählen Habicht, Falke, Adler, Rabe, Geier und Eule; in den Gebirgsregionen leben vor allem Steinadler, Wanderfalke, Gänsegeier, Sperber und Uhu. Diese Vögel haben alle ein ausgezeichnetes Sehvermögen; kräftige Schnäbel und spitze, gekrümmte Krallen helfen ihnen bei der Jagd auf Mäuse, Kaninchen, Vögel und sogar Murmeltiere. Greifvögel fressen aber auch tote Tiere, die krank waren oder in den Bergen abgestürzt sind. Greifvögel wurden lange Zeit verfolgt und teilweise nahezu ausgerottet. Heute zählen sie zu den geschützten Tieren.

DER LOWA-TIPP

Der botanische Alpengarten beim Schachenhaus ist eine Fundgrube für Freunde der alpinen Flora. Neben den gängigen Alpenblumen wie Alpen-Kratzdistel und Enzian entdecken wir dort auch sehr seltene Pflanzen und Blumen aus den Gebirgen der Welt. Da sich viele Gebirgspflanzen nur unter großem Aufwand in tiefen Lagen kultivieren lassen, wurde bereits im Jahr 1900 auf Veranlassung des Münchner Botanikprofessors von Göbel am Schachen ein Alpengarten angelegt und ein Jahr später eröffnet. Der etwa einen Hektar große Garten befindet sich auf einer Höhe von 1850 Metern, die Arten sind nun nach geographischen Aspekten geordnet. Öffnungszeiten: Anfang Juli bis Mitte September tägl. 8–17 Uhr.

33

TOURENGEBIET

REISSENDES WASSER

Spaziergang durch die Partnachklamm, Besuch im höchsten Kirchdorf Deutschlands und eine weitere Abstiegsrunde am Hausberg

Die Abfahrt vom Berggasthaus Eckbauer erfolgt mit einer Kleinkabinenbahn. Kinder mit viel Energie wandern hingegen über das reizvolle Gebirgsdorf Wamberg hinab ins Tal.

ANFAHRT

Bahn/Bus: Werdenfelsexpress München – Garmisch-Partenkirchen.City-Bus zur Talstation der Eckbauerbahn. Von dort Pferdedroschkendienst zum Klammeingang. Zur Talstation der Hausbergbahn Busverbindung vom Hauptbahnhof.
Auto: Garmischer Autobahn bis Eschenlohe, B 2 bis zum Ortsanfang von Garmisch-Partenkirchen, bei der Straßenverzweigung links weiter Richtung Mittenwald, bis nach etwa 1 km rechts die Zufahrt zur Eckbauerbahn abzweigt; großer Parkplatz an der Talstation. Zur Talstation der Hausbergbahn vom Marktplatz in Garmisch auf der Alpspitzstraße; dort Parkplatz.

GEHZEITEN

Anstieg durch die Partnachklamm nach Vordergraseck: 1½Std.; Weiterweg zum Eckbauern: 1 Std.(Abfahrt mit der Eckbauerbahn); Weiterweg nach Wamberg: ¾ Std.; Abstieg zur Talstation: ¾ Std.; Abstieg vom Hausberg: 1½ Std.; Übergang zur Partnachklamm: ½ Std.

ANFORDERUNGEN

Allgemein: Die Runde kann auch in Etappen gegangen bzw. abgebrochen werden. Der Steig durch die Klamm ist an allen gefährlichen Stellen mit Geländer gesichert. Kleinere Kinder ans Seil nehmen bzw. an der Hand führen, da man zwischen den Querstreben durchschlüpfen kann. Im weiteren Verlauf keine ausgesetzten Stellen. Der letzte Teil des Anstiegs zum Eckbauer ist sehr steil, aufgrund der zahlreichen Serpentinen jedoch gut zu begehen. Wanderwege am Hausberg leicht.
Alter: Mit kleinen Kindern (ab 4 Jahren) besser die Route im Abstieg gehen, ansonsten ab 6 Jahren; Ausflug mit der Eckbauerbahn für alle Altersgruppen – von der Bergstation sind es nur wenige Min. auf breitem Weg zum Gasthaus; Hausberg ebenfalls für alle Altersgruppen.

AUSRÜSTUNG

Für die Begehung der Klamm je nach Jahreszeit Regenkleidung mitnehmen, besonders während der Schneeschmelze und nach Regenfällen starkes Tropfwasser. Taschenlampe sehr empfehlenswert, da es in den Felstunnels »rabenschwarz« sein kann.

HÜTTEN/EINKEHR

Lenz'nhütte am Klammeingang; Selbstbedienungsimbiss in der Wettersteinalm in Vordergraseck bzw. Hotel Graseck mit Selbstbedienungsimbiß in Hintergraseck; Berggasthaus Eckbauer, 1237 m (ganzjährig, Mi Ruhetag; Tel. 08821/2214); Gasthaus in Wamberg (ganzjährig, Fr Ruhetag); Garmischer Haus, 1330 m (ganzjährig, Di Ruhetag); Bayernhaus, 1258 m (privat, ganzjährig, 20 Betten; Tel. 08821/2828); evtl. Kochelbergalm.

HÖCHSTE PUNKTE

Berggasthaus Eckbauer, 1237 m; Bayernhaus, 1258 m.

KARTE

Topographische Karte 1:50000 Werdenfelser Land (BLVA).

Eine Durchquerung der 700 Meter langen Partnachklamm mit ihren bis zu 80 Meter hohen Felswänden ist sicher etwas Besonderes. Sie ist so ganz anders als die üblichen Touren und mutet fast wie eine Höhlenbefahrung an. Wir durchwandern ihre Tiefe, riechen das Gestein, das Moos und die Feuchtigkeit, hören das Tosen des Wassers, und wir zucken zusammen, wenn uns ein Tropfen ins Genick fällt. Noch bis in die sechziger Jahre dieses Jahrhunderts wurde durch die Partnachklamm Holz getriftet. Für touristische Zwecke hat man bereits im Jahr 1912 einen ersten gesicherten Steig angelegt, der immer wieder verbessert wurde. Nach einem Felssturz im Jahr 1991 wurde ein 108 Meter langer Tunnel in den Fels gesprengt, durch den wir heute wandern. An die relativ kurze Klammdurchquerung schließt sich eine kleine Bergwanderung der klassischen Art an, die uns nicht nur wieder ans Tageslicht, sondern sogar auf ein Gipfelchen und an mehreren Gasthöfen vorbeiführt.

Als eigenständige Wanderung – mit Abstecher zur Partnachklamm – kann auch die Runde am Hausberg empfohlen werden.

❶ Durch die Partnachklamm

Zur Freude der Kinder können wir die Strecke zum Eingang der Klamm ab dem Skistadion mit einer Pferdekutsche zurücklegen. Nach dem Entrichten der Eintrittsgebühr drängen wir uns in die enge Klamm und müssen nun oft hintereinander gehen, um den »Gegenverkehr« vorbeizulassen. Der gesicherte Steig führt an den steilen Felswänden entlang, durch dunkle Tunnels und vorbei an kleinen und großen Wasserkaskaden. Doch schon bald ist der aufregende Teil vorbei und wir treten wieder in die Sonne hinaus. Dann zweigt links der Weg hinauf zum Vordergraseck ab, wo wir gemütlich einkehren können. Planen wir keine Rückkehr durch die Klamm, so sollten wir uns einen Abstecher vom Vordergraseck zur Klammbrücke nicht entgehen lassen. In einer Viertelstunde steigen wir zur Brücke, die die Klamm überspannt, hinunter und schauen respektvoll in die Tiefe. Anschließend geht es rechts auf breitem Weg weiter in Richtung Hintergraseck, bis nach etwa 20 Minuten links

An den bis zu 80 Meter hohen, steilen Felswänden der Partnachklamm bilden sich im Winter bezaubernde Eisformationen.

der serpentinenreiche Weg hinauf zum Berggasthaus Eckbauer (1237 m) abbiegt. Steil, aber schattig erreichen wir den an aussichtsreicher Stelle gelegenen Berggasthof.

2 Abstieg über das idyllische Wamberg

Vom Berggasthof Eckbauer wandern wir auf dem breiten Höhenweg hinüber zur Bergstation der Eckbauerbahn – und könnten dann natürlich bequem in der Minigondelbahn talwärts schweben. Wir ziehen aber die reizvolle Abstiegsrunde über das idyllische Gebirgsdorf Wamberg vor. Eine Wegtafel zeigt uns die Richtung (Mark. WB 1). Wir wandern zunächst auf dem Höhenrücken leicht bergab und steigen bei der nächsten Wegverzweigung links den kleinen Wiesenrücken hinauf, der uns einen fantastischen Ausblick ermöglicht (Sitzbänke). Immer links haltend bummeln wir dann über weitläufige, baumdurchsetzte Bergwiesen hinab nach Wamberg (996 m). Dieses abgeschiedene Dörfchen (mit kleinem Wirtshaus) versetzt uns in eine andere Welt. Für den Rückweg folgen wir den Ausschilderungen in westlicher Richtung hinab durch den Wamberger Graben.

3 Kleine Runde am Hausberg

Die Auffahrt zur Bergstation der Hausbergbahn dauert zwar nur fünf Minuten, und dann könnten wir bereits unsere Talwanderung beginnen. Wir könnten allerdings auch noch beim Garmischer Haus vorbeischauen und die Kinder erst mal dort auf dem Spielplatz austoben lassen. Unser Weg führt dann zunächst hinüber zum aussichtsreich gelegenen Bayernhaus inmitten schöner Bergwiesen, wobei wir an der Bergstation vorübergehen und den links durch Wald hinabführenden Weg (Mark. P 2) nehmen. Danach in Kehren durch Wald und Wiesen, bei der Abzweigung links (Mark. P 3) zur beliebten Einkehrstation Kochelbergalm mit benachbartem kleinen Weiher. Von dort folgen wir weiterhin der Ausschilderung »Garmisch« (Mark. P 3) hinab zur Talstation.

3a Variante über die Partnachklamm

Etwas unterhalb des Bayernhauses zweigt rechts ein ausgeschilderter Steig ab, dem wir hinab bis zum Hohen Weg folgen. Dann rechts Richtung Partnachalm und bald links abwärts auf Steig zur Partnachklamm.

DIE ENTWICKLUNG EINES SCHMETTERLINGS

Aus Schmetterlingseiern schlüpfen nicht etwa kleine Schmetterlinge, sondern flügellose, walzenförmige Tiere – die Raupen. Erst wenn diese ausgewachsen sind, verlassen sie ihre Futterpflanze, um sich an einem geeigneten Ort zu verpuppen: Sie hängen sich kopfabwärts an Pflanzenstängel, verkriechen sich in der Erde oder spinnen aus einem langen Faden eine feste Hülle, den Kokon, um ihren Raupenkörper herum. Nun beginnt die Raupe ihren Körperbau und ihr Aussehen ganz und gar zu verändern. Neue Körperteile wie die Flügel entstehen, andere wie die Bauchfüße der Raupe dagegen verschwinden. Im Sommer schließlich befreit sich der Schmetterling aus der Puppenhülle, entfaltet seine Flügel und unternimmt erste Flugversuche.

DER LOWA-TIPP

Vom Ausgangspunkt beim Olympiastadion in Garmisch-Partenkirchen dürfen wir uns das Erlebnis einer Pferdekutschenfahrt nicht entgehen lassen. Auf der für den Individualverkehr gesperrten Fahrstraße traben die zwei Rösser bis zum Wendeplatz am Eingang zur Partnachklamm.
Ein nasses Vergnügen bietet neben der Partnachklamm das Kainzenbad gleich in Nähe des Ausgangspunktes: Eine Wasserrutschbahn, eine Sprunganlage und ein Strandcafé sorgen für Abwechslung und Entspannung nach der Wanderung.

34
TOURENGEBIET

AUF DAS WAHRZEICHEN VON GARMISCH

Auf einem ausgesetzten Klettersteig auf die Alpspitze; Alternative für alle: Eine Wanderung zur Hochalm und die Runde über den Osterfelderkopf

Gut gesichert, lässt sich auch die Alpspitze mit Kindern erklimmen.

ANFAHRT
Bahn/Bus: Mit dem Werdenfelsexpress im Stundentakt von München nach Garmisch. Zugspitzbahn zum Haltepunkt Kreuzeckbahn.
Auto: Garmischer Autobahn bis Eschenlohe, B 2 Richtung Griesen, kurz vor dem Ortsende von Garmisch zweigt links die Zufahrtsstraße zu den Talstationen der Kreuzeck- bzw. Osterfelderbahn ab; dort Parkplätze.

GEHZEITEN
Von der Bergstation der Osterfelderbahn über die Via ferrata: 2 Std.; Abstieg über den Nordwandsteig: 2 Std.; insgesamt: 4 Std.; Wanderung vom Kreuzeck zur Hochalm: ½ Std.; Runde über den Osterfelderkopf: 3 Std.

ANFORDERUNGEN
Allgemein: Die Klettersteige auf die Alpspitze wie auch der Abstieg setzen unbedingt Trittsicherheit und Schwindelfreiheit voraus. Nur mit großen Kindern gehen, die bereits auf anderen Klettersteigen Erfahrung gesammelt haben. Wanderung über die Hochalm zum Osterfelderkopf auf breitem Wander- bzw. Fahrweg.
Alter: Anstieg auf die Alpspitze ab 14 Jahren; Wanderung zur Hochalm für alle Altersgruppen; Aufstieg zum Osterfelderkopf ab 4 Jahren.

AUSRÜSTUNG
Für den Anstieg auf die Alpspitze Klettersteigausrüstung mit Sitz- und Brustgurt sowie zwei Sicherungskarabinern und Steinschlaghelm.

HÜTTEN/EINKEHR
Kioskbetrieb an der Bergstation der Osterfelderbahn; Kreuzeckhaus, 1650 m (AV-Haus, Kat. II, Mitte Mai bis Mitte November und Mitte Dezember bis Ostern, 58 Betten, 43 Lager; Tel. 08821/2202); Hochalm, 1705 m (privat, nahezu ganzjährig, Ostern bis Pfingsten und November bis Mitte Dezember geschlossen, 7 Betten, 30 Lager; Tel. 08821/2907).

HÖCHSTE PUNKTE
Alpspitze, 2628 m; Osterfelderkopf, 2030 m.

KARTE
Topographische Karte 1:50 000 Werdenfelser Land (BLVA).

Auch wenn die Zugspitze der höchste Gipfel des Wettersteingebirges ist, die markanteste Bergsilhouette rund um Garmisch wird doch von der Alpspitze geformt. Diese schöne Felspyramide wurde durch drei gesicherte Klettersteige gezähmt. Doch Vorsicht: »Eisenwege« bedürfen besonderer Achtsamkeit hinsichtlich der Wetterlage und mit Kindern unbedingt einer guten Klettersteigsicherung! Von allen im Buch vorgestellten Routen ist dies die anspruchsvollste und kann nur mit bergerfahrenen Kindern ab 14 Jahren durchgeführt werden. Wem die Unternehmung zu gewagt erscheint, der kann auf jeden Fall den beeindruckenden Anblick dieses schönen Berges auf einer leichten Wanderung vom Kreuzeckhaus zur Hochalm genießen. Dieser Abstecher lässt sich selbst mit den Kleinsten der Kleinen unternehmen. Für die etwas Größeren kann man dann noch die Runde über den Osterfelderkopf anschließen. Oder ein Elternteil macht die Tour über die Hochalm und erwartet den Rest der Familie am Osterfelderkopf. Schließlich muss man ja nicht jeden Schritt gemeinsam tun, wenn man mit der Familie unterwegs ist.

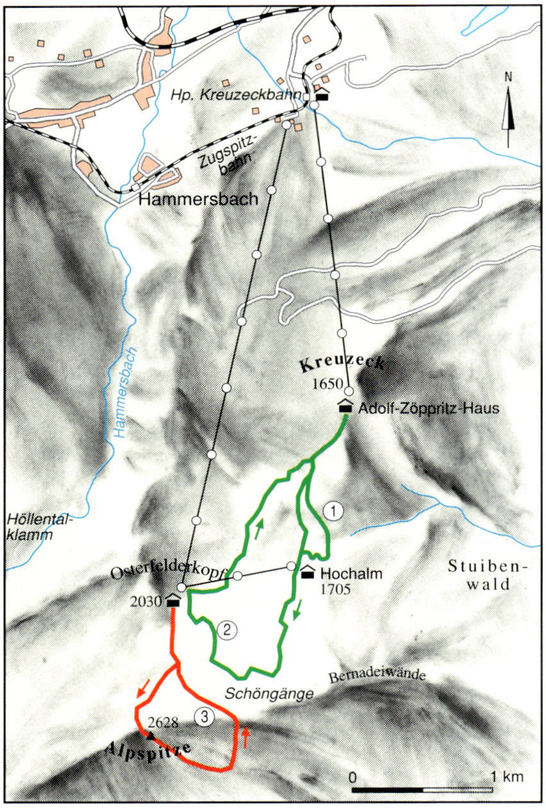

❶ Ein Abstecher für alle: Zur Hochalm
Der einfachste Zugang zur Hochalm gleicht einem Spaziergang. Nur leicht ansteigend führt der breite Almweg von der Bergstation der Kreuzeckbahn an die Felsen der Längenfelder heran und dann an diesen entlang zur schon von weitem sichtbaren Hochalm (1705 m). Von dort schwingt sich die Hochalmbahn hinauf zum Osterfelderkopf. Kleinere oder müde Kinder können dort oben bequem die Ankunft der größeren und gehtüchtigen erwarten, die den breiten Wanderweg unter die Bergschuhe genommen haben.

❷ Runde über den Osterfelderkopf
Von der Hochalm führt ein ausgebauter Wirtschaftsweg in einer großen Schleife durch die Felsbarriere der Aschenköpfe, zuletzt in weiten Serpentinen, hinauf zum Osterfelderkopf (2030 m), der zugleich Ausgangspunkt für größere Bergabenteuer darstellt. Am beliebtesten ist natürlich der Durchstieg der Alpspitze-Nordwand über die Via ferrata. Wir halten uns jedoch rechts und steigen über den freien Rücken wieder hinab zur Bergstation der Kreuzeckbahn.

Das alpine Wahrzeichen von Garmisch – die Alpspitze. Wer nicht ganz so hoch hinauf will, genießt den Anblick von der schnell erreichbaren Hochalm.

❸ Über die Via ferrata auf die Alpspitze

Die Alpspitze ist eine der formschönsten Berggestalten im Bereich der Nördlichen Kalkalpen. Seilbahnen führen hinauf in die Felsregion. Dort erwarten den Bergsteiger gleich sieben Anstiegswege; drei davon sind gut gesicherte »Eisenwege«, von denen der berühmteste die Via ferrata ist. Doch ihre beeindruckende Wirkung zeigt die Alpspitze erst, wenn man ihr zu Leibe rückt. Abgesehen von der attraktiven Form ist sie natürlich aufgrund ihrer zentralen Lage auch ein großartiger Aussichtsberg. Der klassische Anstieg führte früher über die so genannten Schöngänge, denen aber die in den 70er Jahren eingerichteten Klettersteige seit langem die Bedeutung genommen haben. Dabei stellt die Via ferrata den schnellsten und anspruchsvollsten Weg auf die Alpspitze dar. Der leichtere Nordwandsteig dürfte mittlerweile aber der beliebtere Anstieg sein.
Die Osterfelderbahn bringt uns von Garmisch-Partenkirchen in eine Höhe von 2030 Metern. Direkt vor der Bergstation zeigen Schilder den Weg zu den Routen. Zunächst steigen wir fast waagrecht in östlicher Richtung auf die Alpspitze-Nordwand zu, bis der Steig sich nach etwa 200 Metern nach rechts wendet. Markierungen weisen uns zum Beginn der Sicherungen. Nach einem ersten Leiterstück ist die Route nicht zu verfehlen, weil ständig drahtseilgesichert, hinauf zum 2628 Meter hohen Gipfel, der mit einem großen Kreuz geschmückt ist. Ein schrofiger Steig führt uns dann durch die karge Ostflanke der Alpspitze talwärts. Er leitet schräg hinüber an den Rand der Nordabstürze, wo, gut beschildert, der Nordwandsteig ansetzt, eine ebenfalls technisch gesicherte Steiganlage, die den Sockel der Alpspitze-Nordwand fast horizontal durchzieht und durch Leitern, Drahtseile und Tunnels »entschärft« wurde. Vom Ende des Nordwandsteigs erreichen wir dann in wenigen Minuten die Bergstation der Osterfelderbahn. Von dort können wir jedoch auch zum Kreuzeck hinabwandern.

ZIRBELKIEFER – WETTERBAUM DER ALPEN

Die immergrüne Zirbelkiefer, auch Zirbe oder Arve genannt, ist der charakteristische Baum der alpinen Hochlagen. Sie dringt bis in Höhen von 2400 Meter vor und trotzt mit ihren kräftigen, weit ausgreifenden Wurzeln und ihrem starken Stamm allen extremen Witterungsbedingungen. Oft ist die Zirbelkiefer ein von Stürmen, Blitzschlägen und Frost gezeichneter, knorriger Wetterbaum. Erkennbar ist sie an ihren zu fünft stehenden, auf der Unterseite bläulich-weiß gestreiften Nadeln. Die in einem dick-eiförmigen Zapfen reifenden Samen, die Zirbelnüsse, sind essbar. Das Holz der Zirbelkiefer ist hoch geschätzt für Schnitz- und Tischlerarbeiten. Weidebetrieb und überhöhte Wildbestände gefährden das natürliche Vorkommen der Zirbelkiefer in zunehmendem Maße.

DER LOWA-TIPP

Im Werdenfelser Museum im Ortsteil Partenkirchen (Ludwigstraße 47) können wir u. a. eine Dokumentation zur Erstbesteigung der Zugspitze sowie im Faschingsraum zahlreiche Masken mit Zubehör betrachten. Öffnungszeiten: Dezember bis Oktober Dienstag bis Freitag 10–13 Uhr und 15–18 Uhr, Samstag und Sonntag 10–13 Uhr; Tel. 08821/2134.

35

TOURENGEBIET

IM BANNE DER ZUGSPITZE

Eine Runde um den Eibsee, über das Hupfleitenjoch ins Höllental, zur Höllentalklamm und über die Riffelscharte

Kleine Wandergruppe am Hupfleitenjoch. Von dort bietet sich ein beeindruckender Blick in das Höllental und auf die Zugspitze.

ANFAHRT

Bahn/Bus: Werdenfelsexpress München – Garmisch-Partenkirchen. Zugspitzbahn zur Talstation der Kreuzeckbahn.
Auto: Garmischer Autobahn bis Eschenlohe, B 2 nach Garmisch-Partenkirchen und weiter Richtung Griesen, am Ortsende links ab zur Talstation der Kreuzeckbahn; dort Parkplatz. Zum Eibsee noch 1,3 km weiter Richtung Griesen, dann links ab.

GEHZEITEN

Eibseerunde: 1½ Std.; Abstieg zur Höllentalangerhütte: 2 Std.; Abstieg durch die Höllentalklamm: 1½ Std.; Aufstieg über die Riffelscharte von der Höllentalangerhütte zum Haltepunkt Riffelriß: 3 Std.

ANFORDERUNGEN

Allgemein: Die Eibseerunde ist ein Spazierweg. Zur Höllentalangerhütte Trittsicherheit und Schwindelfreiheit erforderlich, z. T. gesicherter Steig. Der Anstieg zur Riffelscharte erfolgt auf z. T. gesichertem Bergsteig; Trittsicherheit, Schwindelfreiheit und etwas Kondition Voraussetzung.
Alter: Eibseerunde für alle Altersgruppen; Bergwege rund ums Höllental ab 8 Jahren; Übergang über die Riffelscharte ab 14 Jahren und mit alpinen Vorkenntnissen.

AUSRÜSTUNG

Für die Höllentalklamm Regenschutz und Taschenlampe sinnvoll; für die Riffelscharte Klettersteigsicherung.

HÜTTEN/EINKEHR

Kreuzeckhaus, 1652 m (AV-Haus, Kat. II, Mitte Mai bis Anfang November bewirtschaftet, 58 Betten, 43 Lager; Tel. 08821/2202); Höllentalangerhütte, 1387 m (AV-Hütte, Anfang Juni bis Mitte Oktober bewirtschaftet, 90 Lager; Tel. 08821/8811); Eibseehotel und Eibseealm (beide fast ganzjährig bewirtschaftet).

HÖCHSTE PUNKTE

Hupfleitenjoch, 1754 m; Riffelscharte, 2236 m.

KARTE

Topographische Karte 1:50000 Werdenfelser Land (BLVA).

Im Eibsee spiegelt sich die ganze Felsenpracht des Wettersteingebirges im Kleinformat wider. Die Schroffheit der Nordabstürze der Zugspitze und der waldumsäumte Bergsee mit seinen Miniinseln ist ein idealer Auftakt für eine Erkundung dieses felsigen Gebirges, das immerhin mit dem höchsten Gipfel des deutschen Anteils aufwarten kann. Nach dieser sicher nicht einsamen Erkundung wollen wird dem Hochgebirge etwas näherrücken, fahren hinauf zum Kreuzeck, bestaunen die Alpspitze und die Zugspitze aus der Nähe und gehen dann hinunter über einen eindrucksvollen Steig zum weiten Boden des Höllentalangers und durch die tosende Höllentalklamm. Für die alpin bereits erfahrenen Kinder bietet sich auch der Übergang über die Riffelscharte an, der mit der Abfahrt in der Zugspitzbahn gekrönt werden kann.

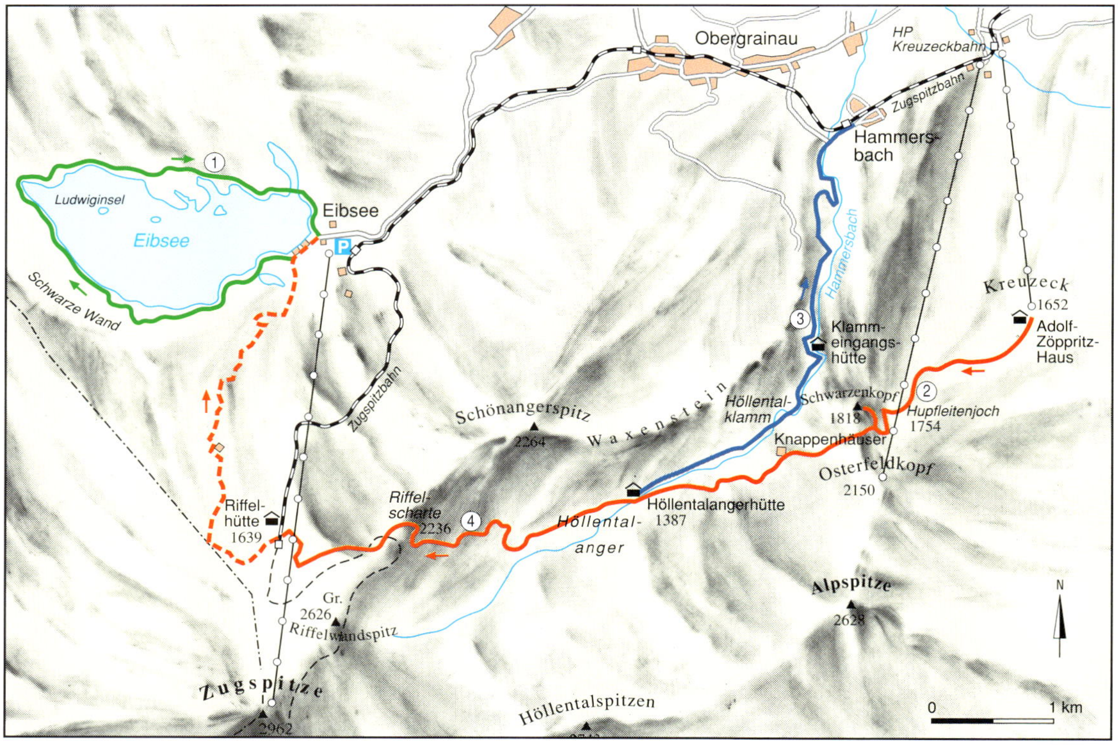

❶ Rund um den Eibsee

Wir starten bei der Hotelsiedlung Eibsee und halten uns auf schmaler Straße südwestwärts, wandern dann am Frillensee und am Freibad vorbei und erreichen einen komfortablen Fußweg. Er durchzieht das alpine Gelände rund um den Eibsee: Steil brechen die Bergflanken zum See hin ab. Den höchsten Punkt der Wanderung überschreiten wir bei einer Höhe von 1020 Metern. Wenn wir den westlichen Uferabschnitt erreichen, wird es wieder flacher. Beschaulicher, dabei jedoch

Im Eibsee spiegeln sich die steilen Felswände der Zugspitze. Rund um den See gibt es jede Menge Abwechslung.

abwechslungsreich und anregend führt unser Weg nun am Nordufer durch bizarres Gelände – hier hat ein prähistorischer Bergsturz die Landschaft eindrucksvoll gegliedert. Die Blicke zum Zugspitzmassiv sind beeindruckend. Zuletzt überqueren wir eine Bucht auf langem Steg zurück zum Ausgangspunkt.

2 Über das Hupfleitenjoch

Wir fahren mit der Gondelbahn aufs Kreuzeck und schlendern dann vor dem großartigen Zugspitzpanorama eine knappe Stunde hinüber zum Hupfleitenjoch (1754 m) – mit einem viertelstündigen Umweg zum 1818 Meter hohen aussichtsreichen Schwarzenkopf. Vom Hupfleitenjoch geht es in vielen, teilweise drahtseilgesicherten Serpentinen hinab ins Höllental – also Achtung! Nach einer halben Stunde haben wir die unbewirtschafteten Knappenhäuser erreicht. Hier wurde einmal Bergbau betrieben. Die Stollen befinden sich unterhalb der Knappenhäuser im Fels. Der Weg führt weiter bergab, und wir erreichen nach nochmals einer halben Stunde die Höllentalangerhütte (1387 m).

3 In die Höllenbachklamm

Von der Höllentalangerhütte wandern wir talwärts und erreichen bald den Eingang zur Höllentalklamm. Wir gehen, begleitet vom tosenden und sprühenden Wasser, durch beleuchtete Tunnels, über eine Brücke, passieren einen Wasserfall und kommen so etwa einen Kilometer weit durch die wildromantische Klamm bis zu deren Ende, wo wir eine kleine Mautgebühr entrichten müssen. Dort erwartet uns dann noch die urige Klammeingangshütte.

4 Über die Riffelscharte

Diese Tour ist nur im Sommer und Frühherbst möglich. Von der Höllentalangerhütte wandern wir zuerst in den Talhintergrund. Dort führt der markierte Weg rechts vom Zugspitzweg ab in eine kleine, mit Seilen gesicherte Klamm. In steilen Serpentinen weiter hinauf und links haltend zur bewachsenen unteren Mulde des Riffelkars. Nun rechts, wieder links hinauf zur oberen Kar und über Geröll ansteigend zur Riffelscharte (2236 m). Anschließend rechts auf die Nordseite des Riffeltorkopfes. Über eine drahtseilgesicherte Felsplatte hinunter zur Riffelreise und links zur Station Riffelriß der Zugspitzbahn (oder auf Steig durch Hochwald hinab zum Eibsee).

WEGMARKIERUNGEN

Damit Wanderer den richtigen Weg leichter finden, bringen die Mitglieder der Wandervereine und der Sektionen des Deutschen Alpenvereins gut sichtbare Markierungen an Felsen, Bäumen und Steinen an. Für einen Weg gilt immer dasselbe Zeichen, an Verzweigungen weisen oft zusätzlich Richtungspfeile und namentliche Ausschilderungen die Route. Die Markierung und Ausschilderung der Wege, Pfade und Steige geschieht in freiwilliger, ehrenamtlicher Gemeinschaftsarbeit. Hunderttausende von Kilometern an Wanderwegen werden in Deutschland auf diese Weise markiert – und doch gibt es immer wieder Wanderer, die sich verirren. Markierungen können durch Witterungseinflüsse unlesbar geworden sein; in neuerer Zeit häufen sich auch mutwillige Zerstörungen. So ist es vor allem bei längeren Gebirgswanderungen unerlässlich, eine Wanderkarte dabei zu haben.

DER LOWA-TIPP

Originalgetreu eingerichtete Bauernhöfe, historische Dorfwerkstätten (Mühle, Säge, Hammerschmiede, Wetzsteinmacherei) sowie ein alter Kramerladen erwarten uns im Freilichtmuseum Glentleiten bei Großweil. In regelmäßigen Abständen werden auch alte Handwerkstechniken (Sattlerei, Schäfflerei, Weberei) demonstriert. Öffnungszeiten: April bis Oktober Dienstag bis Sonntag 9–18 Uhr; Tel. 08851/185-10.

36

TOURENGEBIET

IN DEN MIEMINGER BERGEN

Zwei romantische Seeaugen in einem wilden Felsenkessel, eine urige Hütte, eine Gipfeleinlage und ein Abstecher ins Jagdgebiet Ludwig Ganghofers

Rast bei der Ehrwalder Alm, auf dem Sattel zwischen Wetterstein und Mieminger Bergen, den wir bequem mit der Ehrwalder-Alm-Bahn erreichen können. Von hier haben wir zahlreiche Wandermöglichkeiten. Im Hintergrund sehen wir die steil aufragende Ehrwalder Sonnenspitze.

ANFAHRT

Bahn/Bus: Werdenfelsexpress München – Garmisch. Zug nach Pfronten-Steinach bis zum Bahnhof Ehrwald. Zu Fuß zur Talstation der Ehrwalder-Alm-Bahn.

Auto: Garmischer Autobahn bis Eschenlohe, B 2 nach Garmisch, rechts zum Grenzübergang Griesen, weiter nach Ehrwald, in Ortsmitte links zur Talstation der Ehrwalder-Alm-Bahn; dort Parkplatz.

GEHZEITEN

Von der Ehrwalder Alm zur Coburger Hütte: 2½ Std.; Anstieg auf den Hinteren Tajakopf: 1½ Std.; Abstieg entweder über den Hohen Gang oder über die Ehrwalder Scharte nach Ehrwald: 2½ Std.; Abstieg durchs Brendlkar zur Ehrwalder Alm: 21/2 Std.; ins Gaistal: hin und zurück 4 Std.

ANFORDERUNGEN

Allgemein: Der Weg zur Coburger Hütte ist breit und leicht begehbar, lediglich das letzte Stück ist etwas steil und schmal. Der Anstieg auf den Hinteren Tajakopf und der Abstieg durchs Brendlkar erfordern Trittsicherheit und Schwindelfreiheit. Wer die letzten Meter am Gipfel nicht gehen will, rastet etwas unterhalb. Der Übergang nach Ehrwald erfolgt auf stellenweise angesetztem Bergsteig; Trittsicherheit und Schwindelfreiheit erforderlich.

Alter: Zur Coburger Hütte und Abstieg nach Ehrwald ab 5 Jahren; der Abstieg (oder Anstieg) über den Hohen Gang erst ab 10 Jahren; Gipfelweg ab 10 Jahren; zur Ehrwalder Alm mit Bahn oder zu Fuß und Abstecher ins Gaistal für alle Altersgruppen.

HÜTTEN/EINKEHR

Coburger Hütte, 1917 m (AV-Hütte, Kat. I, Mitte Juni bis Mitte Oktober bewirtschaftet, 6 Betten, 80 Lager 20 Notlager; Tel. 0043/663/553 66); Ehrwalder Alm, 1502 m (privat, nahezu ganzjährig bewirtschaftet, Übernachtung); Seebenalm, 1575 m (privat, Mitte Juni bis Mitte September einfach bewirtschaftet); Gaistalalm, 1356 m (privat, ganzjährig); Tillfußalm, 1382 m (privat, Mitte Juni bis Mitte Oktober).

HÖCHSTE PUNKTE

Coburger Hütte, 1917 m; Hinterer Tajakopf, 2408 m.

KARTE

Topographische Karte 1:50 000 Werdenfelser Land (BLVA).

Die Mieminger Berge auf der Südseite des Wettersteingebirges sind in der Regel wenig besucht. Sie weisen aber ein alpines Schmuckstück auf, das besonders für eine Wanderung mit Kindern ideal ist: Im Felszirkus rund um Seebensee und Drachensee gibt es nicht nur einen relativ leicht ersteigbaren Gipfel und viele Murmeltiere, auch die Coburger Hütte eignet sich sehr gut für einen Aufenthalt mit Kindern. Kinder bis sechs Jahre übernachten sogar kostenlos, und selbst ein Gepäcktransport ist möglich. Im Umfeld der Hütte gibt es zudem noch einen Klettergarten. Wenn wir für den Anstieg auch noch die bequeme Gondelbahn zur Ehrwalder Alm einplanen, die uns 400 Höhenmeter erspart, dann steht einem hochalpinen Vergnügen nichts mehr im Wege. Als Abschluss machen wir einen Abstecher ins Gaistal, das von jeher ein intensiv bewirtschaftetes Almgebiet und ein beliebtes Jagdgebiet war. Dort wandern wir auf den Spuren Ludwig Ganghofers, des Verfassers populärer Heimatromane.

❶ Zur Coburger Hütte

Die Ehrwalder-Alm-Bahn befördert uns schnell auf eine Höhe von 1502 Metern. Dort wandern wir über Almwiesen talein und halten dann auf den rechts liegenden Bergrücken zu. Ein bequemer Almfahrweg bringt uns in mäßiger Steigung durch Wald zur bewirtschafteten Seebenalm und zum nahe gelegenen Seebensee. Links am See vorbei und auf einem schmalen Bergsteig steil in Serpentinen durch einen latschenbestandenen Hang hinauf zur Coburger Hütte (1917 m) über dem Drachensee.

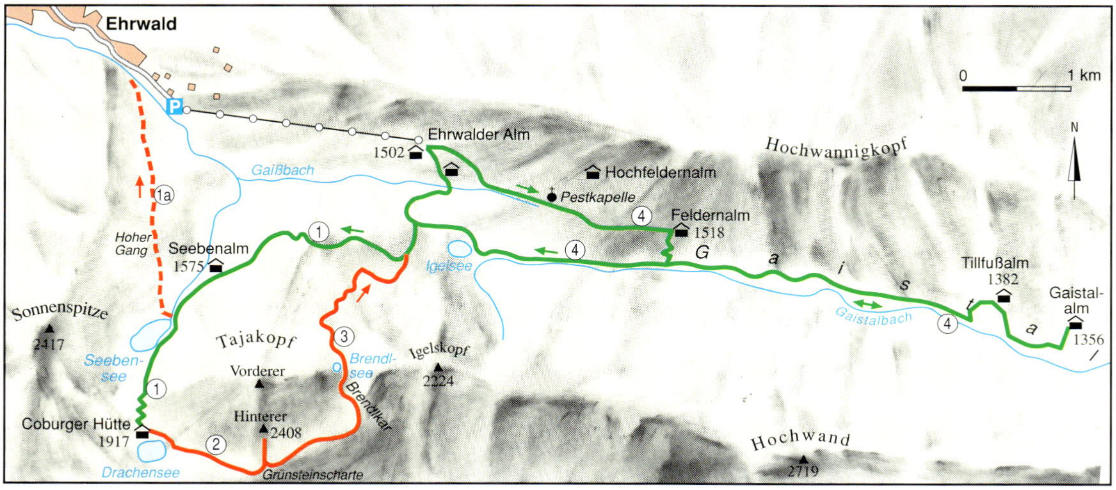

❶a Variante über den Hohen Gang

Mit größeren Kindern, die trittsicher und schwindelfrei sind, steigen wir nach dem

Der Drachensee knapp unterhalb der Coburger Hütte ist neben dem Seebensee der zweite reizvolle kleine Bergsee auf unserer Runde in den Mieminger Bergen.

Seebensee linker Hand kurz bergan und folgen dem Hohen Gang direkt hinab zur Straße nach Ehrwald. Der Steig ist an den entscheidenden Stellen mit Drahtseilen gesichert.

❷ Auf den Hinteren Tajakopf

Von der Coburger Hütte hinab zum Drachensee, dann jenseits auf markiertem Steig hinauf über das Drachenkar bis unter die Nordwände der Westlichen Griesspitzen. Bei der Wegverzweigung links und nun fast eben über den langen Geröllhang hinüber zum Hinteren Tajatörl (2257 m). Dort queren wir links um den ersten Felsaufbau herum und steigen den Geröllhang hinauf zum begrünten Sattel am Beginn des Gipfelgrats. Weniger Trittsichere können hier Brotzeit machen, die anderen folgen dem Grat zum aussichtsreichen Gipfel des Hinteren Tajakopfes (2408 m).

❸ Abstieg durchs Brendlkar

Eine abwechslungsreiche Möglichkeit, wieder die Ehrwalder Alm zu erreichen, führt durch das steile Brendlkar auf der Ostseite der Tajaköpfe hinunter zur Gaistalstraße. An der Route liegt der kleine Brendlsee, und etwas unterhalb davon finden wir einen Miniwasserfall. Der weitere Abstieg ist steiler und verläuft im unteren Teil auf dem Ganghofersteig durch Wald, bis wir auf einen querführenden Weg stoßen. Dort rechts weiter durch Wald hinunter zum Knappensteig, auf dem wir hinauf zur Coburger Hütte gewandert sind.

❹ Abstecher ins Gaistal

Bei diesem Ausflug in das Jagdrevier Ludwig Ganghofers müssen wir einen kleinen Höhenverlust von knapp 150 Metern hinnehmen. Von der Ehrwalder Alm folgen wir zunächst dem Almfahrweg in östlicher Richtung zum Gaißbach, halten uns bei der Weggabelung links und gelangen so hinauf zur Pestkapelle. Nun immer durch Wald zur Feldernalm (1518 m) und hinunter ins Gaistal, wo wir auf den Gaistalbach treffen. Auf dem Almfahrweg nun überwiegend durch Wald leicht fallend bis zur Gaistalalm (1356 m). Von hier führt ein Verbindungsweg hinüber zur Tillfußalm (1382 m). Etwas oberhalb befindet sich das ehemalige Jagdhaus Ludwig Ganghofers, dem wir einen Besuch abstatten können. Auf dem Herweg wandern wir dann wieder hinauf zu unserem Ausgangspunkt, der Ehrwalder Alm.

MURMELTIERE

Oberhalb der Baumgrenze leben auf den Bergwiesen der Alpen, Pyrenäen und Karpaten die eichhornähnlichen Murmeltiere in großen Familien. Diese pelzigen, gedrungenen Tiere sind außerordentlich wachsam. Sie sitzen gern aufrecht auf den Hinterbeinen und stoßen bei Gefahr schrille Schreie aus. Mit seinen großen Krallen gräbt sich das Murmeltier verzweigte Erdhöhlen, die bis zu zehn Meter in den Berg hineinreichen können. In der Winterhöhle liegt die Familie dicht beieinander und hält einen acht Monate langen Winterschlaf. In dieser Zeit zehren die Tiere von einer dicken Fettschicht, die sie sich den Sommer über angefressen haben. Die Alpenbewohner stellten früher den Murmeltieren am Ende des Sommers nach, um ihr Fleisch zu essen. Auch heute noch wird ihr Fett als Heilmittel verwendet.

DER LOWA-TIPP

Das romantische Gaistal auf der Südseite des Wettersteingebirges atmet noch die Schönheit unberührter Natur. Das Revier ist reich an Rot- und Gamswild sowie an Adlerhorsten. Ludwig Ganghofer, der Autor zahlreicher Heimatromane, hatte hier seinen Lieblingsaufenthaltsort. In seinem Roman »Das Schweigen im Walde« hat er diesem Tal ein Andenken gesetzt. Im Forsthaus Hubertus, dem Ganghoferhaus, entstanden weitere Werke. Ein Wanderweg durch das Tal hat nun seinen Namen erhalten.

AMMER-GAUER ALPEN

Der Maurische Kiosk im Schlosspark von Linderhof (oben).
Blick vom Anstiegsweg zum Teufelstättkopf auf die Pürschlinghäuser. Dahinter – über dem Graswangtal – erhebt sich das Massiv der Notkarspitze (links).

Das waldreiche Ammergebirge bietet uns zwei Königsschlösser, reizvolle kleine Bergseen, zwei romantische Schluchten und gesicherte kurze Gipfelanstiege. Wir wandern auf aussichtsreichen Plateauwegen zu einer Burgruine, besuchen den steilen Kofel, und bewundern am Laber und Tegelberg die Künste der Drachen- und Gleitschirmflieger. Mit den Pürschlinghäusern und dem Murnauer Moos finden wir auch Ganzjahreswanderziele. Am Hörnle genießen wir den freien Blick und besuchen zum Abschluss das Naturdenkmal der Schleierfälle

37

TOURENGEBIET

AM FUSS DES KRAMERS

Auf dem Kramerplateauweg über Garmisch mit Abstecher zum Gasthaus St. Martin, zum Pflegersee und zur Burgruine Werdenfels

ANFAHRT
Bahn/Bus: Werdenfelsexpress München – Garmisch-Partenkirchen. City-Bus zum Kramerplateauweg bei der Almhütte Grainau.
Auto: Garmischer Autobahn bis Eschenlohe, B 2 nach Garmisch, dort weiter Richtung Griesen, beim Tierasyl rechts und hinauf zum Parkplatz am Kramerplateauweg bei der Almhütte Grainau; dort Parkplatz. Oder Abzweigung zur Bayernhalle (dort Parkplatz) oder rechts auf der Pflegerseestraße aufwärts zum Pflegersee; dort ebenfalls Parkplätze.

GEHZEITEN
Kramerplateauweg: Hin und zurück 3 Std.; Anstieg zum Gasthaus St. Martin: 1½ Std.; Abstieg: 1 Std.; Runde über die Burgruine Werdenfels und zurück auf dem Kellerleitensteig: 4 Std.

ANFORDERUNGEN
Allgemein: Breite Spazierwege ohne ausgesetzte Stellen, auch für Gruppen geeignet. Der Kellerleitensteig ist schmal mit zahlreichen Stufen.
Alter: Für alle Altersgruppen sehr gut geeignet.

HÜTTEN/EINKEHR
Gasthaus St. Martin, 1028 m (privat, ganzjährig, Betriebsferien nach Ostern und von Mitte November bis Mitte Dezember, Di Ruhetag); Gasthaus Pflegersee, 854 m (privat, mit Ausnahme von Mitte November bis Mitte Dezember ganzjährig, Betriebsschluß 18 Uhr); Werdenfelser Hütte bei der Burgruine Werdenfels (ganzjährig einfach bewirtschaftet); Almhütte Grainau (ganzjährig bewirtschaftet).

HÖCHSTE PUNKTE
Gasthaus St. Martin, 1028 m und am Kellerleitensteig.

KARTE
Topographische Karte 1:50 000 Werdenfelser Land (BLVA).

Die Burg Werdenfels hat der Landschaft um Garmisch-Partenkirchen ihren Namen gegeben. Die noch verbliebenen Ruinen der ehemals großen Burganlage aus dem Mittelalter machen auf Kinder immer noch großen Eindruck und beflügeln die Fantasie. In der Wettersteinhütte gleich nebenan finden wir eine gemütliche Einkehr.

Das Bild von Garmisch-Partenkirchen wird vom massiven Wettersteingebirge dominiert. Am Eingang des Werdenfelser Landes, am Fuß des Kramers, finden wir jedoch beschauliche Spazierwege und zwei reizvolle kleine Seen. Am Ende unserer Wanderung können wir dann beispielsweise nicht nur einen Badeaufenthalt, sondern auch eine Ruderpartie am Pflegersee einlegen. An der Route liegt auch die Burgruine Werdenfels, die dem Landstrich seinen Namen gegeben hat. Die Burg war einstmals eine der größten im ganzen Oberland. Bis ins 17. Jahrhundert residierten dort die sogenannten Pfleger, die für Recht und Ordnung zuständig waren. Um diese Zeit wurde auf der Burg jedoch auch das traurigste Kapitel geschrieben. Damals wütete die Inquisition im Land, und vor allem Frauen wurden in zahlreichen Hexenprozessen gemartert, verurteilt und in die Burgverliese eingesperrt. Heutzutage können wir inmitten der verbliebenen Ruinenreste schön Brotzeit machen und auf das unter uns liegende, friedliche Land schauen.

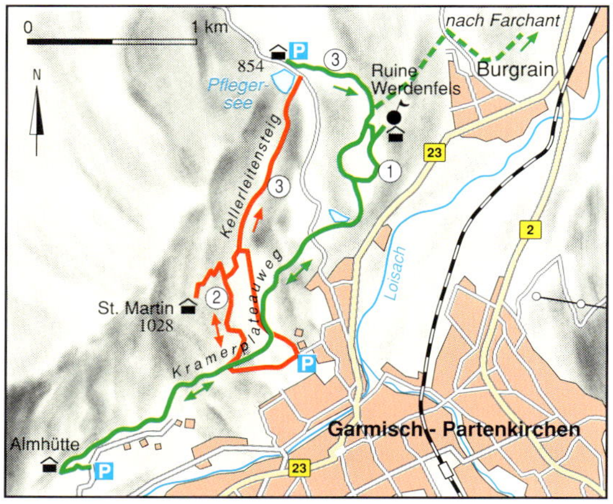

❶ Auf dem Kramerplateauweg zur Ruine Werdenfels

In diesen sehr schönen Aussichtsweg über Garmisch (der sich auch ideal für einen Ausflug im Winter eignet) können wir an mehreren Stellen einsteigen. Da er auch als Lehrpfad angelegt ist, erfahren wir so ganz nebenbei einiges über das Naturschutzgebiet, in dem wir uns hier befinden. Wir starten fast am Westende des Weges bei der Gaststätte Almhütte Grainau, wo Zugangswege direkt auf den breiten Wanderweg führen. Im leichten Auf und Ab bummeln wir dann überwiegend durch schattigen Wald in Richtung Osten. Schöne Rastplätze mit Sitzbänken laden immer wieder zum Verweilen ein. Wir queren die Zufahrtsstraße zum Pflegersee und kommen dann zur Burgruine Werdenfels, wo wir in der nahen Werdenfelser Hütte einkehren können. Falls wir den Weg nicht wieder auf derselben Route zurücklegen wollen, können wir ihn mit dem Kellerleitensteig kombinieren. Oder wir nehmen den ausgeschildeten, von der Burgruine Werdenfels nach Farchant hinunterführenden Weg, von wo aus wir mit dem Bus zum Ausgangspunkt zurückkehren können.

❷ Zum Gasthaus St. Martin am Grasberg

Von der Ortsmitte in Garmisch-Partenkirchen weisen mehrere Schilder zum Kramer und damit auch zum Gasthaus St. Martin, das nach dem Schutzparton von Garmisch benannt ist. Wir nehmen jedoch unseren Ausgangspunkt bei der Bayernhalle beim Garmischer Friedhof. Dort wandern wir links auf dem schmalen Fahrweg hinauf zum Kramerplateauweg, wo wir auf einen großen, holzgeschnitzten Weg-

Am Pflegersee finden wir eine kleine Badeanstalt, einen Ruderbootverleih und eine Einkehrstation.

weiser treffen. Hier halten wir uns rechts und folgen der Ausschilderung »St. Martin« (K 1). Ein breiter, aber abwechslungsreicher Fahrweg führt uns durch Wald zuerst langsam ansteigend, dann immer steiler hinauf zur schönen alten Hütte am Grasberg (1028 m). Neben der gemütlichen Einkehr ist es vor allem der Panoramablick von der Terrasse auf das Karwendel und das Wettersteingebirge, der uns hier oben fasziniert. Abstieg wie Aufstieg.

3 Pflegersee und Kellerleitensteig

Wir starten unsere Rundtour bei den Parkplätzen am Pflegersee. Zuerst gehen wir 200 Meter auf der Zufahrtssststraße talwärts, dann führt links der parallel verlaufende Fußweg weiter. Dort, wo dieser wieder auf die Zufahrtsstraße trifft, zweigt links ein unbefestigter Fahrweg ab. Diesem folgen wir und wandern durch Wald hinüber zur Burgruine Werdenfels mit der Einkehrstation Werdenfelser Hütte. Anschließend gehen wir den Zufahrtsweg ein Stück zurück und folgen dann dem links abzweigenden breiten Weg (Kramerplateauweg). Nun leicht fallend zu einem Holzlagerplatz. Dort zweigt rechts ein schattiger Weg ab (K 9), dem wir folgen. Bei der nächsten Wegverzweigung links haltend weiter auf schönem Waldweg zum Schmölzer See. Hier gibt es hübsche Rastplätze mit Bänken sowie Informationstafeln, von denen wir erfahren können, dass sich in diesem kleinen See nicht nur Karpfen, sondern sogar Hechte tummeln. Wir umrunden den See im Linksbogen, wandern hinauf zur Pflegerseestraße, überqueren diese und gehen auf schönem, schattigem Höhenweg leicht ansteigend aufwärts, bis von rechts wieder der Kramerplateauweg einmündet. Auf diesem eben weiter, vorbei an einem kleinem Brunnen mit Trinkwasser, bis zu einem weiteren einladenden Rastplatz mit überdachter Sitzbank. Bald zweigt rechts der Grasleitensteig ab. Er führt – teilweise als Treppensteig – steil bergan, bis von links der Verbindungsweg vom Berggasthaus St. Martin einmündet. Nun wandern wir nahezu eben durch schönen Mischwald in entgegengesetzter Richtung zurück. Dort, wo der Weg zum Pflegersee hin abfällt, können wir nochmals auf einer kleinen Waldlichtung mit überdachten Sitzbänken eine Rast einlegen. Dann spazieren wir zurück zum Ausgangspunkt.

WIE ERNÄHREN SICH PILZE?

Pilze leben von den Nährstoffen abgestorbener Pflanzen oder gehen Lebensgemeinschaften, so genannte Symbiosen, mit anderen Pflanzen ein. Viele Pilzarten im Wald umspinnen die feinen Wurzeln der Bäume und tauschen mit ihnen Nährstoffe aus. So siedelt sich der Butterpilz mit Vorliebe am Fuß einer Kiefer an, der Birkenpilz lebt unter Birken, und unter Fichten findet sich oft in großen Mengen der orangerote Fichtenreizker. Andere Pilzarten wie der einladenden Hallimasch leben hingegen vom Holz abgestorbener, manchmal auch noch lebender Bäume. Pilze, die sich von organischen Abfallstoffen wie Laub, Nadelstreu und Holz ernähren, spielen eine entscheidende Rolle im ökologischen Gleichgewicht der Natur.

DER LOWA-TIPP

Einen Abstecher wert ist Schloss Linderhof im Graswangtal. An der Stelle eines ehemaligen Jagdhauses ließ Ludwig II. 1874 die königliche Villa Linderhof erbauen. Die prächtige Innenausstattung orientiert sich am Rokoko. Der reizvolle Schlossgarten geht nahtlos in den Hochgebirgswald über und zeigt exotische Bauten und seltene Pflanzen. Sehenswert sind vor allem die Venusgrotte und der Maurische Kiosk. Öffnungszeiten: April bis September tägl. 9–12.15 Uhr und 12.45–17.30 Uhr, Oktober bis März tägl. 10–12.15 Uhr und 12.45–16 Uhr; Tel. 08822/3512.

38

TOURENGEBIET

IM PFAFFENWINKEL

Eine reizvolle Rundwanderung durchs Murnauer Moos, auf den Bad Kohlgruber Hausberg und ein Abstecher zum Naturdenkmal Schleierfälle

ANFAHRT
Bahn/Bus: Bahnlinie München – Murnau, Bahnstation Grafenaschau und weiter über Bad Kohlgrub und Saulgrub.
Auto: Garmischer Autobahn, Ausfahrt Murnau/Kochelsee, weiter nach Murnau; Parkplatz am südlichen Ortsrand beim Ramsachkircherl für die Wanderung im Murnauer Moos. Oder Weiterfahrt bis Bad Kohlgrub, dort links zur Talstation der Hörnlebahn. Oder weiter bis Saulgrub, dann links bis zur Bahnlinie, vor dem Übergang rechts in die Achelestraße und auf schmalem Sträßchen noch knapp 4 km bis zum Wanderparkplatz an der Ammerbrücke (Ende der Fahrstraße).

GEHZEITEN
Rundweg durchs Murnauer Moos: 3 Std.; Aufstieg zur Hörnlehütte: 1½ Std.; Übergang zum Hinteren Hörnle: 1¼ Std.; Rückweg zur Hörnlehütte: 1¼ Std.; Abstieg nach Bad Kohlgrub: 1 Std.; zu den Schleierfällen: hin und zurück: 2½ Std.

ANFORDERUNGEN
Allgemein: Durchs Murnauer Moos breiter Wanderweg bzw. Bohlensteig. Leichte Wanderwege am Hörnle. Zu den Schleierfällen abwechslungsreicher Waldweg bzw. Steig mit einigen kleinen Brücken.
Alter: Murnauer Moos für alle Altersgruppen; Hörnle und Schleierfälle ab 4 Jahren.

HÜTTEN/EINKEHR
Gasthaus Ähndl mit schönem Biergarten beim Ramsachkircherl (außer November ganzjährig, Do Ruhetag); Hörnlehütte, 1390 m (AV-Hütte, Kat. II, mit Ausnahme von April und November ganzjährig, Übernachtung nur nach Voranmeldung, 23 Lager; Tel. 08845/2 29); Naturfreundehaus und Gasthof zur Post in Saulgau.

HÖCHSTER PUNKT
Hinteres Hörnle, 1548 m.

KARTE
Topographische Karte 1:50 000 Pffaffenwinkel – Staffelsee und Umgebung (BLVA).

Das Naturdenkmal der Schleierfälle am Südufer der Ammer darf nicht betreten werden, um die dort wachsenden zarten Moose nicht zu zerstören. An der Uferbank davor haben wir jedoch ausreichend Platz für eine Brotzeit und können dieses reizvolle Naturschauspiel von dort aus gut betrachten.

Der Pfaffenwinkel hat seinen Namen wegen seiner in Deutschland einzigartigen Klösterdichte. Wir beginnen unseren Abstecher dorthin allerdings noch im Werdenfelser Land mit einer Wanderung durch eine der großartigsten Moorlandschaften nicht nur des bayerischen Alpenvorlandes, sondern ganz Mitteleuropas: durchs Murnauer Moos. Vor der grandiosen Kulisse des Wettersteingebirges können wir das ganze Jahr über auf bequemen Wanderwegen eine artenreiche Natur erleben. Einen freien Blick auf das Alpenvorland und das Ammergebirge genießen wir vom Bad Kohlgruber Hausberg. Etwas feuchter geht es zu bei der Wanderung zu den Schleierfällen, einem Naturdenkmal an der Ammer. Dort können wir ein seltenes Naturschauspiel beobachten: Gespeist von einer Quelle im Uferhang der Ammer rieselt das Wasser in schleierartigen Wasserfäden über das intensive Grün der moosbesetzten Felswand. Mit etwas Glück können wir auch eine seltene Fauna beobachten, beispielsweise den Flussuferläufer, die Haselmaus, den Uhu und den Blauen Schillerfalter (Informationstafeln am Ausgangspunkt). Achtung: Während der Vogelbrutzeit (Mitte April bis Mitte Juli) dürfen die Ufer nicht betreten werden!

❶ Sommer wie Winter: Durchs Murnauer Moos

Wir beginnen unsere Wanderung beim Ramsachkircherl. Dort queren wir den Bach – und befinden uns bereits im Moos. Ein als Rundweg ausgeschildertes Forststräßchen führt nun am Bach, der Ramsach, entlang südwestwärts. Nach einer knappen Stunde verzweigt sich der Weg. Rechts geht es durch weite Wiesen auf den Wald zu, an dessen Rand sich sehr schön Brotzeit machen lässt. Nun führt der Weg in den Wald hinein und erreicht nach kurzer Zeit den Langen Filz. Auf einer Länge von etwa eineinhalb Kilometern wird dieses eindrucksvolle Hochmoor von einem Bohlensteg durchzogen – anregendes Gehen und Erleben in einer wundervollen Landschaft. Am Ende des Steges setzt wiederum ein Forstweg an, der uns nach Westried hinausführt. Hier halten wir uns gleich rechts, schlendern eine Viertelstunde zwischen Häusern leicht bergab, bis links (beschildert) der Wanderweg abzweigt. Er quert

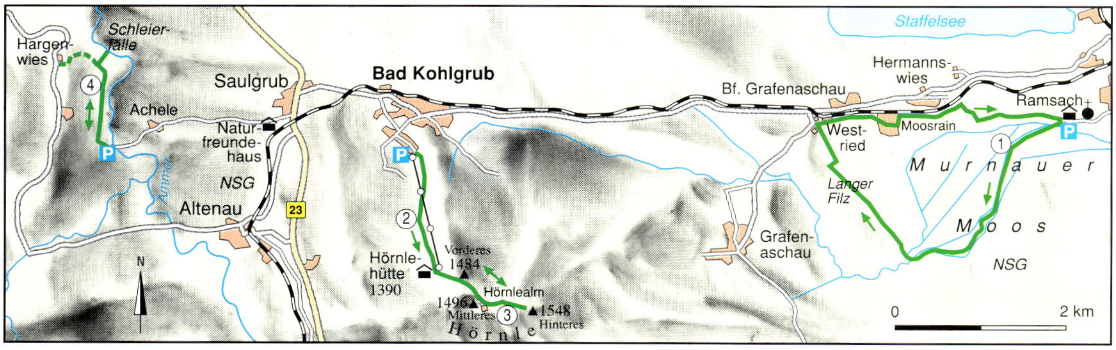

Das Murnauer Moos ist durch Wanderwege gut erschlossen. Ein längerer Bohlensteig sorgt für zusätzliche Abwechslung und verhindert ein Einsinken in den weichen Untergrund.

die Bahnlinie, führt an ihr entlang, quert sie erneut und wird schließlich zum panoramaprächtigen Höhenweg. Leicht fallend leitet er zum Ramsachkircherl zurück.

2 Aufstieg zur Hörnlehütte

Vom Bahnhof in Bad Kohlgrub wandern wir zuerst zur Dorfmitte mit Kirche und beeindruckender Dorflinde. Dort folgen wir den Markierungen in die St.-Thomas-Straße, den Trillerweg, Schillingsweg und in die Fallerstraße, über die wir die Talstation der Hörnlebahn erreichen (hierher auch mit dem Auto). Links der Seilbahnstation setzt der als Hörnle-Sommerweg ausgewiesene Wanderweg an. Gut ausgeschildert führt er zwischen grünen Skitrassen hindurch, quert den Sessellift und windet sich im Wald in Serpentinen höher, bis er auf die Hörnlehütte (1390 m) trifft.

3 Über die Hörnlegipfel

Von der Hörnlehütte folgen wir in südöstlicher Richtung dem ausgeschilderten Höhenweg über die drei Hörnlegipfel. Den ersten, das Vordere Hörnle (1484 m) – links vom Hauptweg –, erreichen wir über einen ausgewaschenen Wiesenpfad. Dann steigen wir jenseits hinab und wandern das Mittlere Hörnle (1496 m) hinauf. Von hier führt ostwärts ein steiler Pfad wieder hinab zum Hauptweg. Diesem folgend in einer weiten Linksschleife zum Hauptgipfel, dem Hinteren Hörnle, mit einer Höhe von 1548 Metern. Rückkehr auf dem Hauptweg.

4 Zu den Schleierfällen

Vom Parkplatz am Ende der Fahrstraße (Informationstafeln über das NSG) queren wir auf der schmalen Brücke die Ammer, halten uns zuerst links (vorbei am E-Werk) und treffen auf einen Wanderwegweiser. Mit der Markierung W 7 nun rechts steil hinauf zum Kanal, über die Brücke und in den Wald. Auf einem Steg über einen Zufluss der Ammer und auf Wanderweg hinauf zur Ammerleite. An der Wegverzweigung rechts und überwiegend am Waldrand entlang weiter. Dann im Auf und Ab durch Wald und auf Brückchen über ein paar Bachläufe. Nach einer Dreiviertelstunde stoßen wir auf eine Waldlichtung. Auf undeutlichem Steig nun links hinab zu einem Wegweiser und einer Informationstafel. Rechts auf Steig durch Wald abwärts ans Ufer der Ammer, wo wir auf die Schleierfälle treffen.

WINTERSCHLAF

Igel, Murmeltier, Siebenschläfer (im Bild) und Fledermaus gehören zu jenen Tieren, die sich im Spätherbst an einen geschützten Ort zurückziehen, um den Winter zu verschlafen. In der kalten Jahreszeit ist das Nahrungsmittelangebot so knapp, dass ihnen die Energie fehlen würde, ihre Körperwärme auf einer gleichbleibenden Temperatur von 37 bis 40° Celsius zu halten. So legen sie sich vor Eintritt des Winters eine Fettschicht zu und begeben sich in einen schlafähnlichen Zustand, in dem sie ihre Aktivitäten auf ein Mindestmaß reduzieren und auf diese Weise Energie sparen – bis im Frühjahr Wärme, Licht und reichliche Nahrung sie wieder ins Leben zurückrufen. Tiere im Winterschlaf dürfen auf keinen Fall gestört werden!

DER LOWA-TIPP

In Peißenberg (Am Tiefstollen 2) können wir im Bergwerksmuseum den Spuren der letzten bayerischen Bergmänner des Kohlebergbaus folgen. Techniken des Stollenausbaus, Werkzeuge der Bergleute und Grubeneinrichtungen werden in den ehemaligen Anlagen des 1971 geschlossenen Bergwerks gezeigt. Öffnungszeiten: Mitte Mai bis Mitte September Dienstag bis Freitag 9–11 Uhr, Mittwoch und Donnerstag auch 14–16 Uhr, in der übrigen Zeit jeden ersten und dritten Sonntag im Monat 14–16 Uhr; Tel. 08803/5102.

39
TOURENGEBIET

Wandern ist Naturerlebnis pur. Doch es sind nicht nur die spektakulären Dinge, die uns unterwegs erfreuen, manchmal ist es die Beobachtung eines kleinen Grashüpfers, die unsere Aufmerksamkeit fesselt.

RUND UM OBERAMMERGAU

Auf zwei steile Felszähne, zu einer ganzjährig bewirtschafteten Alpenvereinshütte und für Eilige ein Seilbahngipfel mit Bergsee

ANFAHRT

Bahn/Bus: Bahnlinie München – Murnau – Oberammergau. Zu Fuß zu den Ausgangspunkten bei den Talstationen der Bergbahnen bzw. Sessellifte. Oder mit dem Werdenfelsexpress nach Oberau, dann mit RVO-Bus nach Ettal bzw. weiter nach Oberammergau.
Auto: Garmischer Autobahn bis Eschenlohe, B 2 bis Oberau, dort rechts hinauf nach Ettal und weiter bis Oberammergau; Parkplätze an der Eugen-Papst-Straße bzw. am Dottenbühl. Weiter zur Talstation des Kolbensattellifts oder zur Laberbahn am östlichen Ortsende von Oberammergau bzw. weiter nach Unterammergau; dort vor dem Ort links zum Parkplatz an der Schleifmühlenlaine (für den Anstieg zu den Pürschlingshäusern auf dem Fahrweg). Oder kurz hinter Ettal links weiter Richtung Linderhof, dann nach etwa 1,7 km rechts bis zum Ende der Fahrstraße; dort auch Parkplatz (für direkten Anstieg zum Kofel).

GEHZEITEN

Auf den Kofel: 1½ Std.; Abstieg: 1 Std.; Anstieg zu den Pürschlinghäusern: 2 Std.; Anstieg zum Teufelstättkopf: 1½ Std.; Abstieg zum Ausgangspunkt: 2½ Std.; Aufstieg zum Ettaler Manndl: 2¼ Std.; Abstieg: 1½ Std.; zum Laber mit Abstieg über den Soilesee: 2 Std.

ANFORDERUNGEN

Allgemein: Rund um den Kofel breite Wanderwege; der Gipfelanstieg führt über steilen, mit Seilen gesicherten Steig; Trittsicherheit und Schwindelfreiheit erforderlich. Zu den Pürschlinghäusern Bergwanderweg bzw. Hüttenfahrweg. Zum Teufelstättkopf und zum Ettaler Manndl Bergsteig; am Gipfel Trittsicherheit und Schwindelfreiheit erforderlich (Seilsicherungen). Am Laber leichte Bergwege.
Alter: Pürschlinghäuser ab 6 Jahren; Teufelstättkopf und Ettaler Manndl ab 8 Jahren; Laber ab 4 Jahren.

AUSRÜSTUNG

Für den Anstieg zum Kofel sowie am Ettaler Manndl für kleine Kinder Klettersteigausrüstung empfehlenswert; also: Brust- und Sitzgurt, zwei Sicherungskarabiner und ein Steinschlaghelm.

HÜTTEN/EINKEHR

Pürschlinghäuser, 1564 m (AV-Haus, mit Ausnahme im November ganzjährig bewirtschaftet, 54 Betten, 12 Lager; Tel. 088 22/35 67; Kolbensattelhütte, 1276 m (privat, ganzjährig bewirtschaftet; keine Übernachtung); Labergipfelhaus, 1686 m (nahezu ganzjährig bewirtschaftet).

HÖCHSTE PUNKTE

Kofel, 1342 m; Pürschlinghäuser, 1564 m; Teufelstättkopf, 1758 m, Laber, 1686 m.

KARTE

Topographische Karte 1:50 000 Pfaffenwinkel – Staffelsee und Umgebung (BLVA).

Die Berge rund um Oberammergau sind vielfältig wie der traditionsreiche Passionsspielort selbst. Wir finden dort das alpine Wahrzeichen – den Kofel –, können die ganzjährig bewirtschafteten Pürschlinghäuser besuchen oder einen schnellen Gipfelerfolg am Laber verbuchen. Für erste Kletterversuche eignet sich das Ettaler Manndl.

❶ Auf den steilen Kofel

Steil und kühn erhebt sich der Kofel über Oberammergau, ein markanter Zacken, oben felsig und exponiert. Eine Gipfeltour verspricht vieles: Voralpenbummel und weite Sicht auf das direkt unterhalb liegende Oberammergau, dazu ein kurzes, aber ernst zu nehmendes Klettersteiglein hinauf zum Kreuz. Falls wir unseren Aufstieg am Bahnhof von Oberammergau beginnen wollen, folgen wir zunächst dem Weg entlang der Ammer, dem Malensteinweg, bis zum Parkplatz am Dottenbühl. Dort durch einen kleinen Einschnitt auf eine große Wiese (Kälberplatte). Gerade darüber hinweg zum Ansatz eines gut befestigten

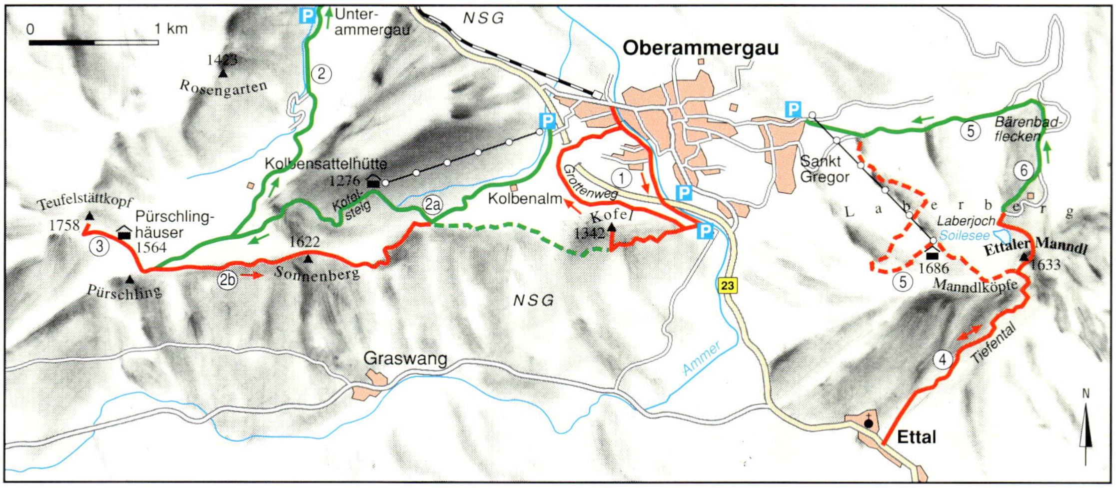

Der Kofelgipfel ist zwar nur eine untergeordnete Größe in dem langen Gebirgskamm, der sich von Oberammergau bis weit in den Westen erstreckt. Durch seine Randlage dominiert er aber nicht nur das Ortsbild des beliebten Passionsspielortes, von seinem felsigen Gipfel haben wir überdies einen herrlichen Tiefblick auf das direkt unter uns liegende Dorf.

Serpentinenweges, der meist im Wald hinaufführt zum Kofelsattel, wo wir auf ein Unterstandshüttchen treffen. Hier halten wir uns rechts, wandern noch ein Stück durch Wald, und erreichen so die Gipfelfelsen. Drahtseilgesichert gelangen wir hinauf auf eine Scharte, um nun, meist knapp links des Gipfelgrats, nochmals drahtseilgesichert zum 1342 Meter hohen Gipfel zu gelangen.
Abstieg: Mit Vorsicht zurück zum Kofelsattel. Hier entweder westwärts auf dem Königssteig, der fast eben die Nordflanke des bewaldeten Brunnbergs durchzieht, dort bei der Gabelung rechts halten und steil hinab zum Gasthaus Kolbenalm und weiter talwärts. Oder zurück auf dem Anstiegsweg zu den Wiesen der Kälberplatte und links auf dem Grottenweg nach Oberammergau.

❷ Zu den Pürschlinghäusern

Vom Parkplatz an der Schleifmühlenlaine wandern wir auf der Forststraße neben der Laine entlang südwärts. Bei der nächsten Wegteilung links und mäßig steil durch Wald bergan. Im weiteren Verlauf wird der Weg steiler und biegt am Fuß des Sonnenbergs in die westliche Richtung. Bald verlassen wir den Wald und wandern das letzte Stück im Rechtsbogen auf dem breiten Hüttenweg – zuletzt recht steil – hinauf zu den Pürschlinghäusern (August-Schuster-Haus, 1564 m).

Diese Route eignet sich sehr gut auch für einen Anstieg im Winter, da der Weg durchgehend geräumt wird.

❷a Anstiegsvariante von Oberammergau

Von der Bergstation des Sessellifts gehen wir an der Einkehrstation vorbei, halten uns gleich links und steigen ein kurzes Stück steil an, bis wir auf den querführenden Kofelsteig treffen. Auf diesem rechts weiter (Weg-Nr. 233) und durch Wald auf teilweise nassem und wurzelreichem Steig bis zum Fahrweg, der von Unterammergau heraufführt. Auf diesem links weiter und nun relativ steil hinauf zum Unterkunftshaus.

❷b Abstiegsvariante über den Sonnenberg

Etwas unterhalb des Hüttenwegs zweigt rechts der kleine Steig über den Sonnenberg ab. Er durchzieht steile Hänge, führt direkt über den Sonnenberg (1622 m) und erreicht die Fels-

DER LOWA -TIPP

Holzspielzeug, Krippensammlungen und Hinterglasmalerei gibt es im Heimatmuseum Oberammergau (Dorfstraße 8) zu sehen. Das Holzschnitzen in diesem traditionsreichen Ort wird ausführlich dokumentiert. Öffnungszeiten: Mitte Mai bis Mitte Oktober Dienstag bis Sonntag 14–18 Uhr, Mitte Oktober bis Mitte Mai Samstag 14–18 Uhr; Tel. 08822/94136.
An heißen Tagen gehen wir allerdings lieber ins Erlebnisbad Wellen-Berg.

Die letzten Meter am Ettaler Manndl erfordern den trittsicheren und schwindelfreien Bergwanderer. Kinder müssen daher mit Helm und Klettersteigausrüstung gesichert werden.

DAS SCHAF

Neben dem Hund und der Ziege ist das Schaf eines der ältesten Haustiere. Da Schafe genügsam sind und sich an Klima, Gelände und Futter gut anpassen können, finden sich zahme Schafe im Flachland ebenso wie frei laufend in den Bergen: Dort steigen sie während des Sommers in kleinen Gruppen umher und suchen nach Futter; das erfahrenste Tier trägt eine Glocke. Eigentlich sind Schafe ohnehin Höhentiere: In Asien klettern wilde Schafe bis auf 6000 Meter in die Berge hinauf, nur bei Schneelage steigen sie auf der Futtersuche in die Täler ab. Zahme Schafe sind das Gegenteil ihrer frei lebenden Verwandten: Anstelle körperlicher Gewandtheit zeigen diese ein hohes Maß an Unselbstständigkeit und Krankheitsanfälligkeit, auf der Weide lassen sie sich durch Hütehunde leicht in großen Herden zusammenhalten. Von den zahlreichen Schafrassen gehören die bei uns lebenden fast ausnahmslos zu den Wollschafen. Die Vollschur der Wolle erfolgt im Frühjahr, die Halbschur im Herbst.

zacken, die »am Zahn« bezeichnet werden, bevor er in Kehren hinabführt zum breiten Wanderweg nach Oberammergau. Abwechslungsreiche Route, aber nur für Trittsichere und Schwindelfreie geeignet.

❸ Abstecher zum Teufelstättkopf

Von den Pürschlinghäusern folgen wir dem ausgeschilderten Weg seitlich an der Bergwachthütte vorbei, steigen über einen Wiesenhang zunächst steil, dann etwas flacher bergan und wandern nun überwiegend auf der Südseite des grasbewachsenen Kammrückens, wobei sich der Kamm immer mehr zu einem Grat verengt. Plötzlich baut sich der Teufelstättkopf rechts steil vor uns auf. Dort über Blockwerk bis an den Fuß der Felsen. Rechts vorbei auf die Ostseite und über den seilgesicherten Steig hinauf zum Gipfelkreuz (1758 m).

❹ Auf das kecke Ettaler Manndl

In Ettal in die Manndlstraße bzw. vom Parkplatz dort auf schattigem, markiertem Waldweg leicht ansteigend in den Tiefentalgraben. Dann steil durch Wald im tiefen Bachgraben aufwärts zu einer Hütte. Im weiteren Verlauf halten wir uns links und steigen in zahlreichen Kehren höher bis an den Fuß der steil aus dem Wald herausragenden Gipfelfelsen. Dort quert der Laberwanderweg. Diesem folgen wir rechts bis an den Felsen zum Einstieg des nur 50 Meter langen Klettersteigs. Eine Eisenkette und einige Eisenstifte leiten uns über die steilen Schrofen direkt hinauf zum Gipfel.

❺ Gipfelsturm für Eilige: Der Laber

Die Laberbahn im Oberammergauer Ortsteil St. Gregor bringt uns rasch hinauf auf den Bergrücken, der das Ammergebirge vom Voralpenland trennt. Für den Abstieg ignorieren wir den direkt – in Nähe der Seilbahntrasse – hinabführenden Weg und nehmen jenen über den Soilesee. Vom Labergipfelhaus folgen wir zunächst dem Steig Richtung Ettaler Manndl, zweigen aber dann links ab und steigen hinunter in den kleinen Talkessel. Vom See orientieren wir uns an den Ausschilderungen über den Bärenbadflecken durch Wald- und Weidegelände hinab nach Oberammergau.

Der Abstieg vom Labergipfel erfolgt am besten über den Soilesee und den Bärenbadflecken. Dort haben wir nochmal die Möglichkeit, eine schöne Raststelle und einen Platz zum Spielen zu finden.

Am Laberjoch treffen sich die Drachenflieger und Gleitschirmpiloten und machen sich fertig für den mühelosen Flug hinab ins Tal. Ein Fest der Farben und der Aktion.

40
TOURENGEBIET

RUND UM DIE KÖNIGSSCHLÖSSER

Durch die Pöllatschlucht und in die Bleckenau, zwei Rundwege um Alpsee und Schwansee und ganz schnell mal auf den Tegelberg

Eine kleine Rast, ein kurzer Blick in die Karte – dann wandern wir weiter zügig auf unser Ziel zu.

ANFAHRT
Bahn/Bus: Bahnlinie München – Füssen. RVO-Bus zum großen Parkplatz in Hohenschwangau.
Auto: B 2 München – Starnberg – Weilheim, über Peiting nach Schwangau, dort links Abzweigung nach Hohenschwangau bzw. kurz vorher links zur Talstation der Tegelbergbahn; gebührenpflichtiger Großparkplatz am Fuß der Königsschlösser. An der Zufahrtsstraße zum Schwansee (am Ortseingang von Alterschrofen, von Hohenschwangau kommend, links und 300 m bis zum Ende der öffentlichen Fahrstraße) gibt es einen gebührenfreien Parkplatz.

GEHZEITEN
Anstieg in die Bleckenau: 1½ Std.; Abstieg: 1½ Std. (Rückkehr auch mit dem Linienbus möglich); rund um den Alpsee: 2 Std.; auf dem Alpenrosenweg rund um den Schwansee: 3 Std.
Abstieg vom Tegelberg nach Hohenschwangau: 3 Std.

ANFORDERUNGEN
Allgemein: In der Pöllatschlucht gesicherte Weganlage. Für den öffentlichen Verkehr gesperrter Fahrweg in die Bleckenau. Uferweg am Alpsee überwiegend breit, aber auch schmale Brückchen, Holzstege und Bergweg. Am Schwansee Bergwege und gesperrte Fahrwege. Abstieg vom Tegelberg auf Bergsteig; Trittsicherheit erforderlich.
Alter: Bis auf den Tegelberg für alle Altersgruppen; der Abstieg von diesem ab 8 Jahren.

HÜTTEN/EINKEHR
Berggasthaus Bleckenau, 1167 m (privat, mit Ausnahme der Zeit zwischen November und Weihnachten ganzjährig bewirtschaftet, 20 Lager; Tel. 083 62/811 81); mehrere Gaststätten in Hohenschwangau; Tegelberghaus, 1707 m (privat, ganzjährig bewirtschaftet, 12 Betten, 20 Lager; Tel. 083 62/89 80). Am Schwansee ist während der Badesaison ein Kiosk in Betrieb.

HÖCHSTE PUNKTE
Berggasthaus Bleckenau, 1167 m; Tegelberg, 1880 m.

KARTE
Topographische Karte 1:50 000 Füssen und Umgebung (BLVA).

Die Berge rund um die Königsschlösser geben für die meisten Besucher vorwiegend die schöne alpine Kulisse ab. Aber unweit des internationalen Trubels lässt es sich herrlich wandern. Am Alpsee blühen im Frühling die Maiglöckchen im Überfluss, und am Schwansee finden wir Blumenwiesen mit Hunderten von Enzianen. Auf dem Alpenrosenweg gibt es zwar keine Alpenrosen, der gut angelegte Steig ist aber abwechslungs- und aussichtsreich. Verbinden wir ihn mit dem Weg über den Kalvarienberg, bietet sich uns neben dem Blick auf die Königsschlösser auch eine herrliche Aussicht auf die Altstadt von Füssen. Sowohl im Alpsee als auch im Schwansee kann man baden. Ein Highlight für die Kinder wird die aufregende Durchwanderung der Pöllatschlucht sein, und da der Steig gut gesichert ist, stellt er auch für die ganz Kleinen kein Problem dar. Der Abstecher in die Bleckenau ist eine geruhsame Wanderung in ein dicht bewaldetes Hochtal, der mit einer Übernachtung im

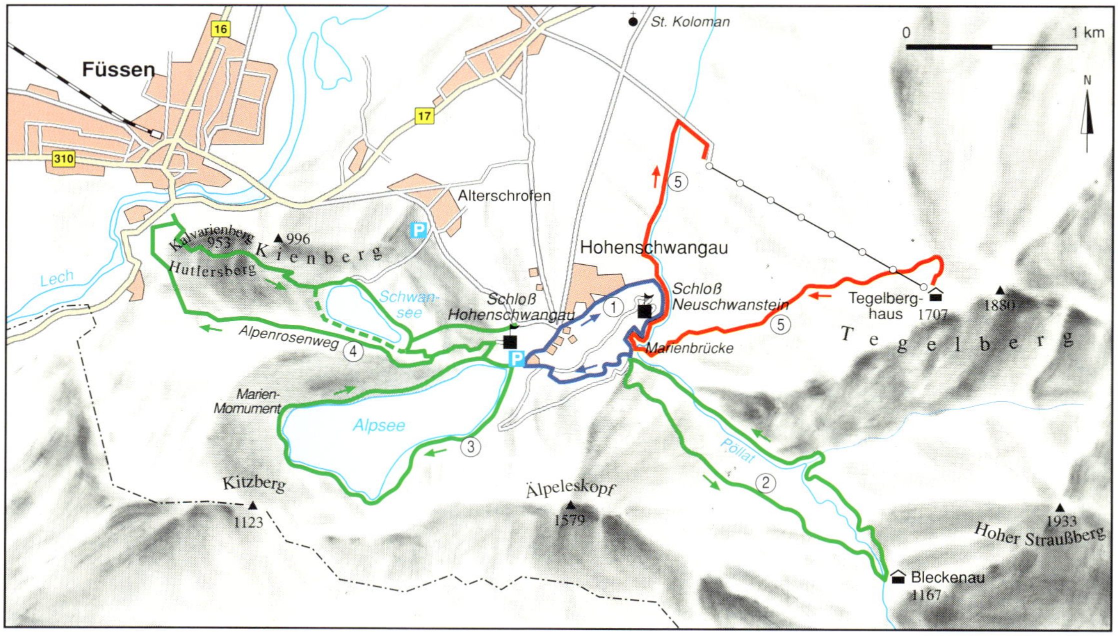

Blick auf Schloss Neuschwanstein von der Marienbrücke. Dahinter erblicken wir Teile der Ostallgäuer Seenplatte.

dortigen Berggasthaus einen schönen Abschluss erfahren könnte. Für Gipfelbegeisterte steht dann noch der 1880 Meter hohe Tegelberg auf dem Programm, der nicht nur eine fantastische Aussicht und einen reizvollen Abstieg bietet, sondern auch mit einer Sommerrodelbahn aufwarten kann.

1 Wild und sanft: Die Pöllatschlucht

Wir können natürlich auch von der Marienbrücke einen Blick in die tief eingeschnittene Schlucht genießen und den Pöllatfall von oben betrachten. Aufregender ist es jedoch, den direkten Steig durch die Schlucht zu nehmen – und der beginnt am Bergfuß. Wir starten von den großen Parkplätzen in der Ortsmitte von Hohenschangau, spazieren vor dem Café Kainz links über den Parkplatz, wo wir auf den Zugangsweg zur Schlucht treffen. Nun auf dem Wanderweg, der zum Schloss Neuschwanstein führt, 100 Meter weit bis zu einer Wegverzweigung, dort links und auf breitem Wanderweg immer am Bergfuß entlang in 20 Minuten zum Schluchteingang. Gleich zu Beginn erleben wir einen furiosen Auftakt: Der in den steilen Felsen verankerte Eisensteig verläuft direkt über der Schlucht, und somit sind wir mitten im Getöse der sprühenden Wassermassen. Der anschließend gestufte Steig führt hinauf in die weite, bewaldete Ausbuchtung der Klamm, die sich ideal für einen Aufenthalt eignet. Dann gehen wir auf steilem, aber breitem Wanderweg aufwärts zu einer kleinen Aussichtskanzel (links) direkt vor dem knapp 50 Meter hohen Pöllatfall und blicken zur Marienbrücke über uns, die in schwindelerregender Weise die Schlucht überspannt. Rechts weiter hinauf zum Zugangsweg zum Schloss Neuschwanstein. Von dort führt ein breiter Wanderweg hinab nach Hohenschwangau. Wir können aber auch auf dem breiten Fahrweg links aufwärts wandern und kommen so zuerst zum Aussichtspunkt Jugend, dann zur Abzweigung zur Marienbrücke, von der wir einen herrlichen Blick auf Schloss Neuschwanstein haben. Wenige Meter oberhalb dieser Abzweigung ist der Buswendeplatz, von dem aus wir auch mit dem Pendelbus talwärts fahren können.

2 In die Bleckenau

Von Hohenschwangau folgen wir zunächst der Ausschilderung auf breiten Wegen hinauf zum Schloss Neuschwanstein bzw. zur Bleckenau (alternativ können wir auch mit dem Pendelbus bis zur Wendeschleife hinauffahren; Abfahrt beim Parkplatz auf der Ostseite). Beim Wendeplatz zweigen dann die Wege in die Bleckenau ab: links der asphaltierte Fahrweg (für den Busverkehr), rechts der so genannte Wasserleitungs- bzw. Brunnenstubenweg. Wir wählen natürlich den verkehrsfreien unbefestigten Fahrweg, der uns hoch über dem tief

DIE ROTBUCHE

Da die Buche mit ihrem reichen Laubabwurf für eine dicke Humusschicht sorgt und anderen wertvollen Nutzhölzern wie der Fichte und der Eiche Schutz und Windruhe bietet, wird sie auch »Mutter des Waldes« genannt. Sie wird bis zu 30 Meter hoch und ist an ihrer glatten, silbriggrauen Rinde sowie den glänzend grünen, eiförmigen Blättern zu erkennen. Weil unser Klima mit seinen mäßig warmen Sommern und nicht zu kalten Wintern der Buche ideale Lebensbedingungen bietet, wird es auch als »Buchenklima« bezeichnet. Die Buche bevorzugt Standorte in den Ebenen und den Mittelgebirgen und meidet höhere Gebirgslagen. Wo sie ihr dichtes Kronendach ausbreitet, gelangt nur ein kleiner Teil des Sonnenlichts auf den Waldboden, so dass hier nur schattenverträgliche Pflanzen, vor allem Farne, wachsen können. Vor dem Laubaustrieb jedoch gedeihen hier auch Frühjahrsblüher wie Leberblümchen, Waldmeister und das gelbe Scharbockskraut. Die Samen der Rotbuche, die dreikantigen Bucheckern, dienten früher zur Ölgewinnung und Schweinemast. Der schwere, harte Stamm liefert ein vielseitig verwendbares Nutzholz.

eingeschnittenen Tal der Pöllat durch schönen Mischwald in leichter Steigung bis in die Bleckenau leitet. Dort links über die Brücke und zum Berggasthaus Bleckenau (1167 m). Zurück entweder auf dem Anstiegsweg oder die Busverbindung nutzen, die uns auf der anderen Talseite nach Hohenschwangau bringt.

③ Rund um den Alpsee

Wir beginnen unsere Runde am obersten Parkplatz bei den Königsschlössern und wandern zunächst links haltend am Hotel Alpenrose vorüber. Der breite Uferweg führt dann, vorbei an einem Ruderbootverleih, direkt am Ufer entlang in einer Viertelstunde zur Badeanstalt Alpsee (man darf übrigens nur hier baden, das restliche Ufer ist tabu). Am südwestlichen Seeufer wird der Weg schmäler, aber auch aufregender. Das steile Seeufer wurde mittels Holzbrücken und -stegen begehbar gemacht, und von hier haben wir auch den besten Blick auf die Königsschlösser. Wir halten uns immer am Ufer und gelangen zum Marienmonument. Das aus Felsquadern errichtete Denkmal erinnert an die bayerische Königsmutter (schöner Rastplatz). Nun wird es etwas steiler. Wir folgen immer dem Uferweg, der im weiteren Verlauf aufgrund der Steilheit des Geländes durch einen schönen lichten Mischwald bergauf führt. Wir steigen etwa 130 Höhenmeter an und genießen den Tiefblick auf den dunkelblauen Alpsee. Das Finale bildet schließlich die Ausichtsstelle Pindarplatz, wo wir senkrecht auf den See hinunterschauen und nach links wieder einen herrlichen Blick auf die Königsschlösser genießen können. Die letzten Meter wandern wir dann auf der Fürstenstraße hinab nach Hohenschwangau.

④ Auf dem Alpenrosenweg

Vom obersten Parkplatz gehen wir rechts die Fürstenstraße hinauf und zweigen rechts zum Schloss Hohenschwangau ab (eine Besichtigung ist empfehlenswert). 100 Meter vor dem Schloss beginnt ein ausgeschilderter Steig, der uns, bei der ersten Wegverzweigung links haltend, durch schönen Wald hinauf zu den spärlichen Resten der Ruine Frauenstein führt (schöner Rastplatz mit Bänken und Sicht auf den Alpsee und Schloss Hohenschwangau). Jenseits auf Steig durch Laubwald hinab zu einem Ziehweg mit Wegverzweigung. Von hier führt rechts der Fischersteig direkt hinunter zum Schwansee. Wir halten uns zuerst rechts, dann wieder links und folgen dem breiten Ziehweg leicht ansteigend durch Wald. Der schöne, an steilen Stellen mit einem Holzgeländer gesicherte Alpenrosenweg führt nun nahezu eben durch die bewaldete Nordseite des Schwarzenbergs. Wir queren noch eine kleine Brücke, einen Stufenweg und ein paar Stege und kommen zu einer Wegverzweigung.

Der Schwansee liegt in einem Naturschutzgebiet. Vor allem seine Ufer sind ein wertvolles Vogelnistgebiet. Das Schwanenpärchen macht dabei dem Namen des Sees alle Ehre.

Der leicht erreichbare Tegelberg ist nicht nur für Wanderer, sondern auch für Drachenflieger ein heißer Tipp. Für alle diejenigen, denen dieses Abenteuer zu gewagt erscheint, gibt es jetzt am Tegelberg auch eine Sommerrodelbahn.

Hier halten wir uns rechts und folgen der Ausschilderung nach Füssen. Nach dem Queren zweier Forstwege gehen wir nach dem zweiten rechts und folgen einem Forstweg (Wegweiser »Kalvarienberg«) Wir passieren einen Klettergarten, an dem sich auch Kinder die ersten Klettersporen verdienen können, und folgen bald dem links abzweigenden Steig hinauf zum Kalvarienberg (953 m). Nach dem steilen Anstieg erwartet uns eine Kapelle mit einem gemalten Panorama des biblischen Kalvarienbergs. Direkt darüber wurde eine Aussichtsplattform installiert. Wir folgen nun dem ostwärts führenden Steig hinab Richtung Schwansee, treffen wieder auf die Forststraße, die wir vorher verlassen haben, und gelangen hinunter zum Schwansee, wo wir in den Königsweg einbiegen. Auf diesem links weiter zum Seeufer (Naturschutzgebiet), wo wir in Gesellschaft von ein paar Schwänen auch baden dürfen (kleine Badeanstalt). Der Uferrundweg leitet uns durch schöne Blumenwiesen, auf denen Ende Mai unter anderem Hunderte von blauen Enzianen blühen. Bei der Wegverzweigung dann entweder rechts und über den Fischersteig direkt zum Alpsee oder links auf breitem Wanderweg nach Hohenschwangau.

5 Abstiegsrunde am Tegelberg

Nach der schnellen Auffahrt mit der Großkabinenbahn bietet uns der Tegelberg nicht nur weite Ausblicke ins Alpenvorland und auf die Ostallgäuer Seenplatte, beim Abstieg über seine Westseite haben wir auch eine hervorragende Sicht aus der Vogelperspektive auf Schloss Neuschwanstein. Von der Bergstation steigen wir zuerst hinunter zum Tegelberghaus (1707 m), einer früheren Jagdhütte des bayerischen Königs Max II. Der Abstiegsweg verläuft immer auf dem Fernwanderweg E 4. Am Tegelberghaus (1707 m) vorbei und weiter steil hinab zum Sattel oberhalb des so genannten Grübles. Dort links auf Bergwanderweg nahezu eben durch einen Latschenhang oberhalb vom Torkopf Richtung Westen. Dann durch Wald abwärts zu einer Gratlücke. An schönen Felstürmen vorbei nun auf der Südwestseite in zahlreichen Serpentinen hinunter bis zur Marienbrücke. Über diese und rechts auf dem Zugangsweg zum Schloss. Kurz vorher rechts hinab durch die Pöllatschlucht und hinaus zum Bergfuß. Dort führt ein ebenfalls markierter Wanderweg zurück zur Talstation der Tegelbergbahn (20 Min. ab Schluchtausgang).

DER LOWA-TIPP

Schloss Neuschwanstein ist ein Werk des Historismus und sollte eine typische deutsche Ritterburg darstellen. Der Innenausbau des ab 1868 über der Pöllatschlucht errichteten Schlosses orientierte sich an der Themenwelt der Wagnerschen Opern. Bis zum Tod Ludwigs II. war nur ein Teil der Innenausstattung fertig; die Arbeiten wurden nach 1892 fortgeführt, jedoch nie zum Abschluss gebracht. Heute ist Neuschwanstein der Hauptanziehungspunkt der gesamten Region. Öffnungszeiten: April bis September tägl. 8.30–17.30 Uhr, Oktober bis März tägl. 10–16 Uhr; Tel. 08362/81035.

Register

Bildnachweis (Seiten):

G. Amberg: S. 27 r., 55, 62, 63 l., 92, 101 l., 105, 107 l., 113 l.; Antes&Antes: S. 67 l.; H. Bauregger: S. 4 o., 7, 8 o. und u., 11 u., 26, 27 l., 30, 36, 37 l. und r., 38, 39 l., 40, 41 l., 43 l., 44, 45 l. und r., 47 l. und r., 51 r., 52, 53 l. und r., 54/55, 65 r., 66, 67 r., 74, 75 l., 77 r., 80, 82, 85 r., 87 r., 96, 101 r., 106, 111, Umschlagrückseite; M. Bauregger: S. 10; A. Dick: S. 49 l., 59 l.; F. Eck: S. 18 l., 43 r., 115 r.; W. Fischer: Titelfoto, S. 2, 9, 87 l., 90/91, 95 l., 99 l.; D. Fuchs: S. 49 r., 69 l., 97 l.; S. Garnweidner: S. 19 l., 20, 60, 61 r., 75 r., 89, 104/105, 115 l.; W. Henkel: S. 25; St. Herbke: S. 4 u., 18 r., 19 r., 50, 58, 65 l., 68, 79, 100; G. Hirtlreiter: S. 76; E. Höhne: S. 21 r., 97 r., 107 r., 112 l., 116; St. König: S. 5, 81 l., 109 l., 110; LOWA: S. 123; K. H. Modlmeier: S. 46; Nationalparkverwaltung Berchtesgaden: S. 23, 29 r., 32 l., 81, 95, 99; E. Oßwald: S. 11 o., 13, 16, 21 l., 28, 56, 57 l., 64, 77 l., 83 l., 86, 98, 117; K. Puntschuh: S. 12, 41 r., 42, 61 l., 71, 72, 73 l. und r., 83 r., 91, 93 l. und r., 94, 103 r., 114; W. Rauschel: S. 14/15, 15, 17, 22, 23 l., 24, 25 l., 29 l., 31 r., 32 r., 33, 48, 112 r., 113 r.; O. Schraml: S. 34/35, 51 l., 84, 85 l., 102, 103 l., 108; F. Thiel: S. 45 r., 69 r.; M. Waeber: S. 35, 70/71, 78/79, 88; P. Werner: S. 39 r., 57 r., 109; F. Zengerle: S. 31 l., 59 r., 63 r.

Titelbild: Familientour im Rontal im Karwendel
Abbildung auf Seite 2: Rast am Hupfleitenjoch
Einbandrückseite: Haflinger auf der Klausen im Chiemgau

Haftung

Autor und Verlag bemühen sich um zuverlässige Information. Fehler und Unstimmigkeiten sind jedoch nicht auszuschließen. Eine Garantie für die Richtigkeit der Angaben kann deshalb nicht gegeben werden. Eine Haftung für Schäden und Unfälle wird aus keinem Rechtsgrund übernommen.

Impressum

Konzeption: Heinrich Bauregger
Redaktionsleitung: Dr. Reinhard Pietsch
Redaktion: Marianne Heilmannseder
DTP-Produktion: AVAK Publikationsdesign
Umschlaggestaltung: Manuela Hutschenreiter
Layoutgestaltung: Manuela Hutschenreiter
Kartographie: Achim Norweg, Eckehard Radehose
Produktion: Manfred Metzger

Gedruckt in Slowenien

ISBN 3-517-01968-2

1 Mythischer Untersberg

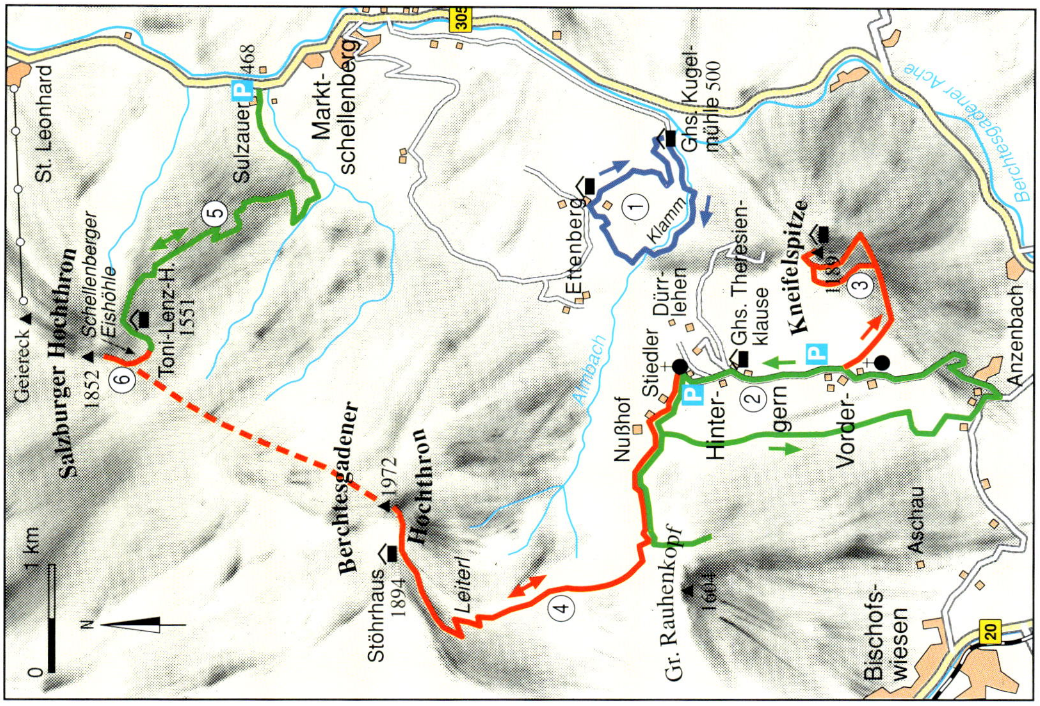

2 Im Reich der steinernen Hexe

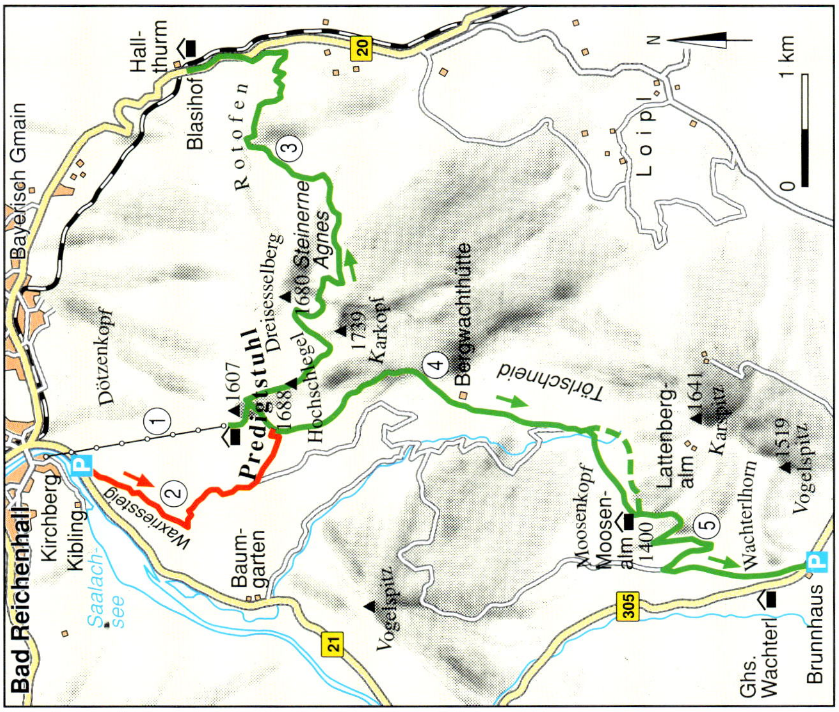

1 Mythischer Untersberg

Anfahrt

Bahn/Bus: IC und Nahverkehrszüge München – Rosenheim – Freilassing – Berchtesgaden. RVO-Bus zum Gasthaus Kugelmühle bzw. Marktschellenberg oder nach Maria Gern.
Auto: Salzburger Autobahn, Ausfahrt Piding, über Bad Reichenhall und Bischofswiesen nach Berchtesgaden (Abzweigung in Bischofswiesen nach Maria Gern möglich; kleine Parkplätze in Hintergern, am Ausgangspunkt). Entweder weiter Richtung Marktschellenberg zum Gasthaus Kugelmühle bzw. kurz hinter Marktschellenberg zum alten Wachtturm; dort jeweils Parkmöglichkeiten. Oder über den Grenzübergang Walserberg zur Ausfahrt Salzburg-Süd und über Hangendenstein nach Marktschellenberg.

Gehzeiten

Almbachklamm: 2¼ Std.; Gerner Höhenweg: 2½ Std. für die gesamte Runde; Hin- und Rückweg zur Kneifelspitze: 2½ Std.; Anstieg zum Stöhrhaus von Hintergern 3 Std.; Abstieg 2 Std.; Anstieg zur Schellenberger Eishöhle: 3 Std.; Weiterweg zum Salzburger Hochthron: 1 Std., Abstieg ins Tal 3 Std.

Anforderungen

Mit Ausnahme des Klammwegs und des Thomas-Eder-Steigs sind alle Wege gefahrlos zu begehen. Der Klammweg führt über gesicherte Brücken und Leitern, der Abstieg von Ettenberg über die Hammerstielwand ist steil und etwas ausgesetzt. Der Thomas-Eder-Steig erfordert Trittsicherheit und Schwindelfreiheit.

Alter

Gerner Höhenweg ab 4 Jahren; Almbachklamm, Kneifelspitze und Stöhrhaus ab 6 Jahren; Eishöhle und Salzburger Hochthron ab 10 Jahren.

Ausrüstung

Für die Begehung der Schellenberger Eishöhle unbedingt warme Kleidung mitnehmen (Pullover/Anorak).

Hütten/Einkehr

Gasthaus Kugelmühle, 500 m, am Eingang zur Almbachklamm (ganzjährig bewirtschaftet, Übernachtung); Gasthaus Mesnerwirt, 832 m, in Ettenberg (ganzjährig bewirtschaftet, Biergarten); Gasthaus Theresienklause in Maria Gern, 790 m (ganzjährig bewirtschaftet); Paulshütte, 1189 m (ganzjährig bewirtschaftet); Stöhrhaus, 1894 m (AV-Haus, Kat. I, Ende Mai bis Mitte Oktober bewirtschaftet, 16 Betten, 66 Lager, 15 Notlager; Tel. 08652/7233); Toni-Lenz-Hütte, 1551 m (Verein für Höhlenkunde, Anfang Juni bis Mitte Oktober bewirtschaftet, 12 Betten; Tel. 08650/208).

Höchste Punkte

Kneifelspitze, 1189 m; Stöhrhaus, 1894 m; Salzburger Hochthron, 1852 m; Schellenberger Eishöhle, 1570 m.

Karte

Topographische Karte 1:50000 Berchtesgadener Alpen (BLVA).

2 Im Reich der steinernen Hexe

Anfahrt

Bahn/Bus: IC und Nahverkehrszüge München – Rosenheim – Freilassing – Bahnhof Kirchberg in Bad Reichenhall. Zu Fuß zur Talstation der Predigtstuhlseilbahn.
Auto: Salzburger Autobahn, Ausfahrt Piding, weiter nach Bad Reichenhall; über die Umgehungsstraße Richtung Lofer, rechts zur Predigtstuhlbahn über die Stadtbrücke. Kurz hinter Bad Reichenhall-Kirchberg (500 m) in Richtung Lofer Parkplatz in einer Schleife der alten Jettenberger Straße auf der linken Seite.

Gehzeiten

Abstecher zur Schlegelmulde: 30 Min; Waxriessteig auf den Predigtstuhl: 3½ Std.; Weiterweg über die Steinerne Agnes und hinab nach Hallthurm: 4–4½ Std.; Überschreitung des Lattengebirges vom Predigtstuhl zur Moosenalm: 3 Std.; Abstieg zum Wachterl: 1¼ Std.

Anforderungen

Von der Bergstation zur Schlegelmulde breiter Höhenweg. Auf allen anderen, nicht schwierigen Routen wird Trittsicherheit vorausgesetzt. Beim Übergang zur Moosenalm ein paar kurze Stellen mit Drahtseilsicherung. Mit kleineren Kindern wird der Start ab Predigtstuhlbahn-Bergstation empfohlen.

Alter

Waxriessteig ab 9 Jahren, ansonsten ab 6 Jahren; Wanderung von der Bergstation zur Schlegelmulde und Abstecher zum Dreisesselberg für jedes Alter.

Hütten/Einkehr

Moosenalm, 1400 m (während der Weidezeit einfach bewirtschaftet, Brotzeiten); Berggasthaus Schlegelmulde, 1607 m (mit Ausnahme von November ganzjährig bewirtschaftet); Gasthaus Wachterl (ganzjährig bewirtschaftet).

Höchste Punkte

Karkopf, 1739 m, Predigtstuhl 1607 m.

Karte

Topographische Karte 1:50000 Berchtesgadener Alpen (BLVA).

3 Auf den Spuren des Salzes

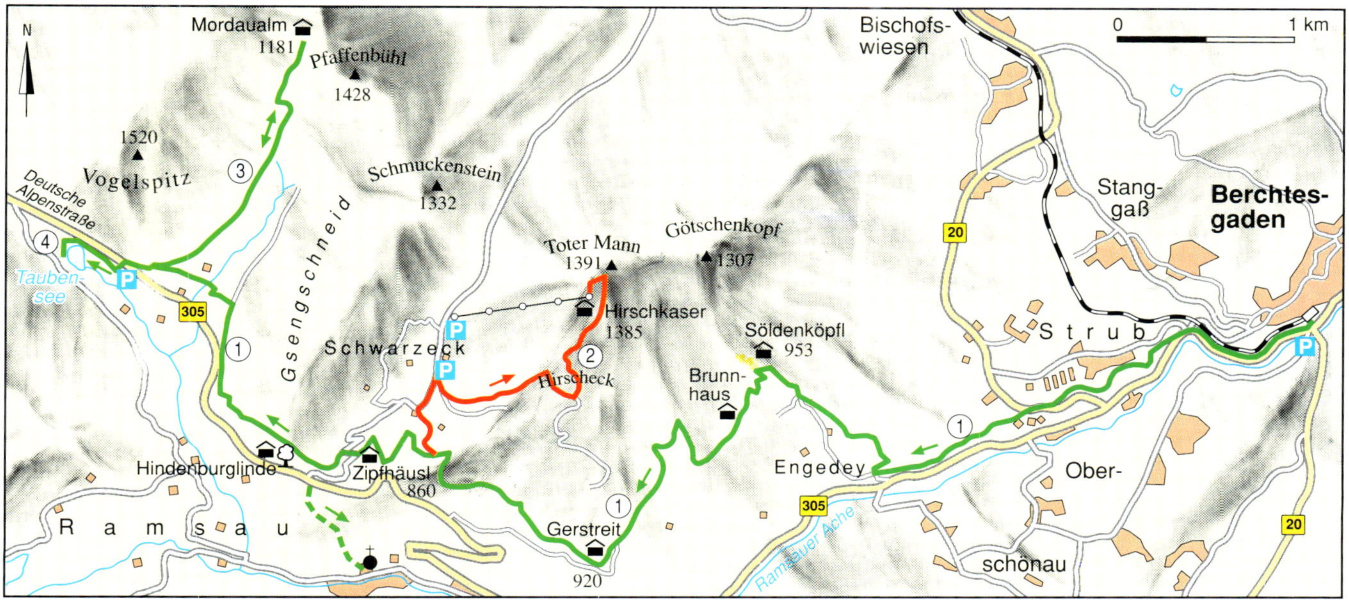

4 König Watzmann und seine Familie

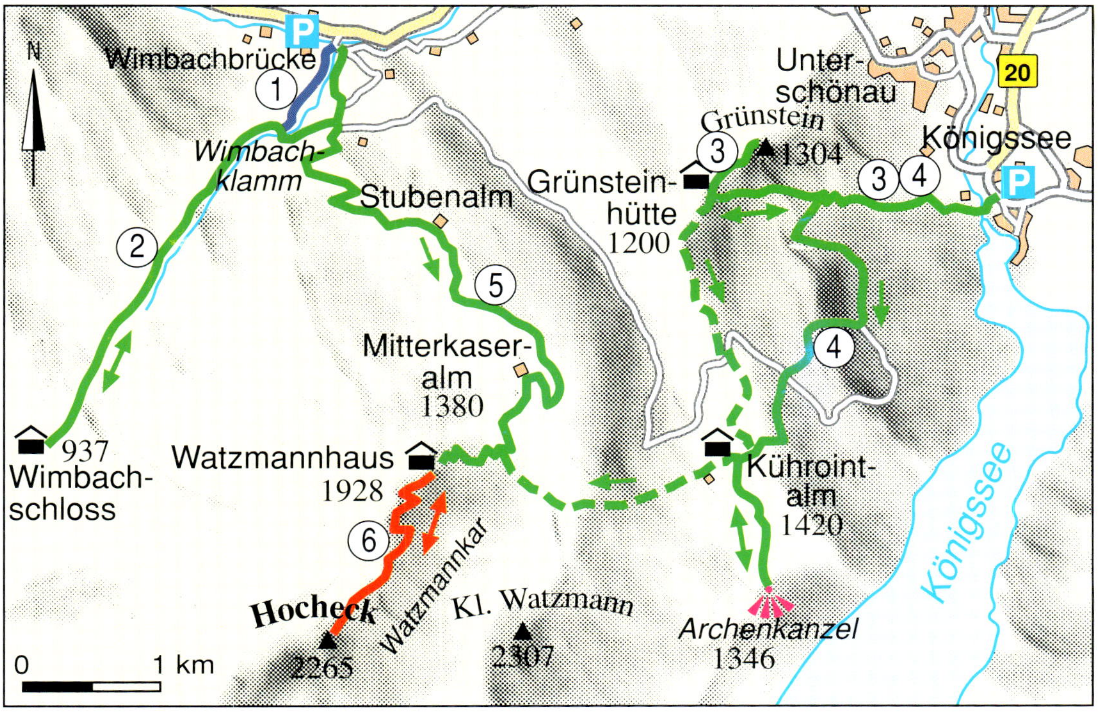

3 Auf den Spuren des Salzes

Anfahrt

Bahn/Bus: IC und Nahverkehrszüge München – Rosenheim – Freilassing – Berchtesgaden. Dort entweder Startpunkt oder mit dem RVO-Bus in Richtung Ramsau bis zur Haltestelle Gmundbrücke. Für den Toten Mann Auffahrt vom Bahnhof Berchtesgaden mit RVO-Bus nach Schwarzeck.
Auto: Salzburger Autobahn, Ausfahrt Piding, über Bad Reichenhall und Unterjettenberg oder Bischofswiesen nach Berchtesgaden zum Bahnhof. Besser die Wanderung in umgekehrter Richtung unternehmen und am Parkplatz Taubensee das Fahrzeug abstellen. Für den Abstecher zum Schwarzen Mann Auffahrt von der Deutschen Alpenstraße nach Schwarzeck zum ersten Parkplatz im Hochtal oder weiter zur Talstation der Hochschwarzeckbahn.

Gehzeiten

Gesamter Soleleitungsweg: 4 Std., mehrere Abbruchmöglichkeiten, Rückkehr zum Ausgangspunkt mit RVO-Bus; Abstecher zum Schwarzen Mann bei Benützung der Hochschwarzeckbahn: 1 Std., Anstieg zu Fuß von Schwarzeck: 2½ Std.; Mordau Hin- und Rückweg: 2¼ Std.; zum Taubensee: ½ Std.

Anforderungen

Leichte Wanderung auf dem Ramsauer Höhenweg (Soleleitungsweg) mit schönen Ausblicken auf die beeindruckende Berchtesgadener Bergwelt. Der Gipfelabstecher auf den Toten Mann ist ebenfalls leicht, zum Teil aber der Sonne ausgesetzt. Almfahrweg zur Mordaualm. Wanderweg zum Taubensee.

Alter

Ramsauer Höhenweg und Weg zur Mordaualm für alle Altersgruppen; Gipfelabstecher ab Schwarzeck ab 8 Jahren, mit Benutzung der Bergbahn für alle Altersgruppen.

Hütten/Einkehr

Gasthaus Söldenköpfl, 953 m; Berggasthaus Gerstreut, 920 m; Berggasthaus Zipfhäusl, 860 m (alle ganzjährig); Hirschkaser, 1385 m (mit Ausnahme von Anfang November und Mitte Dezember ganzjährig bewirtschaftet); Mordaualm, 1181 m, (im Sommer Getränke).

Höchste Punkte

Gasthaus Söldenköpfl, 953 m; Mordaualm, 1181 m; Toter Mann, 1391 m.

Karte

Topographische Karte 1:50 000 Berchtesgadener Alpen (BLVA).

4 König Watzmann und seine Familie

Anfahrt

Bahn/Bus: IC und Nahverkehrszüge München – Rosenheim – Freilassing – Berchtesgaden. RVO-Bus nach Königssee bzw. zur Haltestelle Wimbachbrücke, kurz vor Ramsau.
Auto: Salzburger Autobahn, Ausfahrt Siegsdorf, über Inzell, Schneizlreuth und Ramsau nach Berchtesgaden und weiter zum Königssee; dort gebührenpflichtiger Großparkplatz. Oder: Ausfahrt Bad Reichenhall und über Bischofswiesen nach Berchtesgaden. Für den Weg ins Wimbachtal und dem Anstieg zum Watzmannhaus zum Parkplatz Wimbachbrücke (634 m) am östlichen Ortsende von Ramsau; dort beginnt auch der übliche Anstiegsweg zum Watzmann.

Gehzeiten

Abstecher in die Wimbachklamm: 1 Std.; von der Wimbachbrücke zum Wimbachschloss: 1¾ Std., Rückweg gleiche Zeit; von der Wimbachbrücke zum Watzmannhaus: 4 Std., Weiterweg zum Hocheck: 2 Std., Abstieg: 4 Std. (nur mit Übernachtung, Hütte jedoch meist überfüllt); von Königssee auf den Grünstein: 2¼ Std., Abstieg: 1½ Std.; Anstieg von Königssee zur Kührointhütte: 2½ Std., Weiterweg zur Achenkanzel: ½ Std., Rückweg: 2 Std.

Anforderungen

Der Steig durch die Wimbachklamm ist gesichert, Weiterweg zum Wimbachschloss auf breitem Wanderweg. Evtl. Schutz gegen Nässe mitnehmen. Der Anstieg auf den Grünstein ist leicht, aber teilweise steil. Zur Archenkanzel teils Fahr-, teils Wanderwege, insgesamt leicht. Der für jedermann zu begehende Anstieg zum Watzmannhaus erfolgt auf Fahrwegen, im oberen Teil auf Bergsteig. Abstecher zum Watzmann-Hocheck auf anstrengendem, zum Teil ausgesetztem Bergsteig.

Alter

Alle Wege mit Ausnahme des Anstiegsweges zum Watzmannhaus ab 6 Jahren; letzterer sollte aufgrund der anstrengenden Route erst ab 12 Jahren unternommen werden.

Hütten/Einkehr

Watzmannhaus, 1928 m (AV-Haus, Kat. I, Anfang Juni bis Ende September bewirtschaftet, 45 Betten, 120 Lager, 35 Notlager; Tel. 086 52/13 10); Kührointhütte, 1420 m (privat, Anfang Juni bis Ende September bewirtschaftet, 3 Betten, 16 Lager; Tel. 086 52/ 73 39); Grünsteinhütte, 1200 m (privat, Mitte Mai bis Ende Oktober bewirtschaftet, keine Übernachtung; Wimbachschloss, 937 m (im Sommer bewirtschaftet, keine Übernachtung); mehrere Gasthäuser und Schnellimbisse in Königssee.

Höchste Punkte

Watzmannhaus, 1928 m; Grünstein, 1304 m; Kührointhütte, 1420 m; evtl. Watzmann-Hocheck, 2265 m.

Karte

Topographische Karte 1:50 000 Berchtesgadener Alpen (BLVA).

5 Der Königssee lockt

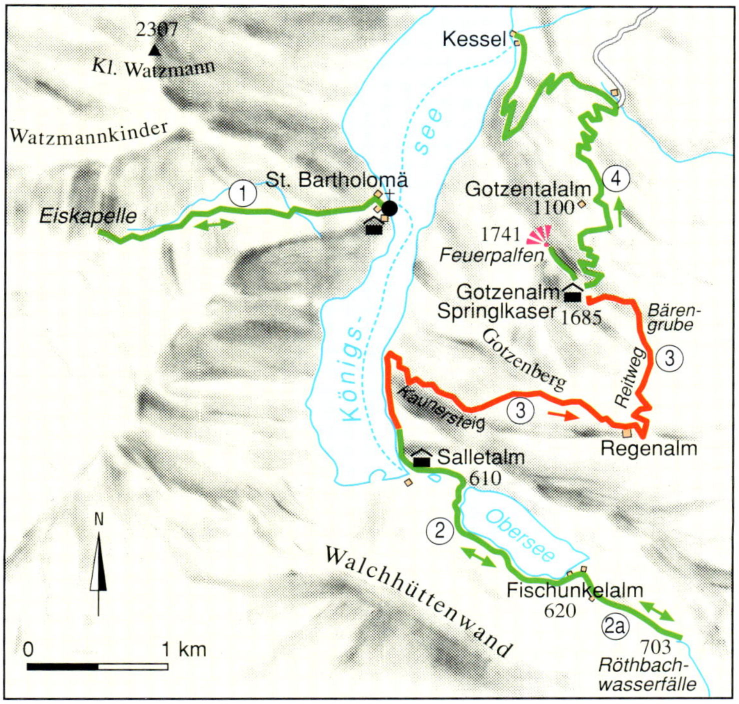

6 Rund um den Jenner

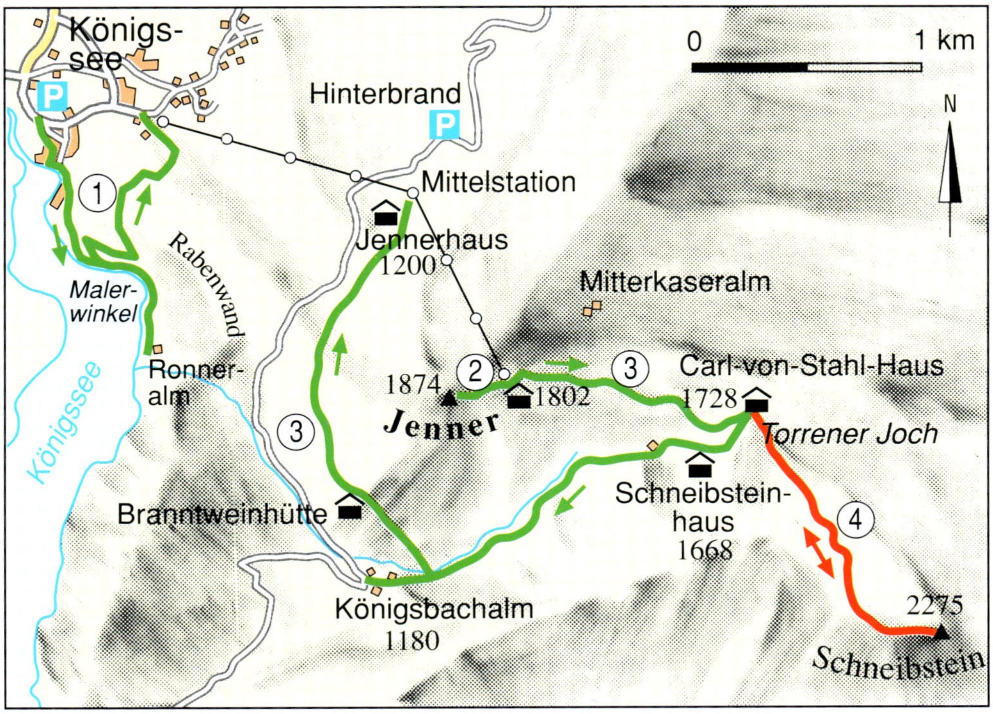

5 Der Königssee lockt

Anfahrt

Bahn/Bus: IC und Nahverkehrszügen München – Rosenheim – Freilassing – Berchtesgaden. RVO-Bus nach Königssee. – Als Auftakt unseres Besuches am Königssee können wir den schönen Achenweg benutzen, der uns vom Bahnhof abseits vom Autoverkehr in knapp 1½ Std. direkt zum Königssee führt.
Auto: Salzburger Autobahn, Ausfahrt Siegsdorf, über Inzell, Schneizlreuth und Ramsau nach Berchtesgaden und weiter zum Königssee; dort gebührenpflichtiger Großparkplatz. Oder: Ausfahrt Bad Reichenhall und über Bischofswiesen nach Berchtesgaden.

Gehzeiten

Bootsfahrt über den Königssee: nach Bartholomä: ½ Std.; zum Bootsanlegeplatz Salletalm: ¾ Std, jeweils von Königssee; Rückfahrt von der Bedarfshaltestelle Kessel 20 Min.Gehzeiten: Zur Eiskapelle Hin- und Rückweg: 2 Std.; von der Salletalm zur Fischunkelalm: 1½ Std.; Rückweg: 1½ Std.; von der Salletalm auf die Gotzenalm: 4 Std.; Abstieg nach Kessel: 2 Std.

Anforderungen

Zur Eiskapelle breiter Wanderweg, lediglich die letzten 200 m über Geröll. Der Weg zum Obersee führt zunächst auf breitem Wanderweg, entlang dem See durch die steile Bergflanke ein gesicherter Steig. Der Anstieg über den Kaunersteig ist zu Beginn sehr steil und ausgesetzt (viele Stufen), Trittsicherheit und Schwindelfreiheit erforderlich; die letzten zwei Drittel des Weges sind leicht. Der Weg führt überwiegend durch Wald, ist aber insgesamt sehr abwechslungsreich, jedoch etwas lang.

Alter

Wanderung zum Obersee sowie zur Eiskapelle ab 4 Jahren; über den Kaunersteig zur Gotzenalm ab 10 Jahren.

Hütten/Einkehr

Springlkaser, 1685 m (privat, Pfingsten bis Anfang Oktober bewirtschaftet, 15 Betten, 65 Lager; Tel. 086 52/36 42); Salletalm, 610 m (während der Weidezeit bewirtschaftet); Fischunkelalm, 620 m (privat, während der Weidezeit bewirtschaftet, Brotzeit und Getränke); Gasthaus mit Biergarten in St. Bartholomä (605 m); mehrere Gaststätten und Schnellimbisse in Königssee.

Höchster Punkt

Aussichtspunkt Feuerpalfen, 1741 m.

Karte

Topographische Karte 1:50 000 Berchtesgadener Alpen (BLVA).

6 Rund um den Jenner

Anfahrt

Bahn/Bus: IC und Nahverkehrszüge München – Rosenheim – Freilassing – Berchtesgaden. RVO-Bus zur Talstation der Jennerbahn.
Auto: Salzburger Autobahn, Ausfahrt Siegsdorf, über Inzell und Unterjettenberg nach Berchtesgaden und weiter nach Königssee (gebührenpflichtiger Großparkplatz an der Jennerbergstation bzw. kurz vor den Schiffsanlegestellen am Nordufer des Königssees). Oder: Salzburger Autobahn bis Ausfahrt Piding und über Bad Reichenhall und Bischofswiesen nach Berchtesgaden. Oder: Über den Walserberg, weiter Richtung Tauernautobahn zur Ausfahrt Salzburg-Süd, über Marktschellenberg nach Berchtesgaden. Von dort auch über den Obersalzberg nach Vorderbrand; Parkplatz kurz vor der Jennermittelstation.

Gehzeiten

Malerwinkelrundweg: 1½ Std.; von der Jennerbergstation zum Jennergipfel: ¼ Std.; Übergang zum Carl-von-Stahl-Haus: ¾ Std.; Anstieg auf den Schneibstein vom Stahlhaus: 2 Std.; Abstieg vom Stahlhaus zur Königsbachalm: 1½ Std.; Rückweg zur Mittelstation: 1 Std.

Anforderungen

Im Großen und Ganzen einfache Wanderwege und Almfahrwege. Der Anstieg auf den Schneibstein ist ebenfalls problemlos.

Alter

Malerwinkelrundweg für alle Altersgruppen, ebenfalls der Anstieg zum Jennergipfel von der Bergstation der Seilbahn; Schneibstein ab 10 Jahren; Runde um den Jenner über die Königsbachalm ab 6 Jahren.

Hütten/Einkehr

Jennerhaus bei der Mittelstation, ca. 1200 m (privat, ganzjährig bewirtschaftet, Übernachtung); Jennerbergstation, 1802 m (fast ganzjährig bewirtschaftet); Carl-von-Stahl-Haus, 1728 m (AV-Haus, Kat. I, ganzjährig bewirtschaftet, 24 Betten, 70 Lager; Tel. 086 52/27 52); Schneibsteinhaus, 1668 m (TVN-Haus, Weihnachten bis Ende Oktober bewirtschaftet, 6 Betten, 74 Lager; Tel. 086 52/25 96); Königsbachalm, 1180 m (privat, im Sommer einfach bewirtschaftet).

Höchste Punkte

Jenner, 1874 m; Schneibstein, 2276 m.

Karte

Topographische Karte 1:50 000 Berchtesgadener Alpen (BLVA).

7 Am idyllischen Hintersee

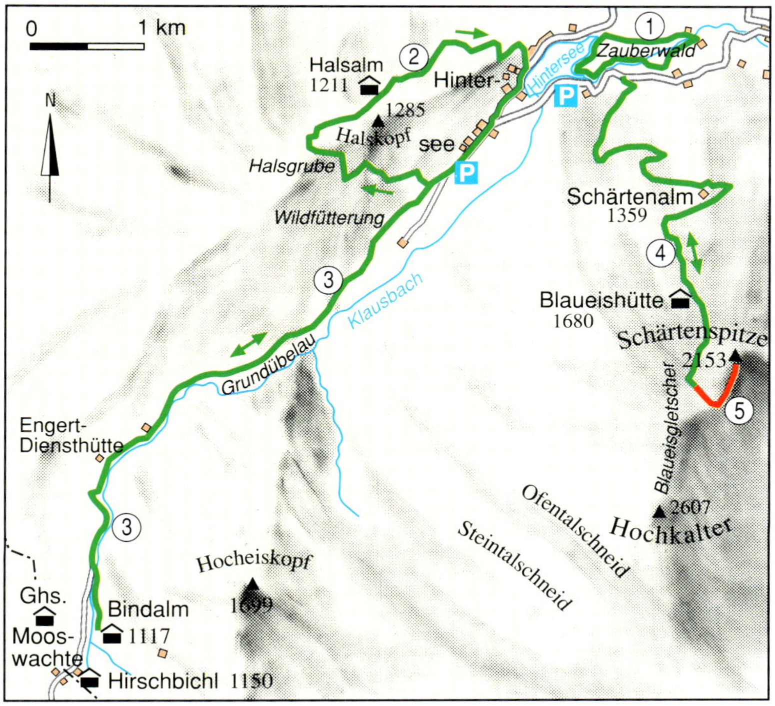

8 Rund um den Zwiesel

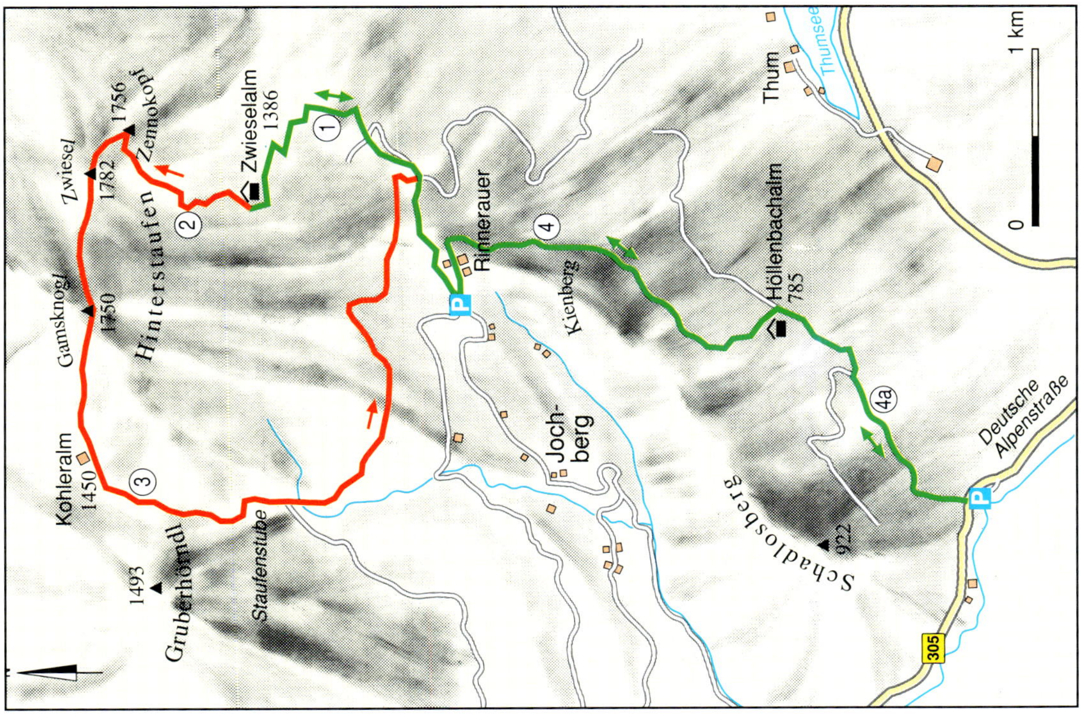

7 Am idyllischen Hintersee

Anfahrt Bahn/Bus: IC und Nahverkehrszüge München – Rosenheim – Freilassing – Berchtesgaden. RVO-Bus zum Hintersee; im Sommer fährt der Bus weiter bis zur Engert-Holzstube und seit neuestem versuchsweise auch bis zum Hirschbichlpass. Von der österreichischen Seite ebenfalls Busverbindung zum Hirschbichlpass.
Auto: Salzburger Autobahn, Ausfahrt Siegsdorf, über Inzell und Schneizlreuth nach Ramsau (Abzweiger vom Wachterl) bzw. über Berchtesgaden zum Hintersee. Dort mehrere gebührenpflichtige Parkplätze. Parkplatz auch am Ende der Fahrstraße am Eingang ins Klausbachtal (für Hirschbichl und Halsalm).

Gehzeiten Durch den Zauberwald: 1 Std.; Runde über die Halsalm: 3 Std.; Wanderung auf der alten Salzstraße zum Hirschbichlpass: 2 Std.; Anstieg zur Blaueishütte: 2¾ Std.; Abstecher zum Blaueisgletscher: ¾ Std.; Aufstieg zur Schärtenspitze von der Blaueishütte: 1½ Std.; Abstieg von der Hütte zum Parkplatz: 2 Std.

Anforderungen Mit Ausnahme des Anstiegs auf die Schärtenspitze, die Trittsicherheit und Schwindelfreiheit voraussetzt, sind alle Wege ohne ausgesetzte Stellen und leicht zu begehen. Zugang zur Blaueishütte bis auf das letzte Stück auf Forststraße, dann Steig. Zum Hirschbichlpass führt ein breiter neuer Wanderweg.

Alter Schärtenspitze ab 12 Jahren; alle anderen Wege ab 4 Jahren; der Abstecher in den Zauberwald ist selbst mit Kinderwagen möglich.

Ausrüstung Klettersteigausrüstung für Kinder an der Schärtenspitze sinnvoll; wichtig ist vor allem ein Steinschlaghelm.

Hütten/Einkehr Blaueishütte, 1680 m (AV-Hütte, Kat. I, Mitte Mai bis Mitte Oktober bewirtschaftet, 28 Betten, 52 Lager; Tel. 086 57/2 71); Schärtenalm, 1359 m (privat, während der Weidesaison einfach bewirtschaftet); Halsalm, 1211 m (privat, während der Weidesaison einfach bewirtschaftet); Bergheim Hirschbichl, 1150 m (AV-Haus, Kat. II, beaufsichtigt von Pfingsten bis Ende September, familiengeeignet, 19 Betten, 20 Lager; Tel. 0043/65 82/83 54); Brotzeitstation auf der Bindalm; Wirtshaus und Kiosk im Zauberwald; mehrere Gasthäuser am Hintersee.

Höchste Punkte Blaueishütte, 1680 m; Schärtenspitze, 2153 m.

Karte Topographische Karte 1:50 000 Berchtesgadener Alpen (BLVA).

8 Rund um den Zwiesel

Anfahrt Bahn/Bus: Etwas kompliziert und daher nicht zu empfehlen, da zum Ausgangspunkt in Jochberg keine öffentliche Busverbindung besteht. Wer allerdings lediglich zur Höllenbachalm will, kann von Bad Reichenhall oder Traunstein mit dem RVO-Bus bis zur Haltestelle Mauthäusl fahren.
Auto: Salzburger Autobahn, Ausfahrt Siegsdorf, über Inzell nach Weißbach a. d. Deutschen Alpenstraße; am Ortsende Richtung Schneizlreuth links die schmale öffentliche Fahrstraße hinauf nach Jochberg (800 m), 4 km bis zum Ende. Dort Wanderparkplatz. Wer auf der Almstraße zur Höllenbachalm will, fährt weiter Richtung Schneizlreuth. 300 m hinter dem Gasthaus Mauthäusl auf der linken und rechten Straßenseite Parkmöglichkeiten.

Gehzeiten Von Jochberg auf die Zwieselalm: 2 Std.; Gipfelweg zum Zwiesel: 2 Std.; Überschreitung des Gamsknogls zur Kohleralm und Rückkehr nach Jochberg: 3 Std.; von Jochberg zur Höllenbachalm: 1¼ Std.; von der Deutschen Alpenstraße zur Höllenbachalm: ¾ Std.

Anforderungen Die Wanderung zum Zwieselhaus erfolgt auf Forststraße und einem leichten Bergweg. Der Anstieg auf den Zwiesel auf leichtem Bergsteig, keine ausgesetzten Stellen. Die Runde über den Gamsknogl setzt Trittsicherheit und Schwindelfreiheit voraus. Der Abstecher zur Höllenbachalm ist auf beiden Wegen (Almstraße und Waldweg) sehr leicht.

Alter Anstieg zur Zwieselalm ab 6 Jahren; Anstieg zum Zwiesel ab 8 Jahren; Weiterweg über den Gamsknogl erst ab 12 Jahren empfehlenswert.

Hütten/Einkehr Zwieselalm, 1386 m (privat, Mitte Mai bis Mitte Oktober bewirtschaftet, 30 Betten im Kaiser-Wilhelms-Haus nebenan; Tel. 086 51/31 07); Höllenbachalm, 785 m (Anfang Juni bis Anfang Oktober bewirtschaftet, keine Übernachtung).

Höchste Punkte Zwiesel, 1782 m; Gamsknogl, 1750 m.

Karte Topographische Karte 1:50 000 Berchtesgadener Alpen (BLVA).

9 Den Hochstaufen im Blick

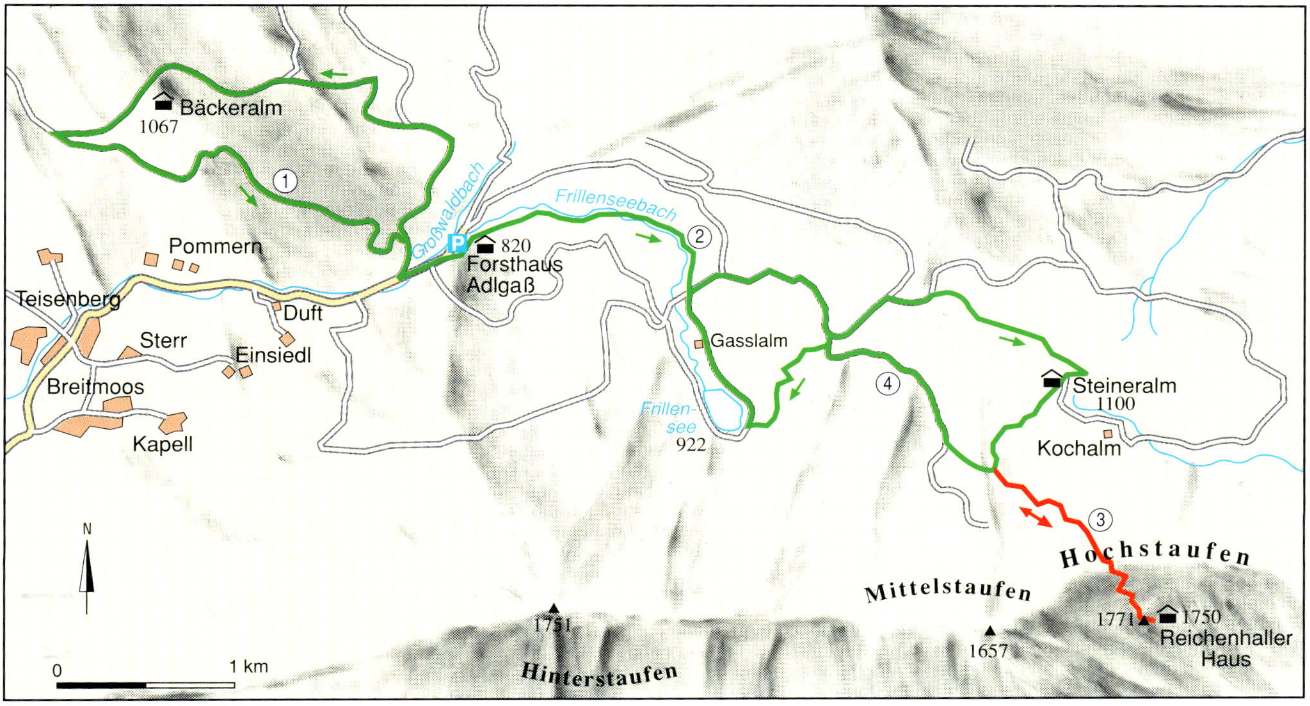

10 Rund um Ruhpolding

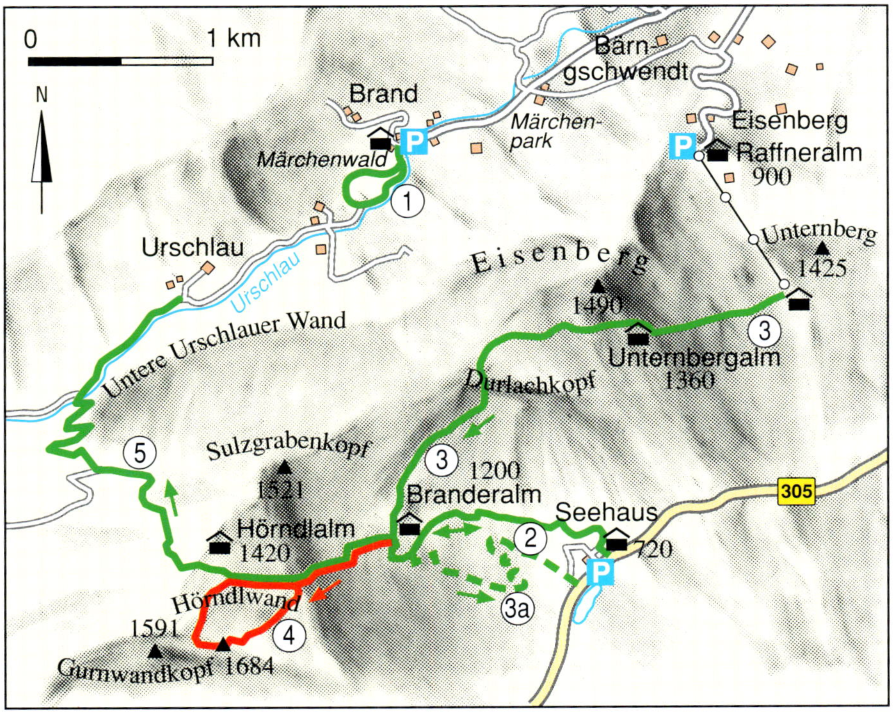

9 Den Hochstaufen im Blick

Anfahrt
Bahn/Bus: Bahnlinie München – Rosenheim – Salzburg bis Traunstein. RVO-Bus nach Inzell und weiter nach Inzell-Adlgaß.
Auto: Salzburger Autobahn, Ausfahrt Siegsdorf, B 306 nach Inzell; in Ortsmitte links auf der Fahrstraße 4,5 km bis zum Straßenende in Adlgaß, 800 m. Dort großer Parkplatz.

Gehzeiten
Runde über die Bäckeralm: 2 Std.; Anstieg zur Steineralm: 1½ Std.; Rückweg über den Frillensee: 1½ Std.; Anstieg auf den Hochstaufen von der Steineralm: 2 Std.; Abstieg nach Adlgaß: 2 Std.

Anforderungen
Mit Ausnahme der Gipfelwanderung auf den Hochstaufen, die Trittsicherheit und Schwindelfreiheit erfordert, leichte Bergwege und Alm- bzw. Forststräßchen. Überwiegend angenehm schattig. Gutes Schuhwerk ist erforderlich.

Alter
Almwanderungen ab 5 Jahren; Gipfelweg ab 10 Jahren.

Hütten/Einkehr
Forsthaus Adlgaß, 820 m (Bayerisches Forstamt, nahezu ganzjährig bewirtschaftet, November bis Weihnachten und die ersten beiden Wochen nach Ostern geschlossen; Tel. 08665/ 2 14); Reichenhaller Haus, 1750 m (AV-Hütte, Kat. I, Mitte Mai bis Mitte Oktober bewirtschaftet, 6 Betten, 24 Lager; Tel. 08651/5566); Steineralm, 1100 m (privat, Pfingsten bis Anfang Oktober bewirtschaftet); Bäckeralm, 1067 m (privat, Ende Mai bis Anfang Oktober bewirtschaftet).

Höchster Punkt
Hochstaufen, 1771 m.

Karte
Topographische Karte 1:50 000 Berchtesgadener Alpen (BLVA).

10 Rund um Ruhpolding

Anfahrt
Bahn/Bus: Bahnlinie München – Salzburg bis Traunstein, umsteigen in den Nahverkehrszug nach Ruhpolding (Endbahnhof). RVO-Bus in Richtung Reit im Winkl bis Haltestelle Seehaus. Für die Variante über die Unternbergbahn Busverbindung vom Bahnhof hinauf zur Talstation mit reizvollen Einkehrmöglichkeiten (zu Fuß 1¼ Std.). Rückfahrt aus der Urschlau mit RVO-Bus, an der Strecke liegen der Märchenpark und der Märchenwald.
Auto: Salzburger Autobahn bis Ausfahrt Siegsdorf, weiter in Richtung Reit im Winkl über Ruhpolding nach Seehaus; dort Wanderparkplatz. Oder: Auffahrt zur Talstation des Unternbergsessellifts von Ruhpolding (ausgeschildert).

Gehzeiten
Abstecher in den Märchenwald: ½ Std.; von Seehaus zur Branderalm: 1½ Std.; Variante über den Unternberg 2 Std. (300 m Höhenverlust!); Gipfelanstieg zur Hörndlwand ab Branderalm: 2 Std.; Abstieg nach Seehaus: 2½ Std. bzw. in die Urschlau 2 Std.

Anforderungen
Bis zur Branderalm leichter Bergweg bzw. Forststraße. Übergang vom Unternberg auf Bergweg. Zum Gipfelplateau der Hörndlwand Bergsteig. Auf den letzten Metern zum Gipfel sind Trittsicherheit und Schwindelfreiheit erforderlich; ebenfalls für den Abstieg in die Urschlau, falls wir die direkte Route nehmen.

Alter
Wanderung zur Branderalm von Seehaus ab 4 Jahren; über Unternberg ab 6 Jahren; Gipfelwanderung ab 10 Jahren.

Hütten/Einkehr
Branderalm, 1120 m (Mitte Juni bis Mitte September bewirtschaftet, keine Übernachtungsmöglichkeit); Gasthaus Seehaus, 720 m; Raffneralm, 900 m (bei der Talstation der Unternbergbahn, im Sommer bewirtschaftet); Unternbergalm, 1360 m (im Sommer einfach bewirtschaftet).

Höchste Punkte
Unternberg, 1425 m; Hörndlwand, 1684 m.

Karte
Topographische Karte 1:50 000 Chiemsee und Umgebung (BLVA).

11 Winklmoosalm und Eggenalmgebiet

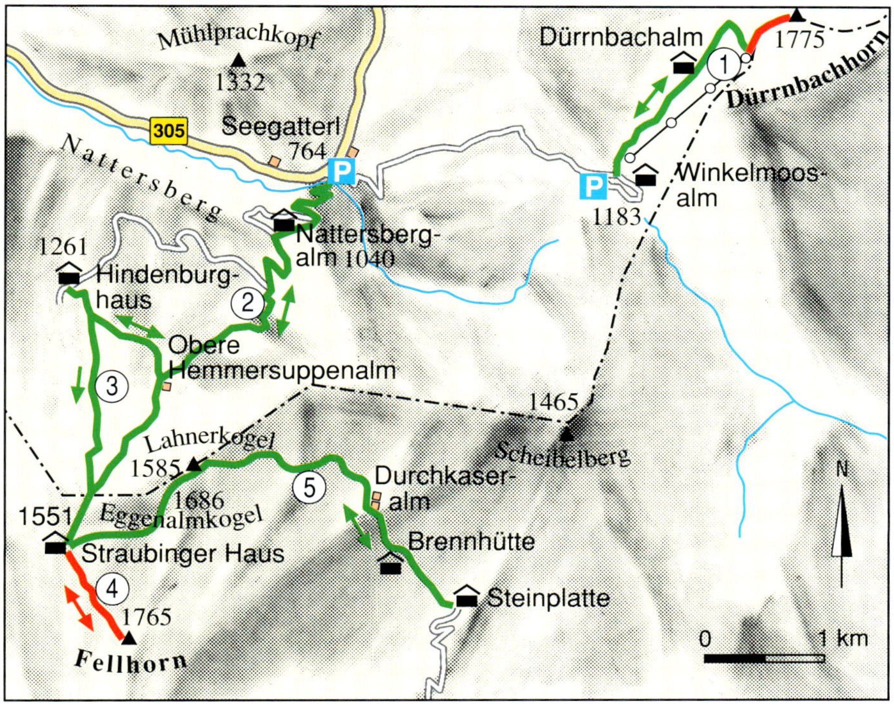

12 Rund um den Hochgern

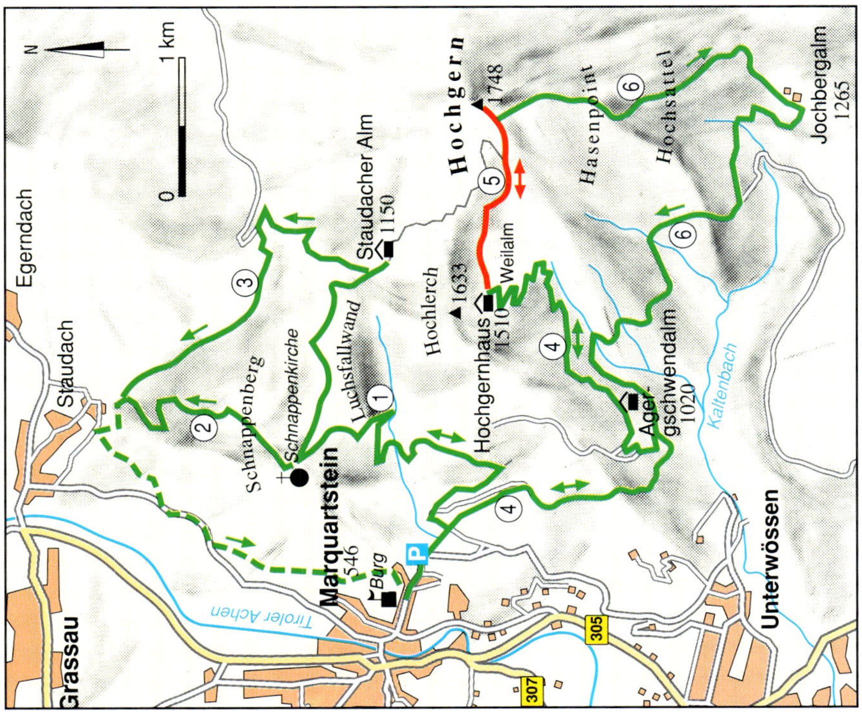

11 Winklmoosalm und Eggenalmgebiet

Anfahrt
Bahn/Bus: Bahnlinie München – Salzburg bis Traunstein, umsteigen in den Nahverkehrszug nach Ruhpolding. RVO-Bus in Richtung Reit im Winkl bis Haltestelle Seegatterl. Busverbindung hinauf zur Winklmoosalm.
Auto: Salzburger Autobahn, Ausfahrt Siegsdorf, weiter über Ruhpolding nach Seegatterl; dort großer Wanderparkplatz. Von hier Weiterfahrt zur Winklmoosalm auf steiler Mautstraße; am Ende großer Wanderparkplatz. Oder: Über Reit im Winkl bis kurz vor Waidring, dann links hinauf auf 4 km langer Mautstraße zur Steinplatte (1374 m); dort großer Parkplatz.

Gehzeiten
Gipfelweg von der Bergstation des Dürrnbachhornlifts: ½ Std.; Abstieg zur Winklmoosalm: 1¼ Std.; vom Seegatterl zum Straubinger Haus: 3 Std.; Abstecher auf das Fellhorn: 1 Std.; Abstieg ins Tal über das Hindenburghaus: 3 Std.; Übergang von der Steinplatte zur Eggenalm: 2 Std.

Anforderungen
Leichte Bergwege und Wirtschaftswege, an keiner Stelle ausgesetzt. Am Dürrnbachhorngipfel jedoch Vorsicht, steile Abbrüche.

Alter
Aufgrund der Länge der Tour zum Straubinger Haus erst ab 8 Jahren, evtl. Auffahrt von Blindau bis zum Hindenburghaus; Übergang von der Steinplatte und vom Dürrnbachhorn ab 6 Jahren.

Markierung
Überwiegend Ausschilderung »Eggenalm« für das Ziel Straubinger Haus.

Hütten/Einkehr
Auf der Winklmoosalm, 1183 m, mehrere Gaststätten und Brotzeitstationen; Restaurantbetrieb an der Bergstation des Dürrnbachhornsessellifts; Straubinger Haus, 1551 m (AV-Haus, Kat. II, Mitte Mai bis Anfang November bewirtschaftet, 16 Betten, 65 Lager; Tel. 0043/5375/6429; bei Übernachtungen in der Nebensaison vorher anmelden, da der Hüttenwirt sonst abends ins Tal abfährt); Nattersbergalm, 1040 m ganzjährig bewirtschaftet (Mo Ruhetag); Gasthof Steinplatte; Gasthaus Brennhütte (privat, ganzjährig geöffnet).

Höchste Punkte
Dürrnbachhorn, 1775 m; Fellhorn, 1765 m.

Karte
Topographische Karte 1:50000 Chiemsee und Umgebung (BLVA).

12 Rund um den Hochgern

Anfahrt
Bahn/Bus: München – Salzburg bis Übersee. RVO-Bus nach Marquartstein.
Auto: Salzburger Autobahn, Ausfahrt Bernau, über Grassau nach Marquartstein; im Ort links halten und hinauf zum Waldparkplatz (ausgeschildert). Evtl. zweites Auto in Staudach-Egerndach parken.

Gehzeiten
Vom Waldparkplatz über die Schnappenkirche zur Staudacher Alm: 2¼ Std.; Abstieg von der Schnappenkirche bzw. Staudacher Alm nach Staudach: 1 Std.; Anstieg zum Hochgernhaus: 2¾ Std.; Gipfelanstieg: 1 Std.; Abstieg ins Tal: 2½ Std.; Abstieg über die Jochbergalm: 3 Std.

Anforderungen
Im Wesentlichen leichte Bergrouten auf breiten Wegen; zum Gipfel auf Bergwanderweg Trittsicherheit erforderlich. Abstieg von der Schnappenkirche nach Staudach steil, zahlreiche Stufen. Übergang vom Hochgerngipfel zur Jochbergalm auf Bergwanderweg. Der Verbindungsweg von der Staudacher Alm zum Hochgerngipfel ist mit Kindern nicht empfehlenswert, da nicht nur steil, sondern unangenehm rutschig.

Alter
Wanderung zur Staudacher Alm und Abstieg nach Staudach ab 6 Jahren; Gipfelwanderung und Rückweg über die Jochbergalm ab 10 Jahren.

Hütten/Einkehr
Staudacher Alm, 1150 m (Mitte Mai bis Mitte Oktober bewirtschaftet); Hochgernhaus, 1510 m (privat, ganzjährig bewirtschaftet, 10 Betten, 20 Lager; Tel. 08641/61919); Agergschwendalm, 1020 m (ganzjährig bewirtschaftet, keine Übernachtung).

Höchster Punkt
Hochgern, 1748 m.

Karte
Topographische Karte 1:50000 Chiemsee und Umgebung (BLVA).

13 Im Almgebiet der Hochplatte

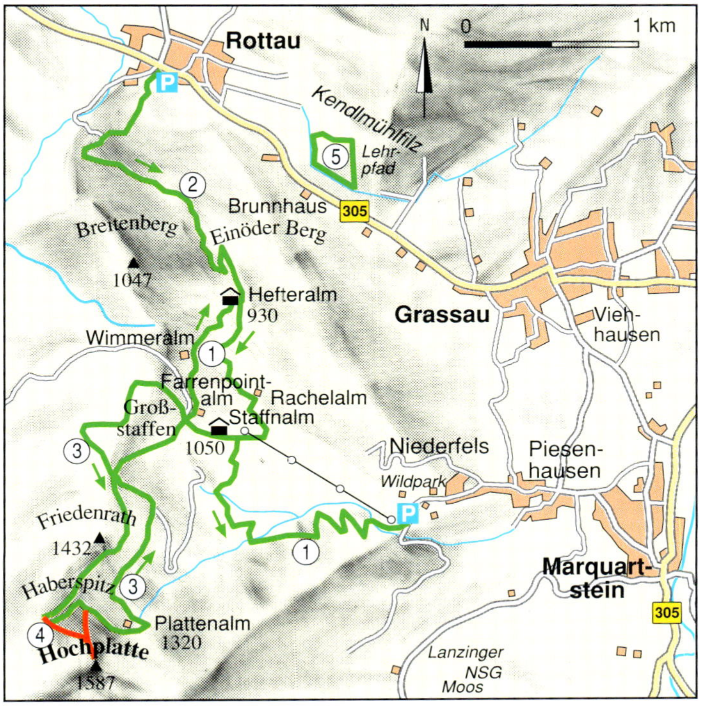

14 Auf die Kampenwand

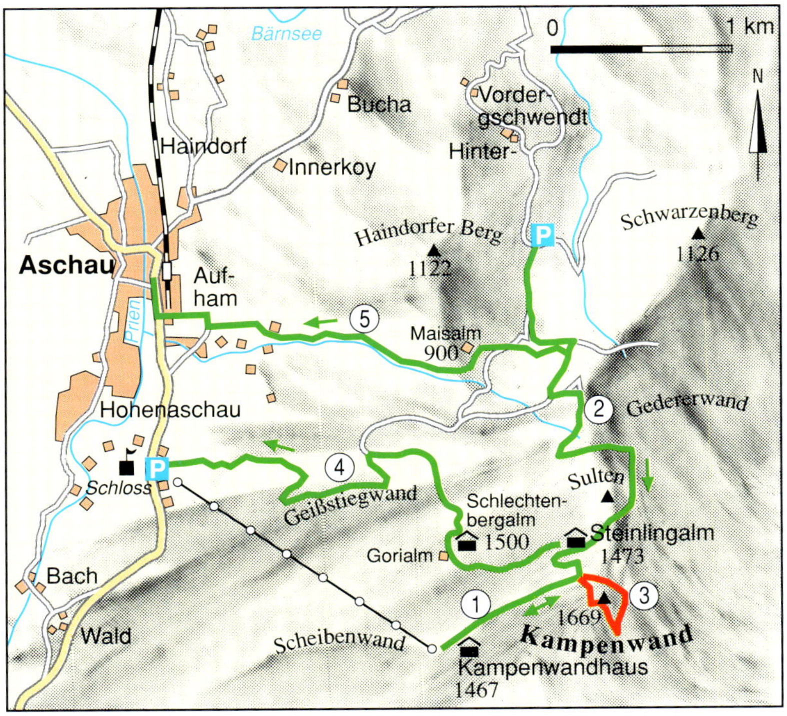

13 Im Almgebiet der Hochplatte

Anfahrt
Bahn/Bus: Bahnlinie München – Salzburg bis Prien. RVO-Bus nach Marquartstein bzw. zur Talstation der Hochplattebahn.
Auto: Salzburger Autobahn, Ausfahrt Bernau, B 305 über Rottau (parken im Ort) nach Grassau, in Ortsmitte bei der starken Linkskurve geradeaus nach Piesenhausen, rechts weiter nach Niedernfels und zur Talstation der Hochplattebahn; dort große Parkplätze.

Gehzeiten
Rundweg über Staffnalm und Hefteralm: 3 Std.; Anstieg von Rottau zur Hefteralm: 1¼ Std.; Staffnrundweg: 2½ Std.; Gipfelanstieg zur Hochplatte von der Staffnalm: 2 Std.; Rückweg vom Gipfel zur Staffnalm: 1¼ Std.; Rundweg im Kendlmühlfilz: ½ Std.

Anforderungen
Almfahrwege und Bergwege; keine gefährlichen Stellen. Passagenweise sind die Wege nach Regen hin und wieder rutschig.

Alter
Alle Almwege können mit Kindern ab 4 Jahren begangen werden; Staffnrundweg ab 6 Jahren; der Anstieg auf die Hochplatte ist etwas weit, also erst ab 8 Jahren.

Hütten/Einkehr
Staffnalm, 1050 m (privat, bis auf November ganzjährig bewirtschaftet; Tel. 08641/5155); Hefteralm, 930 m (privat, Mitte Mai bis Anfang Oktober bewirtschaftet; Tel. 0171/5266145); evtl. Maderalm, 1400 m (während der Weidezeit einfach bewirtschaftet, Brotzeit und Getränke).

Höchster Punkt
Hochplatte, 1587 m.

Karte
Topographische Karte 1:50000 Chiemsee und Umgebung (BLVA).

14 Auf die Kampenwand

Anfahrt
Bahn/Bus: Bahnlinie München – Freilassing bis Prien. Dort umsteigen in die Chiemgaubahn (Nostalgiezug) nach Aschau. Oder: Bahnhof Bernau, dann weiter mit RVO-Bus bis zur Talstation der Kampenwandbahn.
Auto: Salzburger Autobahn, Ausfahrt Frasdorf oder Bernau, weiter bis Aschau bzw. Hohenaschau; Parkplatz an der Kampenwandbahn bzw. auf der Nordseite des Schlosses in Hohenaschau. Für den Anstieg über den Sulten: Von Aschau weiter in Richtung Bergen, bei Außerkoy rechts von der Landstraße ab und 4 km hinauf bis zum Ende der Straße in Hintergschwendt; dort großer Wanderparkplatz.

Gehzeiten
Panoramaweg auf der Kampenwand: ½ Std.; Anstieg über den Sulten zur Steinlingalm: 2 Std.; Gipfelanstieg: ¾ Std.; Abstieg: ½ Std.; Abstieg ins Tal über Gori- bzw. Maisalm von der Steinlingalm: jeweils 2 Std.

Anforderungen
Mit Ausnahme des Anstiegs auf den Kampenwand-Ostgipfel, der Trittsicherheit und Schwindelfreiheit voraussetzt, leichte Bergwege und Bergsteige, an keiner Stelle ausgesetzt.

Alter
Panoramaweg für alle Altersgruppen; Anstieg über den Sulten ab 8 Jahren; Kampenwand-Ostgipfel erst ab 10 Jahren empfehlenswert.

Ausrüstung
Klettersteigausrüstung für den Kampenwand-Ostgipfel für Kinder sinnvoll; also: Brust- und Sitzgurt mit zwei Sicherungskarabinern sowie Steinschlaghelm.

Hütten/Einkehr
Münchner Haus (Kampenwandhaus), 1465 m (nahezu ganzjährig bewirtschaftet, Übernachtung auf Anfrage, 55 Betten; Tel. 08052/4543); Schlechtenbergalm, 1500 m (privat, ganzjährig bewirtschaftet, 20 Lager); Steinlingalm, 1473 m (privat, ganzjährig bewirtschaftet, Mo Ruhetag, jedoch 10.30–15 Uhr Getränkeausgabe; Tel. 08052/2962); Gorialm, 1250 m, (privat, ganzjährig bewirtschaftet); Maisalm, 900 m (während der Weidesaison einfach bewirtschaftet, Mo Ruhetag).

Höchste Punkte
Kampenwand-Ostgipfel, 1669 m; Steinlingalm, 1473 m

Karte
Topographische Karte 1:50000 Chiemsee und Umgebung (BLVA).

15 Über dem Tal der Prien

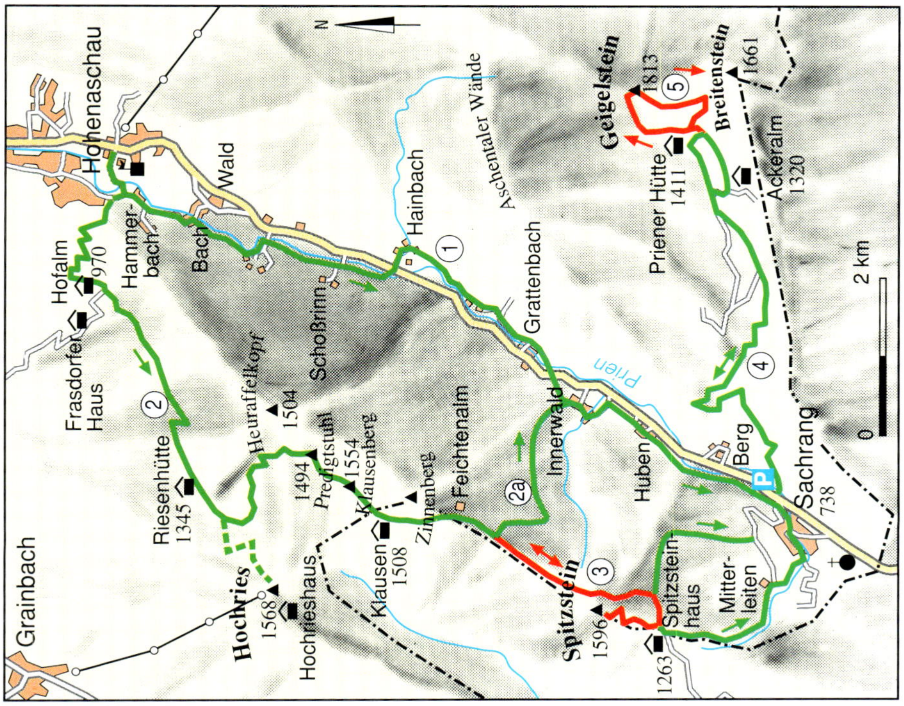

16 Auf ein ungleiches Brüderpaar

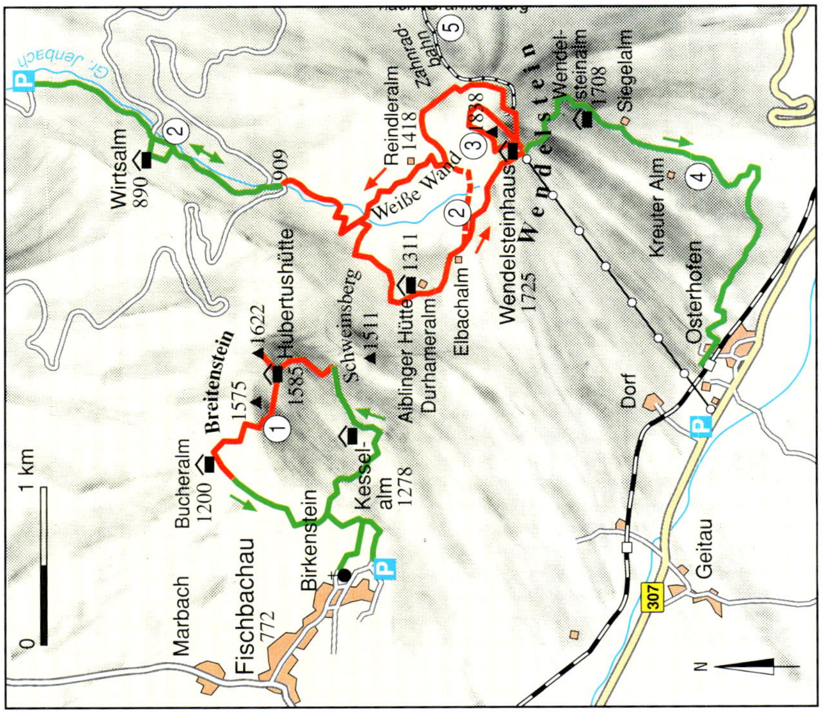

15 Über dem Tal der Prien

Anfahrt Bahn/Bus:Bahnlinie München – Salzburg bis Prien. Chiemgaubahn bis Aschau bzw. RVO-Bus bis Hohenaschau, dann zu Fuß zum Ausgangspunkt. Für die Tour zur Priener Hütte mit RVO-Bus bis Sachrang.
Auto: Salzburger Autobahn, Ausfahrt Frasdorf, über Aschau nach Hohenaschau; dort großer Parkplatz an der Schlossbergstraße bzw. 700 m weiter, dann rechts, einige Parkmöglichkeiten entlang der Straße. In Sachrang Wanderparkplatz vor dem Ortsanfang auf der linken Seite.

Gehzeiten Prientalwanderweg: 3½ Std.; von Hohenaschau über die Hofalm zur Riesenhütte: 2 Std.; Übergang zur Klausen: 2 Std.; Abstieg nach Innerwald: 2 Std.; Weiterweg zum Spitzstein: 2 Std., Abstieg zum Spitzsteinhaus: ½ Std.; Abstieg nach Sachrang: 1¾ Std., Rückkehr mit RVO-Bus. Anstieg von Sachrang zur Priener Hütte: 3½ Std.; Anstieg auf den Geigelstein: 1½ Std.; Abstieg zur Hütte: 1 Std.; Rückkehr nach Sachrang: 3 Std.

Anforderungen Prientalwanderweg: Spazierweg mit leichten Steigungen. Zur Riesenhütte auf Wander- bzw. Fahrwegen überwiegend durch Wald. Übergang zur Klausen auf Bergwegen und Fahrsträßchen. Abstieg nach Innerwald auf Bergwanderwegen. Weiterweg zum Spitzstein auf Bergpfad. Trittsicherheit auf den schmalen Kammwegen wünschenswert. Anstieg auf die Priener Hütte auf Fahr- bzw. Ziehwegen. Anstieg auf den Geigelstein auf Bergwanderweg (häufig Wind und Wetter ausgesetzt).

Alter Prientalwanderweg ab 4 Jahren; Tour über die gesamten westlichen Chiemgauer Berge aufgrund der Länge ab 12 Jahren; zur Riesenhütte ab 5 Jahren; ebenso der Weg zur Priener Hütte und zum Geigelstein.

Hütten/Einkehr Hofalm, 970 m (während der Weidezeit bewirtschaftet); Riesenhütte, 1345 m (AV-Hütte, Kat. II mit Ausnahme von November, ganzjährig bewirtschaftet, familienfreundlich, 12 Betten, 30 Lager, 15 Notlager; Tel. 08052/2921); Klausen, 1508 m (privat, an Wochenenden und Feiertagen ganzjährig bewirtschaftet, im Sommer auch wochentags, jedoch nur bis 19 Uhr, 8 Betten, 12 Lager, Übernachtung nur am Wochenende möglich); Spitzsteinhaus, 1263 m (AV-Haus, Kat. II, Anfang April bis Anfang November bewirtschaftet, 20 Betten, 50 Lager; Tel. 05373/8330); Priener Hütte, 1411 m (AV-Haus, Kat. II, ganzjährig bewirtschaftet, zwei Wochen vor Weihnachten und zwei Wochen vor Ostern geschlossen, 55 Betten, 85 Lager; Tel. 08057/428); Ackeralm, 1320 m (während der Weidezeit einfach bewirtschaftet).

Höchste Punkte Klausenberg, 1554 m; Spitzstein, 1596 m; Geigelstein, 1813 m.

Karte Topographische Karte 1:50 000 Chiemsee und Umgebung (BLVA).

16 Auf ein ungleiches Brüderpaar

Anfahrt Bahn/Bus: Bahnlinie München – Bayrischzell bis zum Haltepunkt Osterhofen. Nach Birkenstein ab Haltepunkt Aurach weiter mit RVO-Bus.
Auto: Nach Birkenstein: Salzburger Autobahn, Ausfahrt Weyarn, über Miesbach und Schliersee nach Fischbachau, rechts noch 1 km bis Birkenstein; dort goßer Parkplatz. Nach Osterhofen: Wie oben, aber nach Schliersee weiter in Richtung Bayrischzell; die Talstation der Wendelsteinbahn befindet sich direkt neben der Straße. Kabinenbahn und Zahnradbahn am Wendelstein sind mit Ringbus verbunden. Für den Anstieg aus dem Jenbachtal nach Bad Feilnbach fahren und dort der Wendelsteinstraße (im oberen Bereich unbefestigt) folgen bis zu den letzten Parkplätzen.

Gehzeiten Anstieg zur Hubertushütte: 2½ Std.; Gipfelabstecher zum Breitenstein ½ Std.; Abstieg über die Bucheralm: 2 Std.; Anstieg zum Wendelstein aus dem Jenbachtal: 4½ Std.; Gipfelweg am Wendelstein: 1½ Std.; Abstieg ins Jenbachtal: 2½ Std.; Abstieg nach Osterhofen: 2 Std.

Anforderungen Von Birkenstein bis oberhalb der Kesselalm Almfahrweg, überwiegend durch Wald, dann Bergsteig bzw. Bergwanderweg, einige steile, aber ungefährliche Stellen. Aufstieg zum Wendelstein aus dem Jenbachtal auf Bergwanderwegen und -steigen; Trittsicherheit erforderlich. Am Wendelstein mit Eisengeländer gesicherter Gipfelweg, etwas ausgesetzt. Die Abstiegswege verlaufen auf Bergwanderwegen und -steigen; Trittsicherheit erforderlich.

Alter Breitenstein ab 6 Jahren; Wendelstein per Bahn ab 4 Jahren; Anstieg aus dem Tal ab 10 Jahren.

Ausrüstung Für den Besuch der Wendelsteinhöhle empfiehlt sich unbedingt warme Kleidung (Pullover).

Hütten/Einkehr Kesselalm, 1278 m (privat, im Sommer durchgehend, im Winter nur an Wochenenden bewirtschaftet, 50 Lager; Tel. 08028/2602); Hubertushütte, 1585 m (privat, während der Weidesaison einfach bewirtschaftet, einige Lager); Bucheralm, 1200 m (privat, im Sommer einfach bewirtschaftet; nachmittags Sitzterrassen angenehm im Schatten); Wirtsalm, 890 m (Mai bis Ende Oktober bewirtschaftet); Aiblinger Hütte, 1311 m (AV-Hütte, Kat. I, Selbstversorgerhütte, nur Getränkeausgabe, März bis Dezember am Wochenende geöffnet, Sa ab 14 Uhr bis So 16 Uhr, 45 Lager); Wendelsteinhaus, 1725 m (privat, ganzjährig bewirtschaftet, keine Übernachtung mehr; Tel. 08023/404); Wendelsteinalm, 1708 m (privat, während der Weidesaison einfach bewirtschaftet).

Höchste Punkte Breitenstein, 1622 m; Wendelstein, 1838 m.

Karte Topographische Karte 1:50 000 Mangfallgebirge (BLVA).

17 Kaiserblick inklusive

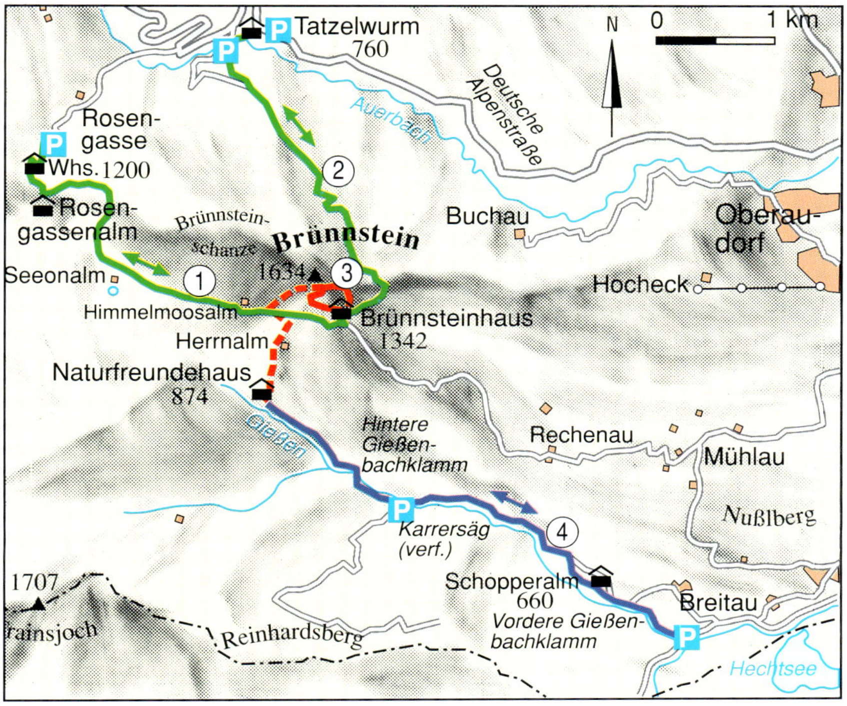

18 Rund um den Spitzingsee

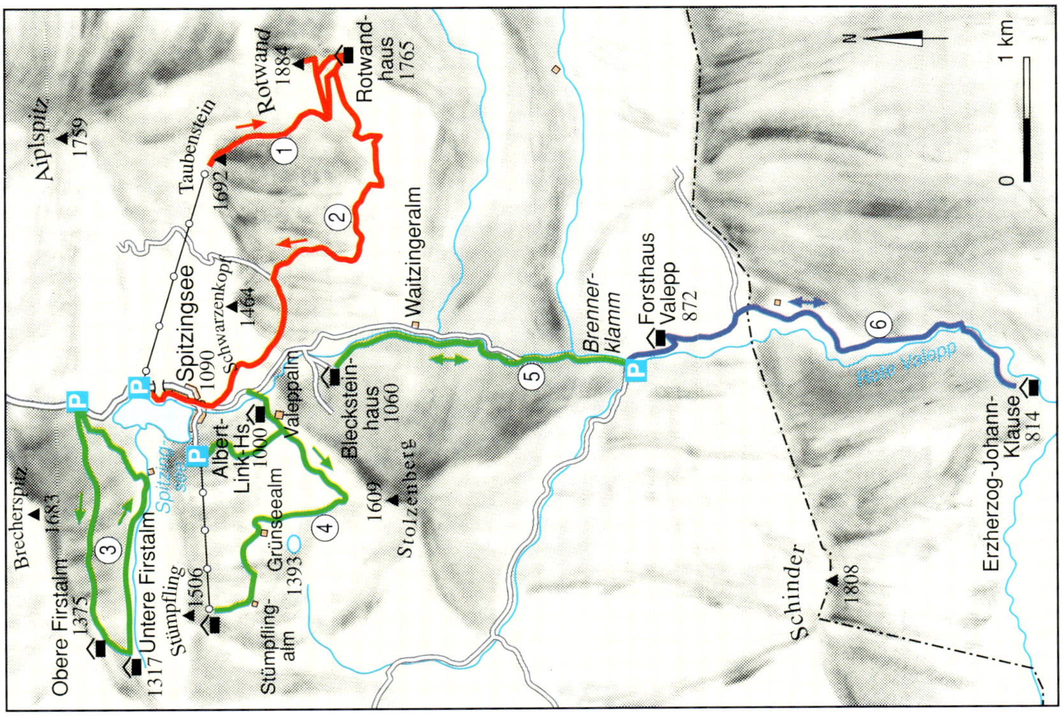

17 Kaiserblick inklusive

Anfahrt
Bahn/Bus: Bahnlinie München – Holzkirchen nach Bayrischzell. RVO-Bus zum oberen Sudelfeld. Von dort zu Fuß zum Gasthaus Rosengasse. Oder mit dem Bus weiter bis zum Gasthaus Feuriger Tatzelwurm. Zur Gießenbachklamm: Bahnlinie München – Innsbruck bis Kiefersfelden. RVO-Bus bis zum Klammeingang. Oder 14tägig mit dem Wachtl-Express dorthin.
Auto: Salzburger Autobahn, Ausfahrt Weyarn, Bundesstraße über Miesbach nach Bayrischzell und weiter zum Sudelfeld; dort zweigt rechts – kurz vor Erreichen des Gasthauses Tatzelwurm – die Zufahrtsstraße zum Berggasthaus Rosengasse ab. Oder: Von der Inntalautobahn bis Brannenburg (von dort Mautstraße) oder von Oberaudorf zum Gasthaus Feuriger Tatzelwurm (Parkplätze) bzw. weiter zum Sudelfeld. Zwei Parkplätze vor der Rosengasse bzw. direkt beim Gasthaus. Zur Gießenbachklamm: Autobahnausfahrt Kiefersfelden, weiter Richtung Breitenau, nach 4 km zweigt rechts die Straße ins Gießenbachtal ab. Zum Klammeingang aber weiter bis Wachtl, wo nach etwa 700 m der Weg zur Klamm abzweigt; dort Parkplatz.

Gehzeiten
Von der Rosengasse zum Brünnsteinhaus: 3 Std.; Anstieg vom Gasthaus Feuriger Tatzelwurm: 3¾ Std.; Aufstieg zum Brünnstein 1 Std.; Abstieg zum Ausgangspunkt 2–2½ Std.; Wanderung durch die Gießenbachklamm hin und zurück: jeweils 1½ Std.

Anforderungen
Anstiege zum Brünnsteinhaus auf leichtem Bergwanderweg ohne ausgesetzte Stellen. Der Gipfelanstieg über den kurzen Klettersteig erfordert Trittsicherheit und Schwindelfreiheit; die heiklen Stellen sind mit Seilen bzw. Leitern gesichert. Wanderung durch die Vordere Gießenbachklamm auf gesichertem Steig. Weiterweg in die Hintere Gießenbachklamm auf gesperrtem Fahrweg.

Alter
Zum Brünnsteinhaus ab 6 Jahren; zum Brünnsteingipfel ab 10 Jahren; Klammwanderung bereits ab 4 Jahren.

Ausrüstung
Klettersteigausrüstung für Kinder mit Sitz- und Brustgurt, kurzem Seil und Sicherungskarabiner.

Hütten/Einkehr
Brünnsteinhaus, 1342 m (AV-Haus, Kat. I, mit Ausnahme von Mitte Januar bis Mitte Februar ganzjährig bewirtschaftet, 14 Betten, 40 Lager; Tel. 08033/1431); Berggasthaus Rosengasse, 1200 m (privat, ganzjährig bewirtschaftet, Übernachtungsmöglichkeit; Tel. 08023/640); Schopperalm, 660 m (privat, Juni bis Oktober einfach bewirtschaftet); Gießenbachhütte, 874 m (TVN-Hütte, Anfang Mai bis Ende Oktober einfach bewirtschaftet); Gasthaus Feuriger Tatzelwurm, 760 m.

Höchster Punkt
Brünnstein, 1634 m.

Karte
Topographische Karte 1:50000 Mangfallgebirge (BLVA).

18 Rund um den Spitzingsee

Anfahrt
Bahn/Bus: Bahnlinie München – Holzkirchen – Bayrischzell bis zum Haltepunkt Fischhausen-Neuhaus. Bus zum Spitzingsee. Für die Schluchtwanderung ab Valepp mit der Bahn bis Tegernsee, dann mit Bus bis zum Endpunkt in der Valepp.
Auto: Salzburger Autobahn, Ausfahrt Weyarn, über Miesbach und Schliersee Richtung Bayrischzell, nach Fischhausen-Neuhaus rechts hinauf zum Spitzingse; dort Parkplätze (gebührenpflichtig). In die Valepp: Ausfahrt Holzkirchen, über Gmund und Tegernsee nach Rottach-Egern, weiter auf mautpflichtiger Straße bis kurz vor das Forsthaus Valepp; dort Parkplätze.

Gehzeiten
Anstieg zum Rotwandhaus: 1½ Std.; Rotwandgipfel: 20 Min.; Abstieg zum Spitzingsee: 2½ Std.; Zugang zum Albert-Link-Haus 20 Min.; Anstieg zum Roßkopf: 1½ Std. (Weiterweg zur Bergstation der Stümpflingbahn ¼ Std.); Runde über die Firstalmen: 1½ Std.; Verbindungsweg in die Valepp: 2 Std.; zur Erzherzog-Johann-Klause: 2 Std.; Rückweg: 2¼ Std.

Anforderungen
Zum Rotwandhaus breiter und leichter Höhenweg, nur zu Beginn kurzes steiles Stück. Abstieg auf breitem Wander- bzw. Fahrweg. Runde über den Roßkopf und die Firstalmen sowie Verbindungsweg in die Valepp auf Bergwanderwegen bzw. gesperrten Fahrwegen. Zur Klause: Wanderweg und gesicherter Bergsteig, Trittsicherheit erforderlich.

Alter
Alle Routen ab 4 Jahren; der Steig durch die Klamm zur Erzherzog-Johann-Klause erst ab 6 Jahren.

Hütten/Einkehr
Rotwandhaus, 1765 m (AV-Haus, Kat. I, mit Ausnahme von November und bis Mitte Dezember ganzjährig bewirtschaftet, 36 Betten, 90 Lager; Tel. 08026/7683); Untere Maxlraineralm (Gaststätte); Obere Firstalm, 1375 m (privat, ganzjährig bewirtschaftet, 30 Betten, 30 Lager, Tel. 08026/7302; Untere Firstalm, 1317 m (privat, ganzjährig bewirtschaftet, keine Übernachtung, Fr Ruhetag); Albert-Link-Haus, 1000 m (AV-Hütte, Kat. II, mit Ausnahme von November ganzjährig bewirtschaftet, 30 Betten, 37 Lager; Tel. 08026/1264); Blecksteinhaus, 1060 m (AV-Haus, mit Ausnahme von November und bis Mitte Dezember ganzjährig bewirtschaftet, Di Ruhetag, 118 Betten, 24 Lager; Tel. 08026/71204); Erzherzog-Johann-Klause, 814 m (privat, Anfang Mai bis Ende Oktober bewirtschaftet, 10 Lager; Tel. 08026/ 71281); Fortshaus Valepp, 872 m (Gaststätte).

Höchste Punkte
Roßkopf, 1580 m; Rotwand, 1884 m.

Karte
Topographische Karte 1:50000 Mangfallgebirge (BLVA).

19 Hoch über dem Tegernsee

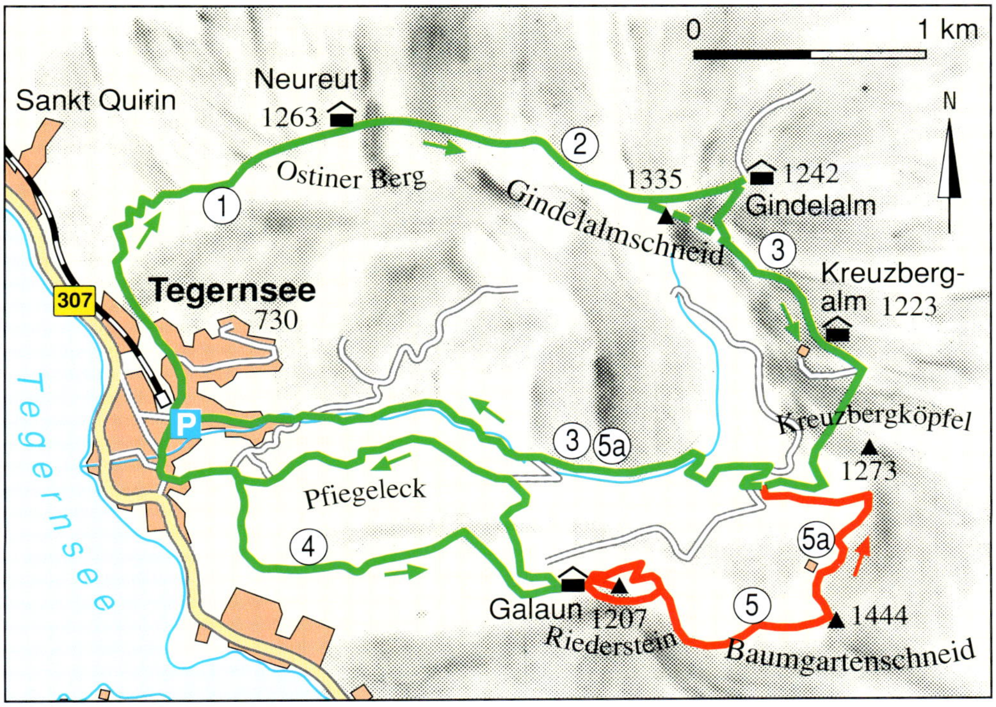

20 Ein Ziel für alle Jahreszeiten

19 Hoch über dem Tegernsee

Anfahrt — **Bahn/Bus:** Bahnlinie München – Tegernsee.
Auto: Salzburger Autobahn, Ausfahrt Holzkirchen, B 318/307 über Gmund nach Tegernsee; großer Parkplatz im Ortszentrum beim Schloss.

Gehzeiten — Anstieg zur Neureut: 2 Std.; Übergang zur Gindelalm: 1 Std.; Weiterweg zur Kreuzbergalm: ½ Std.; Abstieg nach Tegernsee: 1¼ Std.; Anstieg von Tegernsee zum Wirtshaus Galaun: 1½ Std.; Weiterweg zum Riedersteinkircherl: ½ Std.; Weiterweg zur Baumgartenschneid: 1 Std.; Abstieg ins Tal nach Tegernsee: 2 Std.

Anforderungen — Leichte Wege und Steige, zum Teil Almfahrwege; einige steilere Stellen, aber nicht ausgesetzt.

Alter — Alle Wege sind ab 5 Jahren möglich. Die gesamte Runde ist der Länge wegen erst ab 10 Jahren empfehlenswert.

Hütten/Einkehr — Berggaststätte Neureuthaus, 1263 m (privat,mit Ausnahme der letzten sechs Wochen im Jahr ganzjährig bewirtschaftet, Mo Ruhetag); Gindelalm, 1242 m (privat, zur Weidesaison einfach bewirtschaftet, Übernachtung möglich); Kreuzbergalm, 1223 m (privat, während der Weidesaison einfach bewirtschaftet, Mo Ruhetag); Wirtshaus Galaun, 1160 m (ganzjährig bewirtschaftet, keine Übernachtung).

Höchste Punkte — Gindelalmschneid, 1335 m; Baumgartenschneid, 1444 m.

Karte — Topographische Karte 1:50 000 Mangfallgebirge (BLVA).

20 Ein Ziel für alle Jahreszeiten

Anfahrt — **Bahn/Bus:** Bahnlinie München – Gmund oder Tegernsee. Jeweils RVO-Bus nach Bad Wiessee.
Auto: Salzburger Autobahn, Ausfahrt Holzkirchen, B 318 über Gmund nach Bad Wiessee, am südwestlichen Ortsrand rechts Straße zum Gasthof Sonnenbichl, nach 400 m entweder links ab zu den Parkplätzen (100 m) oder geradeaus zum großen Parkplatz beim Gasthof Sonnenbichl.

Gehzeiten — Talwanderung zur Söllbachklause: ½ Std.; Weiterweg zum Bauer in der Au: 1 Std.; Rückweg gleiche Zeit; Aufstieg zur Aueralm: 2½ Std; Aufstieg zum Fockenstein: 1 Std.; Abstieg ins Tal: 2½ Std.

Anforderungen — Breiter Wanderweg zur Aueralm. Abstieg über das Waxelmooseck zum Teil auf Bergweg. Variante hinunter ins Söllbachtal auf Fahrweg. Der Gipfelanstieg auf den Fockenstein verläuft im letzten Teil auf Bergsteig. Die Talwanderung zum Bauer in der Au ist eine schöne, schattige Wanderung auf gesperrtem, unbefestigtem Fahrweg (auch Kutschenfahrten von Bad Wiessee).

Alter — Alle Wanderungen ab 4 Jahren; Fockensteingipfel ab 6 Jahren.

Hütten/Einkehr — Aueralm, 1260 m (privat, mit Ausnahme von November und Dezember ganzjährig bewirtschaftet, Mo Ruhetag; Tel. 08022/83600); Gasthaus Sonnenbichl; Söllbachklause (privat, ganzjährig bewirtschaftet, Mo Ruhetag); Bauer in der Au, 900 m (Gaststätte, ganzjährig geöffnet, Fr Ruhetag).

Höchste Punkte — Bauer in der Bau, 900 m; Aueralm, 1260 m; Fockenstein, 1564 m.

Karte — Topographische Karte 1:50 000 Bad Tölz – Lenggries und Umgebung (BLVA).

21 Unterwegs in den Blaubergen

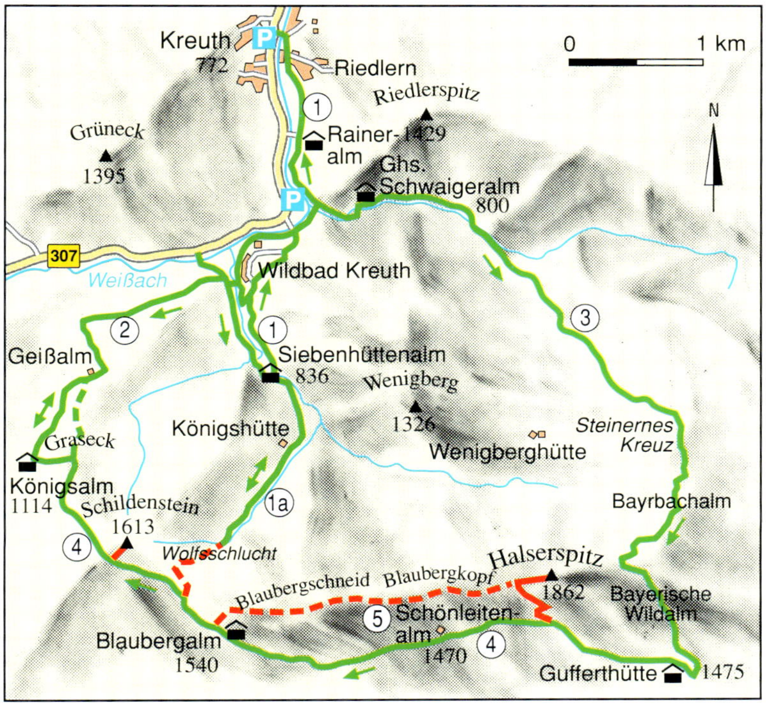

22 Doppelgipfel mit Adlerblick

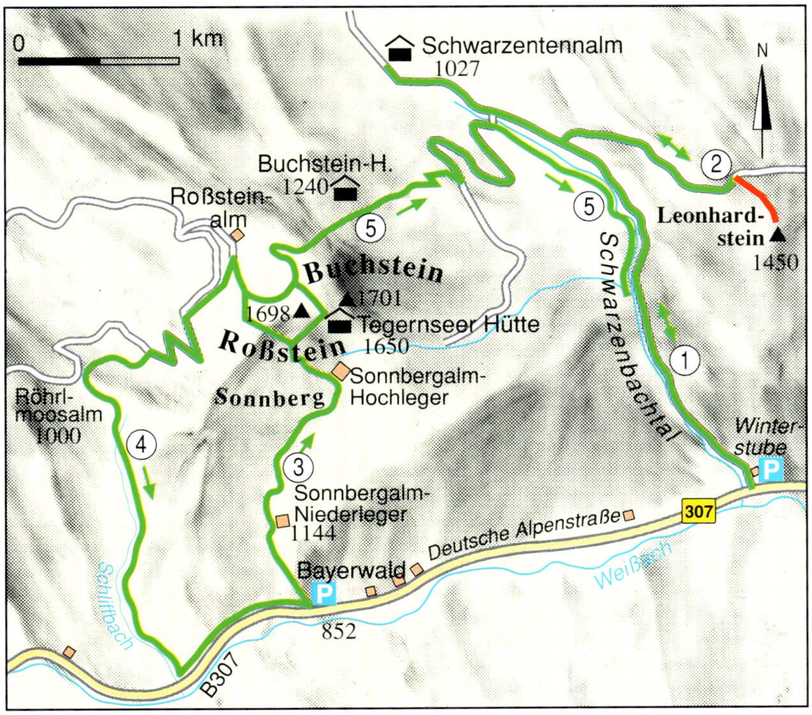

21

Anfahrt **Bahn/Bus:** Bahnlinie München – Tegernsee. RVO-Bus bis Haltestelle Kreuth bzw. Wildbad Kreuth.
Auto: Salzburger Autobahn, Ausfahrt Holzkirchen, B 318/307 über Gmund und Bad Wiessee nach Kreuth; oder weiter zum Parkplatz Lange Au bzw. Schießstätte.

Gehzeiten Von Kreuth bzw. vom Parkplatz Lange Au zur Siebenhüttenalm: 1 Std. bzw. 20 Min.; Talwanderung über Schwaigeralm nach Kreuth: 1½ Std.; Anstieg über die Geißalm zur Königsalm: 1½ Std.; Weiterweg zum Schildenstein: 1½ Std.; durch die Lange Au zur Gufferthütte: 3 Std.; Aufstieg zur Halserspitz 1½ Std.; Übergang zur Blaubergalm: 1 Std; Abstieg über die Königsalm von der Blaubergalm: 3 Std.; Anstieg durch die Wolfsschlucht: 2½ Std.

Anforderungen Mit Ausnahme der Wolfsschlucht und des Anstiegs auf die Halserspitz Wirtschaftswege, gute Wanderwege und leichte Bergsteige. In der Wolfsschlucht Kinder evtl. ans kurze Seil; die Schlucht nicht nach einer längeren Regenperiode begehen.

Alter Zur Siebenhüttenalm und Schwaigeralm für alle Altersgruppen; zur Gufferthütte ab 6 Jahren; Anstieg zum Schildenstein durch die Wolfsschlucht und Anstieg auf die Halserspitz sowie Wanderung über die Blauberge ab 10 Jahren.

Ausrüstung Für die Wolfsschlucht evtl. Brustgeschirr mit Reepschnur.

Hütten/Einkehr Blaubergalm, 1540 m (privat, Anfang Juni bis Anfang Oktober durchgehend, bis Ende Oktober an Wochenenden bewirtschaftet, 15 Lager; Tel. 0043/663/587 79); Schönleitenalm, 1470 m (während der Weidezeit einfach bewirtschaftet); Königsalm, 1114 m (privat, während der Almsaison einfach bewirtschaftet, Di Ruhetag); Siebenhüttenalm, 836 m (privat, Mai bis Oktober bewirtschaftet, Getränke, Kuchen, Brotzeit; Di Ruhetag); Schwaigeralm, 800 m (Gaststätte, Anfang November bis Weihnachten geschlossen); Gufferthütte, 1475 m (AV-Hütte, Kat. I, Mitte Mai bis Ende Oktober bewirtschaftet, 8 Betten, 62 Lager; Tel. 0161/181 58 87).

Höchste Punkte Schildenstein, 1613 m; Halserspitz, 1862 m.

Karte Topographische Karte 1:50 000 Mangfallgebirge (BLVA).

22 Doppelgipfel mit Adlerblick

Anfahrt **Bahn/Bus:** Bahnlinie München – Holzkirchen – Tegernsee. RVO-Bus über Rottach-Egern und Kreuth zur Achenpassstraße bis zur Haltestelle Klamm/Winterstube für die Schwarzentennalm; oder weiter bis Bayerwald für Roß- und Buchstein.
Auto: Salzburger Autobahn, Ausfahrt Holzkirchen, über Gmund und Bad Wiessee, weiter auf der Achenpassstraße, bis etwa 4,5 km hinter Kreuth rechts ein unbefestigter Fahrweg zum Parkplatz führt (200 m von der Straße); dort Startpunkt für die Schwarzentennalm. Für Roß- und Buchstein fahren wir ein Stück weiter, bis 700 m hinter dem Gasthaus Bayerwald Richtung Achenpass rechts die Zufahrt zum Parkplatz abzweigt.

Gehzeiten Wanderung zur Schwarzentennalm: 1¾ Std.; Rückweg: 1½ Std.; Abstecher auf den Leonhardstein: 2 Std.; Anstieg zur Tegernseer Hütte: 3 Std.; Gipfelabstecher zum Roß- und Buchstein: jeweils ¼ Std. im Anstieg; Abstieg auf dem Anstiegsweg: 2 Std.; Abstieg über die Röhrlmoosalm bzw. durch das Schwarzenbachtal: jeweils 3 Std.

Anforderungen Wanderung zur Schwarzentennalm auf Almfahrweg oder als Alternative auf schattigem Waldweg; dieser Waldweg ist vorzuziehen, da die Strecke von Mountainbikefahrern stark frequentiert wird. Tour zum Roß- und Buchstein passagenweise anspruchsvoll. Der Anstieg zur Tegernseer Hütte ist teilweise sehr steil, ab dem Brotzeitfelsen einige Seilsicherungen. Roßsteingipfel leicht, Abstecher auf den Buchstein Kletterei im Schwierigkeitsbereich I; nur bei absolut trockenen Felsen besteigen.

Alter Wanderung zur Schwarzentennalm für alle Altersgruppen; Roß- und Buchstein ab 10 Jahren; Buchsteingipfel jedoch erst ab 12 Jahren.

Ausrüstung Für einen Abstecher auf den Buchstein Kinder unbedingt ans Seil nehmen.

Hütten/Einkehr Tegernseer Hütte, 1650 m (AV-Hütte, Mitte Mai bis Mitte Oktober bewirtschaftet, 30 Lager; Tel. 0161/1836381); Röhrlmoosalm, 1000 m (während der Weidesaison einfach bewirtschaftet); evtl. Buchsteinhütte, 1240 m (privat, nahezu ganzjährig bewirtschaftet, 30 Betten, 20 Lager; Tel. 08029/244); Schwarzentennalm, 1027 m (während der Weidesaison täglich, davor und danach ganzjährig an Wochenenden und Feiertagen bewirtschaftet; keine Übernachtung); Gasthaus Bayerwald mit Biergarten an der Achenseestraße.

Höchste Punkte Roßstein, 1698 m; evtl. Buchstein, 1701 m.

Karte Topographische Karte 1:50 000 Mangfallgebirge (BLVA).

23 Im Vorkarwendel

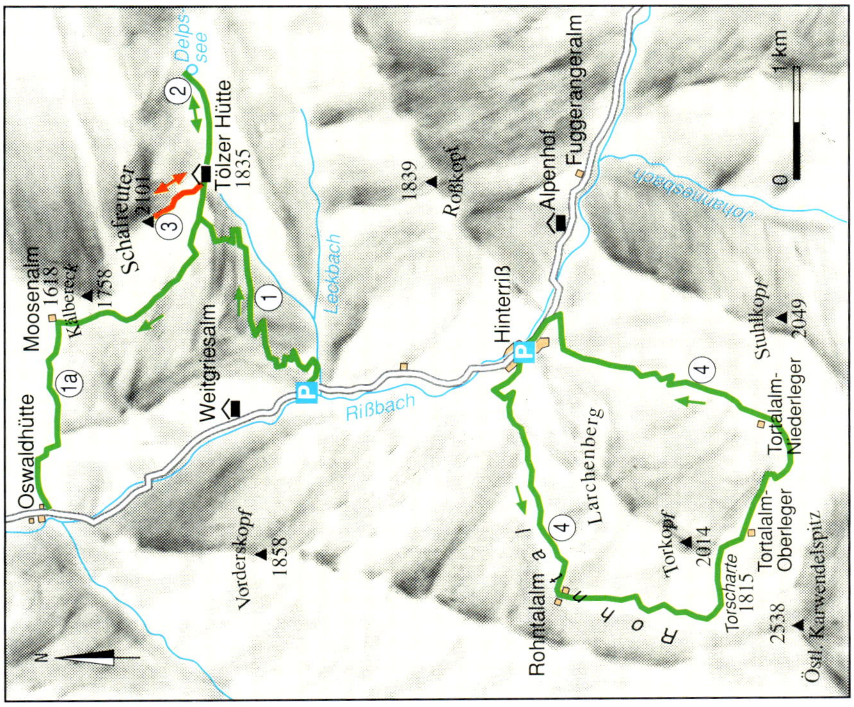

24 Im großen Ahornboden

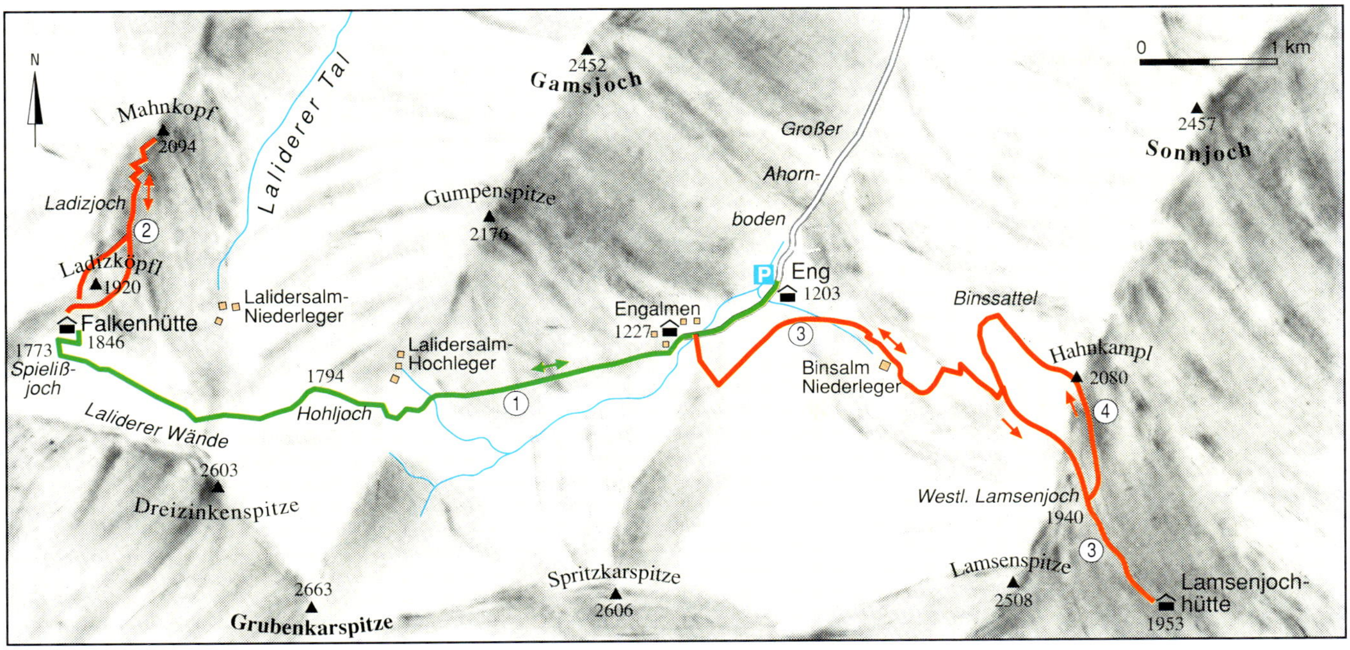

23 Im Vorkarwendel

Anfahrt **Bahn/Bus:** Bahnlinie München – Lenggries bis zum Endpunkt. Bus (im Sommer nur einmal täglich in der Früh) für den Anstieg zur Tölzer Hütte bis kurz vor Hinterriß zum Parkplatz Leckbach; für die Rontal-Tortal-Runde weiter nach Hinterriß bis Ortsmitte.
Auto: Salzburger Autobahn, Ausfahrt Holzkirchen, weiter nach Bad Tölz. Oder Garmischer Autobahn, Ausfahrt Penzberg, weiter nach Bad Tölz. In beiden Fällen über Lenggries und Vorderriß Richtung Hinterriß zum Parkplatz Leckbach bzw. in den kleinen Ort Hinterriß; dort große Parkplätze am Ortsanfang bzw. Ortsende.

Gehzeiten Anstieg auf die Tölzer Hütte: 3½ Std.; Gipfelanstieg auf den Schafreuter: 1 Std.; Abstecher zum Delpssee: 1½ Std.; Rückweg über die Moosenalm: 3 Std.; Rontal-Tortal-Runde: 5 Std.

Anforderungen Anstieg zur Tölzer Hütte auf steilem, aber gut zu begehendem Bergsteig. Der Gipfelweg zum Schafreuter erfordert Trittsicherheit.Die Rontal-Tortal-Runde ist leicht und führt mit Ausnahme des Übergangs über die Torscharte, der auf Bergwanderweg erfolgt, auf Almwegen.

Alter Schafreuter ab 10 Jahren; alle übrigen Wege ab 6 Jahren.

Hütten/Einkehr Tölzer Hütte, 1835 m (AV-Hütte, Kat. I, Mitte Mai bis Mitte Oktober bewirtschaftet, kinderfreundlich, 33 Betten, 38 Lager; Tel. 0161/1811371; Gasthaus Kaiserhütte und Gasthöfe in Hinterriß.

Höchste Punkte Schafreuter, 2101 m; Torscharte, 1815 m.

Karte Topographische Karte 1:50000 Karwendelgebirge (BLVA).

24 Im großen Ahornboden

Anfahrt **Bahn/Bus:** Bahnlinie München – Lenggries. RVO-Bus in die Eng (verkehrt nur von Ende Mai bis Ende September).
Auto: Über Holzkirchen oder Penzberg (Salzburger bzw. Garmischer Autobahn) nach Bad Tölz, dann über Lenggries, Vorderriß und Hinterriß in die Eng (das letzte Stück Mautstraße); große Parkplätze am Ende der Straße.

Gehzeiten Zu den Engalmen: 10 Min.; zur Falkenhütte: 2½ Std.; Gipfelabstecher zum Mahnkopf: ½ Std.; Aufstieg zur Lamsenjochhütte: 3 Std.; Rückweg über den Hahnkampl: 2¼ Std.

Anforderungen Spazierweg zu den Engalmen. Guter Bergweg ohne Schwierigkeiten zu den beiden Alpenvereinshütten. Lediglich für die Überschreitung des Hahnkampls braucht man Trittsicherheit und Schwindelfreiheit.

Alter Engalmen für alle Altersgruppen; Falkenhütte ab 6 Jahren; Lamsenjochhütte ab 8 Jahren.

Hütten/Einkehr Alpengasthof Eng, 1203 m (privat, Mitte Mai bis Ende Oktober bewirtschaftet, 33 Betten, 30 Lager; Tel. 05245/206); Engalmen, 1227 m (Jausenstation und mehrere Almenhütten mit Übernachtungsmöglichkeiten während der Weidesaison); Falkenhütte, 1846 m (AV-Hütte, Anfang Juni bis Mitte Oktober bewirtschaftet, 23 Betten, 110 Lager; Tel. 05245/245); Lamsenjochhütte, 1953 m (AV-Hütte, Anfang Juni bis Mitte Oktober bewirtschaftet, 24 Betten, 72 Lager; Tel. 05244/62063); Binsalm-Niederleger, 1503 m (privat, Anfang Mai bis Oktober bewirtschaftet, 40 Lager; Tel. 0043/5245/214).

Höchste Punkte Hahnkampl, 2080 m; Falkenhütte, 1846 m; Mahnkopf, 2094 m.

Karte Topographische Karte 1:50000 Karwendelgebirge (BLVA).

25 Hoch über Mittenwald

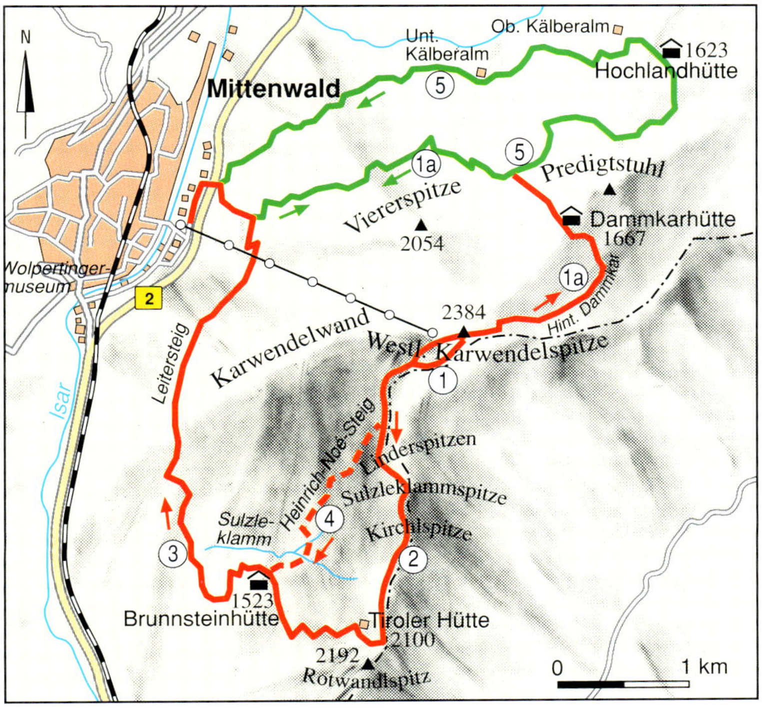

26 Im Tölzer Land

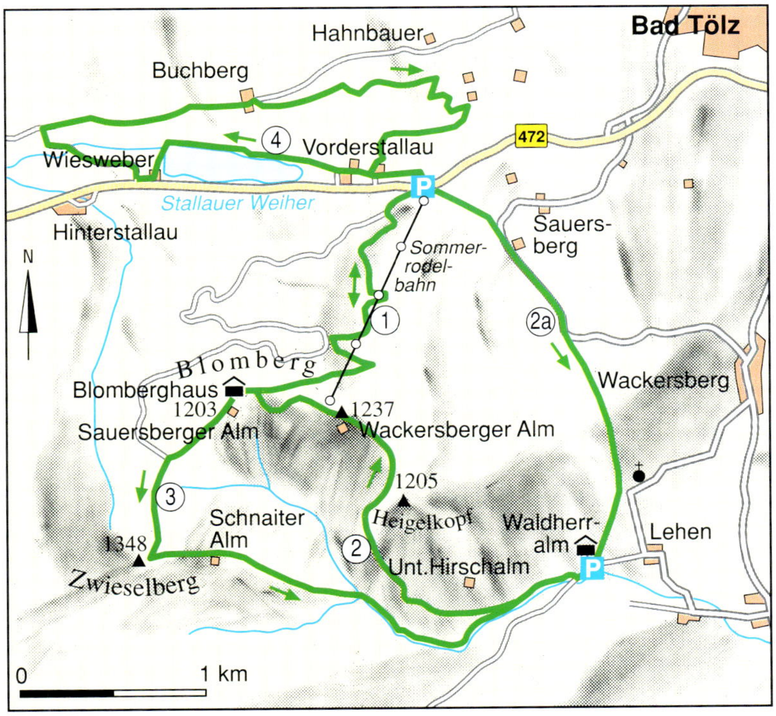

25 Hoch über Mittenwald

Anfahrt

Bahn/Bus: Bahnlinie München – Garmisch – Innsbruck bis Mittenwald. Zu Fuß zur Talstation der Karwendelbahn.
Auto: Garmischer Autobahn bis Eschenlohe, B 2 über Garmisch nach Mittenwald, Umgehungsstraße bis zur Abfahrt »Karwendelbahn«; großer Parkplatz. Für den Anstieg zur Hochlandhütte gibt es an der B 2 einen Parkplatz kurz vor Erreichen der Karwendelbahn.

Gehzeiten

Gipfelrunde: etwa 1 Std.; Mittenwalder Höhenweg: 4–5 Std.; Abstieg zur Brunnsteinhütte: 1 Std; Abstieg von der Karwendelbahnbergstation über den Heinrich-Noé-Weg zur Brunnsteinhütte: 2 Std.; Abstieg ins Tal: 1¾ Std.; Anstieg zur Hochlandhütte: 3 Std.; Abstieg nach Mittenwald 1½ Std.

Anforderungen

Der Klettersteig führt über mehrere Gipfel, die Abstiege und Anstiege sind jeweils kurz; die Route ist mit zahlreichen Metallleitern, Sicherungsseilen, Eisenstiften und Trittstufen versichert. Achtung: Die Tour verläuft durch stark ausgesetztes Gelände; bei Wettersturz gefährlich! Der Abstieg über den Heinrich-Noé-Weg ist ebenfalls teilweise ausgesetzt und an einigen Stellen gesichert, insgesamt aber bedeutend leichter. Der Anstieg zur Hochlandhütte erfolgt auf Bergsteig.

Alter

Mittenwalder Höhenweg ab 12 Jahren; Hochlandhütte, Gipfelrunde und Dammkarhütte ab 8 Jahren.

Ausrüstung

Klettersteigausrüstung mit Komplettgurt, Sicherungskarabiner und Sicherungsschleifen sowie Steinschlaghelm.

Hütten/Einkehr

Restaurant in der Bergstation der Karwendelbahn; Brunnsteinhütte, 1523 m (AV-Hütte, Mitte Mai bis Mitte Oktober bewirtschaftet, 25 Lager, 10 Notlager; Tel. 0172/8909613); Tiroler Hütte, 2100 m (privat, im Sommer einfach bewirtschaftet, 6 Lager); Hochlandhütte, 1623 m (AV-Hütte, Anfang Juni bis Anfang Oktober bewirtschaftet, 35 Lager; Tel. 0161/2822271). Dammkarhütte, 1667 m (privat, Ostern bis Ende September bewirtschaftet, 6 Betten, 15 Lager; Tel. 08823/8313).

Höchste Punkte

Westliche Karwendelspitze, 2384 m; Nördliche Linderspitze, 2374 m.

Karte

Topographische Karte 1:50000 (Karwendelgebirge – Werdenfelser Land (BLVA).

26 Im Tölzer Land

Anfahrt

Bahn/Bus: Bahnlinie München – Bad Tölz. Bus zur Talstation der Blombergbahn.
Auto: Garmischer Autobahn, Ausfahrt Penzberg/Iffeldorf, über Penzberg und Bad Heilbrunn zur Talstation der Blombergbahn kurz vor Bad Tölz; großer Parkplatz. Oder weiter auf der Straße Richtung Wackersberg/Lenggries, beim Ort Steinberg rechts ab zur Waldherralm; dort Wanderparkplatz.

Gehzeiten

Von der Bergstation der Blombergbahn zum Blomberghaus: 20 Min. (beim Aufstieg aus dem Tal 2 Std. länger); Weiterweg zum Zwieselberg: ¾ Std.; Abstieg zur Sommerrodelbahn: 1 Std.; von der Waldherralm über den Heigelkopf zum Blomberghaus: 2 Std.; über die Höhen am Stallauer Weiher: 2 Std.

Anforderungen

Leichte, breite Wander- bzw. Forstwege mit einigen steileren Passagen. Talwanderung durch Bauernlandschaft.

Alter

Durchwegs ab 4 Jahren.

Hütten/Einkehr

Blomberghaus, 1203 m (privat, ganzjährig bewirtschaftet, im Winter Mi Ruhetag, 24 Betten, 22 Lager; Tel. 08041/6436); Kiosk an der Talstation der Blombergbahn; Waldherralm, 750 m (ganzjährig bewirtschaftet, Mo, Di Ruhetage; Tel. 08041/9520); Gasthaus Wiesweber mit Biergarten am Stallauer Weiher; Café Nirwana und Krapfenhütte in Vorderstallau.

Höchste Punkte

Blomberghaus, 1203 m; Heigelkopf, 1205 m; Zwieselberg, 1348 m.

Karte

Topographische Karte 1:50000 Bad Tölz – Lenggries und Umgebung (BLVA).

27 Rund um Lenggries

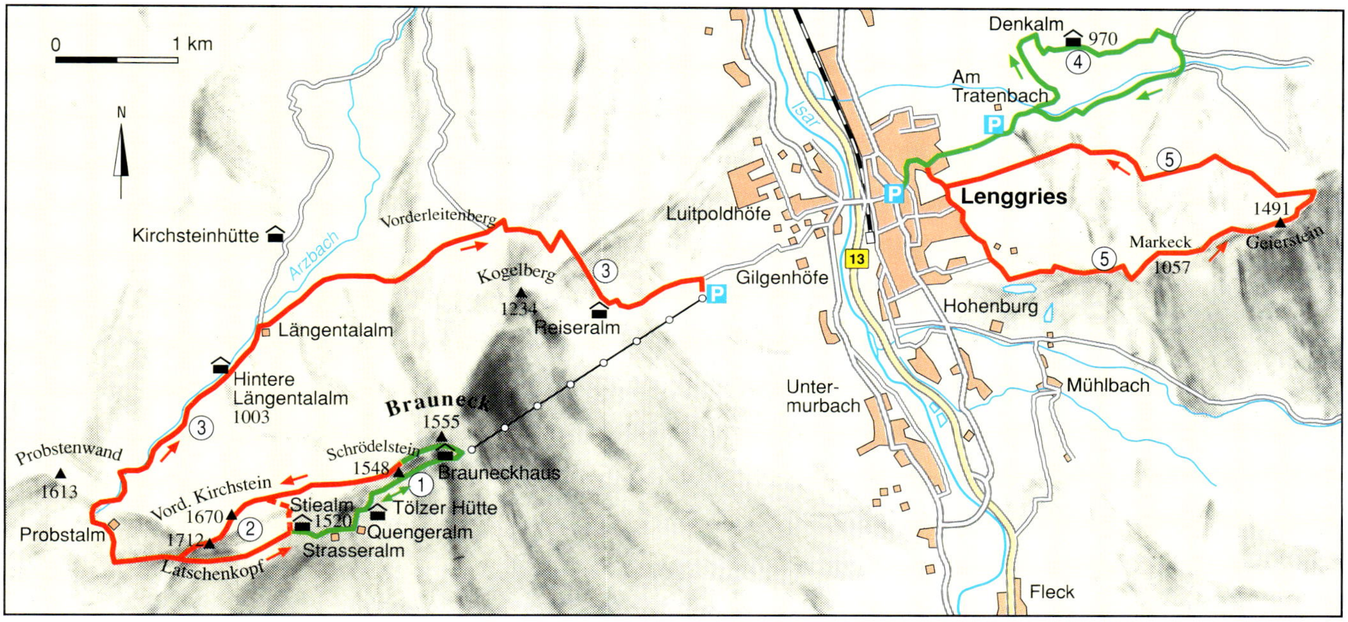

28 In den Walchenseebergen

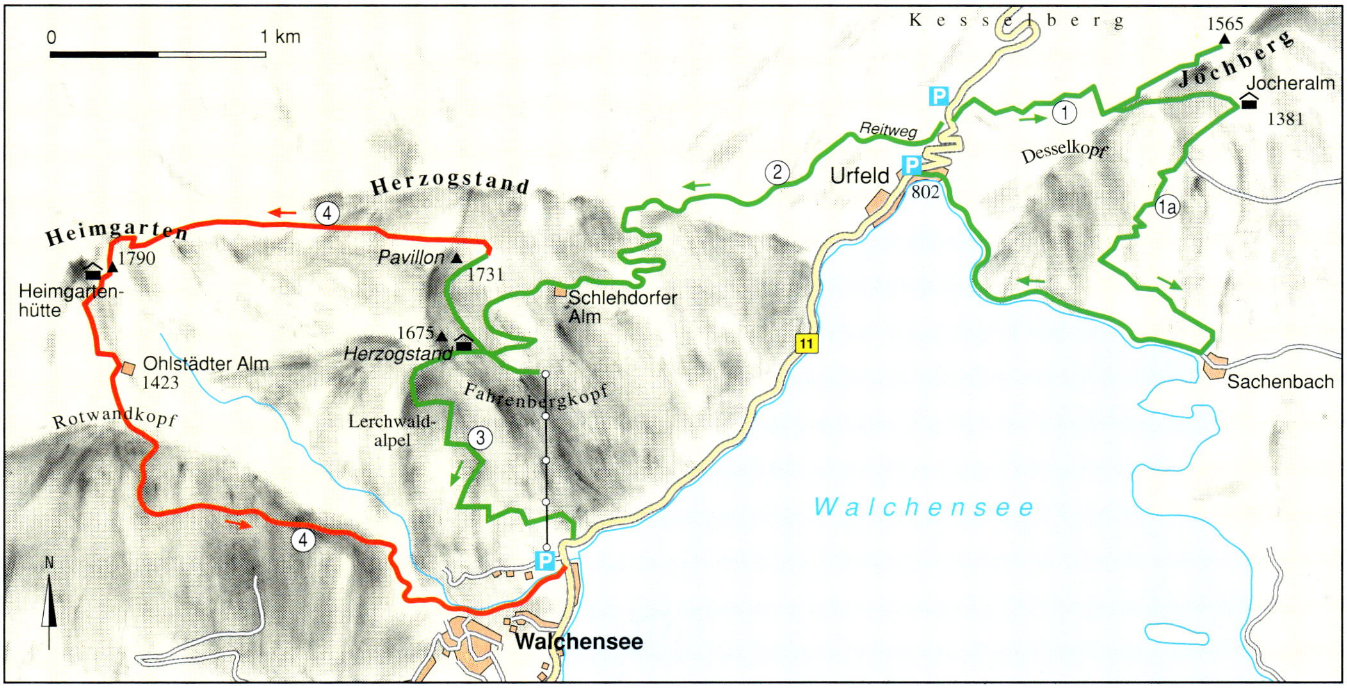

27 Rund um Lenggries

Anfahrt

Bahn/Bus: Bahnlinie München – Lenggries. 1 km zu Fuß zur Talstation der Brauneckbahn.
Auto: Salzburger Autobahn, Ausfahrt Holzkirchen, oder Garmischer Autobahn, Ausfahrt Penzberg, nach Bad Tölz und weiter nach Lenggries; parken an der Talstation der Brauneckbahn oder in Ortsmitte. Oder auf Fahrweg der Ausschilderung zur Denkalm folgen bis zum Ende des befahrbaren Weges; dort kleiner Wanderparkplatz. Für den Geierstein weiter zum Lenggrieser Ortsteil Hohenburg; dort Parkplatz beim Gasthaus Hirschbachstüberl.

Gehzeiten

Kleiner Panoramaweg: 1 Std.; großer Panoramaweg: 2½ Std.; Abstieg über das Längental: 4 Std.; zur Denkalm: ¾ Std.; Runde über den Geierstein: 4½ Std.

Anforderungen

Kleiner Panoramaweg breiter, leicht fallender Wanderweg. Großer Panoramaweg gut begehbarer Bergweg, dann gesperrter Fahrweg. Abstieg ins Längental auf Bergsteig und Forstwegen. Zur Denkalm schmaler Fahrweg. Auf den Geierstein Bergsteig; Trittsicherheit im Gipfelbereich und Orientierungssinn erforderlich.

Alter

Kleiner Panoramaweg für jedes Alter; großer Panoramaweg sowie Abstieg.ins Längental ab 6 Jahren; Denkalm ab 4 Jahren; Geierstein ab 8 Jahren.

Hütten/Einkehr

Brauneckhaus, 1540 m (AV-Haus, Mitte Mai bis Anfang November und Mitte Dezember bis Mitte April bewirtschaftet, 22 Betten, 46 Lager; Tel. 08042/8786); Stiealm, 1520 m (privat, ganzjährig bewirtschaftet, 86 Schlafplätze, Tel. 08042/2336); Strasseralm, Quengeralm, Tölzer Hütte am Panoramaweg (während der Wandersaison bewirtschaftet); Hintere Längentalalm, 1003 m (privat, während der Weidesaison einfach bewirtschaftet); Denkalm, 970 m (privat, Anfang Juni bis Ende Oktober bewirtschaftet, Mi Ruhetag).

Höchste Punkte

Geierstein, 1491 m; Brauneck, 1555 m; Vorderer Kirchstein, 1670 m.

Karte

Topographische Karte 1:50000 Bad Tölz, Lenggries und Umgebung (BLVA).

28 In den Walchenseebergen

Anfahrt

Bahn/Bus: Bahnlinie München – Kochel. RVO-Bus über die Kesselbergstraße zum Walchensee.
Auto: Garmischer Autobahn, Ausfahrt Murnau/Kochel, über Kochel und die Kesselbergstraße zur Kesselberghöhe bzw. zum Ort Walchensee mit der Talstation der Herzogstandbahn. An der Kesselbergstraße und in Walchensee mehrere Parkplätze.

Gehzeiten

Aufstieg zum Jochberg: 2¼ Std.; Abstieg zum Ausgangspunkt über Sachenbach: 1½ Std.; Aufstieg zu den Herzogstandhäusern: 2 Std. (oder per Gondel, dann 10 Min. zu Fuß); direkter Abstieg nach Walchensee: 1½ Std.; Aufstieg zum Herzogstand: 1 Std.; Übergang zum Heimgarten: 1½ Std.; Abstieg nach Walchensee zur Talstation: 2 Std.

Anforderungen

Wanderung auf den Jochberg zum Teil auf steilem Bergsteig, Rückweg zum Teil auf Fahrweg. Aufstieg zum Herzogstand auf Fahrweg und Bergwanderweg. Übergang zum Heimgarten auf schmalem und an einigen Stellen ausgesetztem Bergsteig. Abstieg auf Bergwanderweg (die direkte Variante ab Herzogstandhäuser ist sehr steil).

Alter

Jochberg ab 6 Jahren; Herzogstand ab 4 Jahren bei Benützung der Kabinenbahn, ansonsten ab 6 Jahren; Übergang zum Heimgarten ab 10 Jahren.

Hütten/Einkehr

Jocheralm, 1381 m (privat, während der Weidesaison bewirtschaftet, keine Übernachtung); Herzogstandhäuser, 1575 m (privat, Anfang Januar bis Ende Oktober bewirtschaftet, 24 Betten, 29 Lager; Tel. 08851/234); Heimgartenhütte, 1790 m (privat, in den Sommermonaten einfach bewirtschaftet).

Höchste Punkte

Jochberg, 1565 m; Herzogstand, 1731 m; Heimgarten, 1790 m.

Karte

Topographische Karte 1:50000 Bad Tölz – Lenggries und Umgebung (BLVA).

29 Im oberen Isartal

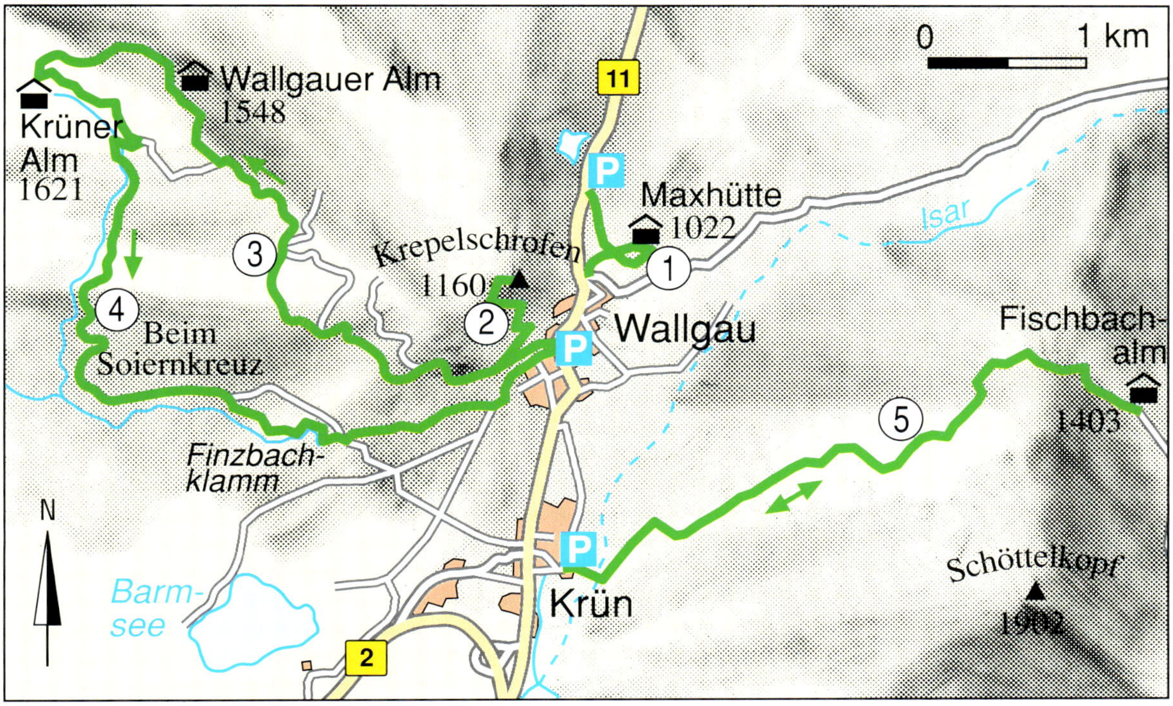

30 Rund um den Wank

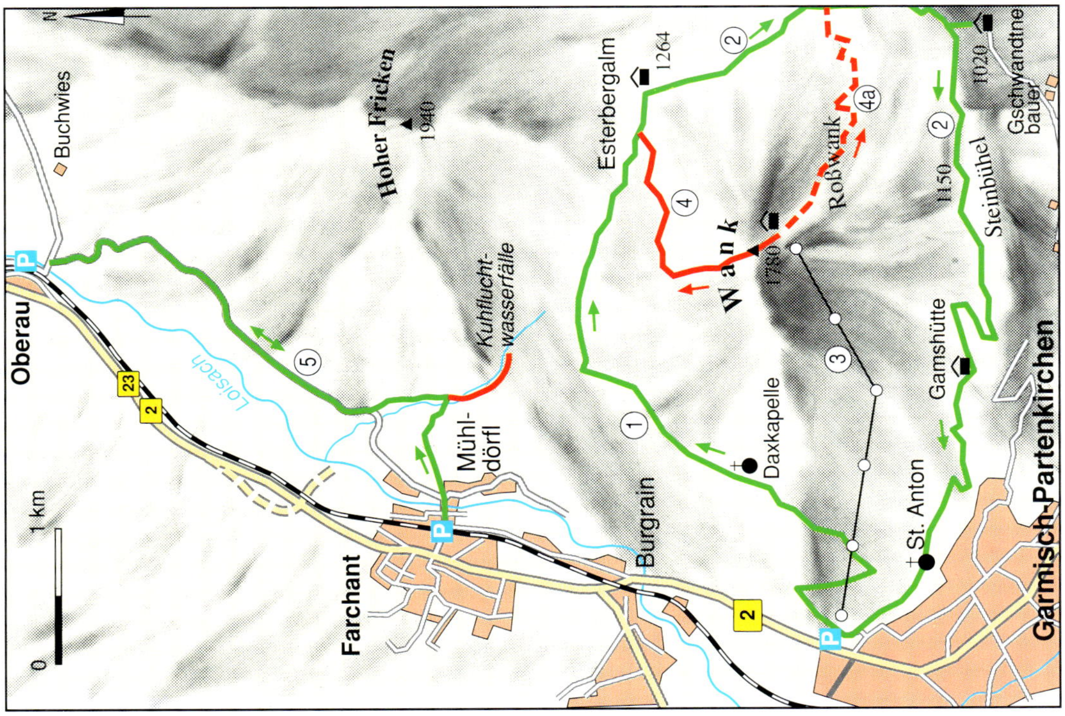

29 Im oberen Isartal

Anfahrt

Bahn/Bus: Werdenfelsexpress München – Garmisch-Partenkirchen. RVO-Bus über Krün (dort aussteigen, falls wir hinaus zur Fischbachalm wandern wollen) nach Wallgau bis zur Ortsmitte; bei Anstieg zur Maxhütte bis Haltestelle Maxhütte.
Auto: Garmischer Autobahn, Ausfahrt Kochelsee/Murnau, über Kochel, Walchensee nach Wallgau; Parkmöglichkeiten im Ort. Am Startpunkt zur Maxhütte (Wanderweg), kurz vor Wallgau, kleiner Parkplatz direkt an der Straße. Die kurvenreiche Kesselbergstraße kann bei kleineren Kindern zu Übelkeit führen. Dann besser bis zum Autobahnende weiterfahren und auf der Bundesstraße über Garmisch-Partenkirchen Richtung Mittenwald bis Krün (hier auch Start zur Fischbachalm; Wanderparkplatz zwischen Kirche und Isarbrücke) und links haltend weiter nach Wallgau.

Gehzeiten

Anstieg zur Maxhütte: 1/2 Std.; Anstieg zum Krepelschrofen: 1 Std.; von Wallgau zur Krüner Alm: 3 1/2 Std.; Abstieg über die Finzbachklamm: 3 Std.; Fischbachalm: 2 Std.; Abstieg 1 1/2 Std.

Anforderungen

Zur Maxhütte leichter, breiter Wanderweg. Zum Krepelschrofen Panorama- und Bergweg, zuletzt weglos, aber einfach. Anstieg auf die Krüner Alm größtenteils auf Forst- und Bergwegen durch Wald mit einigen steileren Abschnitten. Zur Fischbachalm Almfahrweg bzw. ein kurzes Stück Bergwanderweg.

Alter

Krüner Alm ab 8 Jahren; Krepelschrofen und Fischbachalm ab 5 Jahren; Maxhütte für jedes Alter.

Hütten/Einkehr

Krüner Alm, 1621 m (während der Weidesaison einfach bewirtschaftet); Maxhütte, 1022 m (mit Ausnahme von November und Dezember ganzjährig bewirtschaftet, Di Ruhetag; Tel. 088 25/15 82); Fischbachalm, 1403 m (privat, Anfang Mai bis Ende Oktober bewirtschaftet, keine Übernachtung). Gasthäuser in Wallgau.

Höchste Punkte

Krepelschrofen, 1160 m; Fischbachalm, 1403 m; Krüner Alm, 1621 m.

Karte

Topographische Karte 1:50 000 Karwendelgebirge – Werdenfelser Land (BLVA).

30 Rund um den Wank

Anfahrt

Bahn/Bus: Werdenfelsexpress München – Garmisch-Partenkirchen. Citybus zur Talstation der Wankbahn. Zu den Kuhfluchtwasserfällen: Aussteigen in Oberau.
Auto: Garmischer Autobahn bis Eschenlohe, B 2 nach Garmisch und weiter Richtung Mittenwald, links Abzweigung der Zufahrt zur Wankbahn; großer Parkplatz an der Talstation. Zu den Kuhfluchtwasserfällen: In Oberau in Ortsmitte links, über die Gleise; dort Parkplatz.

Gehzeiten

Anstieg zur Esterbergalm: 2 Std.; Abstieg vom Wank zur Esterbergalm: 1 Std.; Abstieg ins Tal: 2 Std.; Rückweg von der Esterbergalm bzw. vom Wank über den Gschwandtnerbauer: 3 Std.; von Oberau zu den Kuhfluchtwasserfällen: 1 1/4 Std.; Weiterweg zur Quelle: 3/4 Std.; Rückweg: 2 Std.

Anforderungen

Überwiegend breite Wander- bzw. gesperrte Fahrwege. Abstieg vom Wank bzw. Rückkehr über den Gschwandtnerbauer auf Bergwanderweg. Breiter Wanderweg in den Kuhfluchtgraben, dann weiter auf Pfad und Bergsteig bis zur Quelle.

Alter

Rundwanderung auf dem Wankgipfel für alle Altersgruppen; Anstieg vom Tal zur Esterbergalm sowie Rückweg: ab 5 Jahren; Abstecher zu den Kuhfluchtwasserfällen ab 8 Jahren.

Hütten/Einkehr

Esterbergalm, 1264 m (privat, ganzjährig, keine Übernachtung); Wankhaus, 1780 m (AV-Haus, Anfang Mai bis Mitte September bewirtschaftet, keine Übernachtung; Tel. 088 21/562 01); Gschwandtnerbauer, 1020 m (Gaststätte, Mo Ruhetag).

Höchster Punkt

Wank, 1780 m.

Karte

Topographische Karte 1:50 000 Werdenfelser Land (BLVA).

31 Rund um Mittenwald

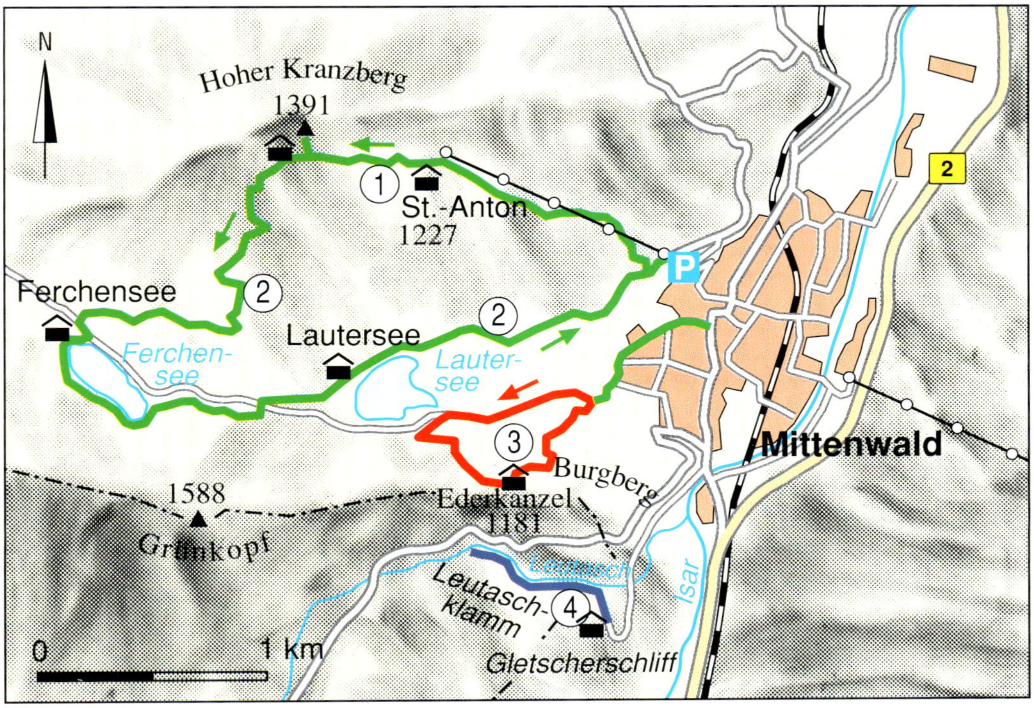

32 Im Reich König Ludwigs

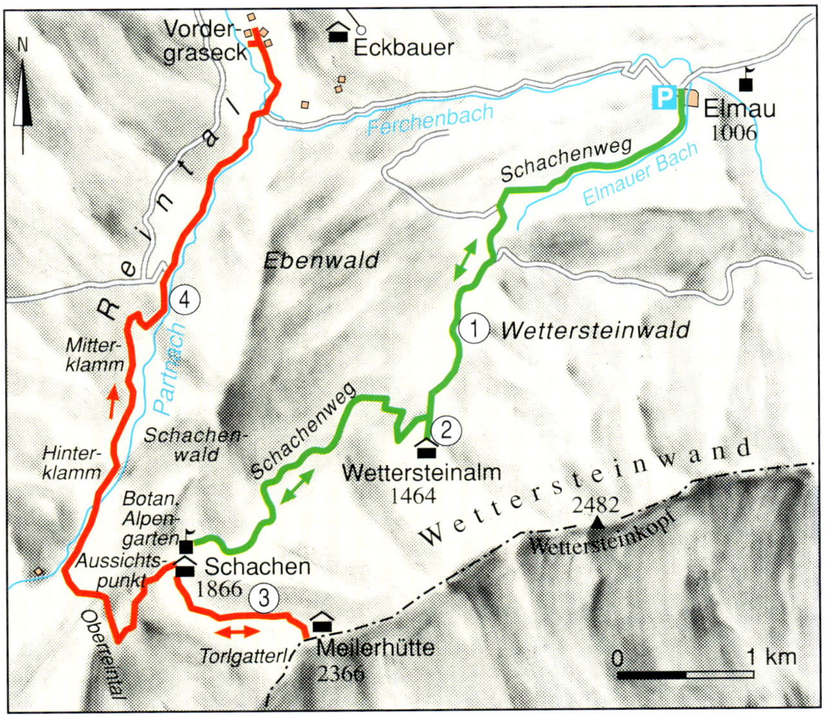

31 Rund um Mittenwald

Anfahrt Bahn/Bus: Bahnlinie München – Garmisch-Partenkirchen – Mittenwald. Dort zu Fuß weiter zum Kranzberglift (ausgeschildert).
Auto: Garmischer Autobahn bis Eschenlohe, B 2 über Garmisch nach Mittenwald, in Ortsmitte ausgeschilderte Zufahrt zur Talstation der Kranzbergbahn; dort Parkplatz.

Gehzeiten Bergstation des Kranzberglifts: 3/4 Std.; Abstieg zum Ferchensee: 1 Std.; Rückkehr zum Ausgangspunkt: 1 Std.; Abstecher auf die Ederkanzel: 1 1/2 Std.; Wanderung in die Leutaschklamm: 1 Std.

Anforderungen Rundwanderung am Kranzberg auf Bergwanderweg, im Bereich der Seen auf gesperrten Fahrwegen. Anstieg zur Ederkanzel auf Wanderweg, Abstieg auf Fahrweg. Die Leutaschklamm ist mit einer Steiganlage zugänglich gemacht.

Alter Alle Wege ab 4 Jahren.

Hütten/Einkehr Kranzberghaus, 1350 m (privat, ganzjährig bewirtschaftet); Gasthaus St. Anton, 1227 m (privat, Weihnachten bis nach Ostern und Pfingsten bis Allerheiligen geöffnet; Tel. 08823/8001); Berggasthaus Ederkanzel, 1181 m (privat, ganzjährig, keine Übernachtung).

Höchste Punkte Hoher Kranzberg, 1391 m; Ederkanzel, 1181 m.

Karte Topographische Karte 1:50000 Werdenfelser Land (BLVA).

32 Im Reich König Ludwigs

Anfahrt Bahn/Bus: Bahnlinie München – Mittenwald – Innsbruck bis zum Haltepunkt Klais. Nach Elmau allerdings keine Busverbindung.
Auto: Garmischer Autobahn bis Eschenlohe, B 2 über Garmisch Richtung Mittenwald, in Klais rechts ab und hinauf nach Elmau; dort Parkplatz.

Gehzeiten Anstieg zum Schachenhaus von Elmau: 3 1/2 Std.; Abstieg auf dem Anstiegsweg: 2 Std.; Abstecher zur Wettersteinalm: 20 Min.; Aufstieg zur Meilerhütte: 1 1/2 Std.; Abstieg durch das Reintal: 3 1/2 Std.

Anforderungen Anstieg zum Schachenhaus auf breitem Wanderweg. Anstieg zur Meilerhütte auf steilem Steig; Trittsicherheit und Schwindelfreiheit erforderlich.

Alter Zum Schachenhaus aufgrund der Länge ab 6 Jahren; zur Meilerhütte und Rückweg über das Reintal ab 10 Jahren.

Hütten/Einkehr Schachenhaus, 1866 m (privat, Anfang Juni bis Mitte Oktober bewirtschaftet, 22 Betten, 12 Lager; Tel. 08821/2996); Wettersteinalm, 1464 m (privat, Anfang Juli bis Ende September einfach bewirtschaftet; keine Übernachtung); Meilerhütte, 2366 m (AV-Hütte, Kat. I, Mitte Juni bis Anfang Oktober bewirtschaftet, 70 Lager, 40 Notlager; Tel. 0171/5227897); Gasthaus in Elmau mit Biergarten.

Höchste Punkte Schachenhaus, 1866 m; Meilerhütte, 2366 m.

Karte Topographische Karte 1:50000 Werdenfelser Land (BLVA).

33 Reißendes Wasser

34 Auf das Wahrzeichen von Garmisch

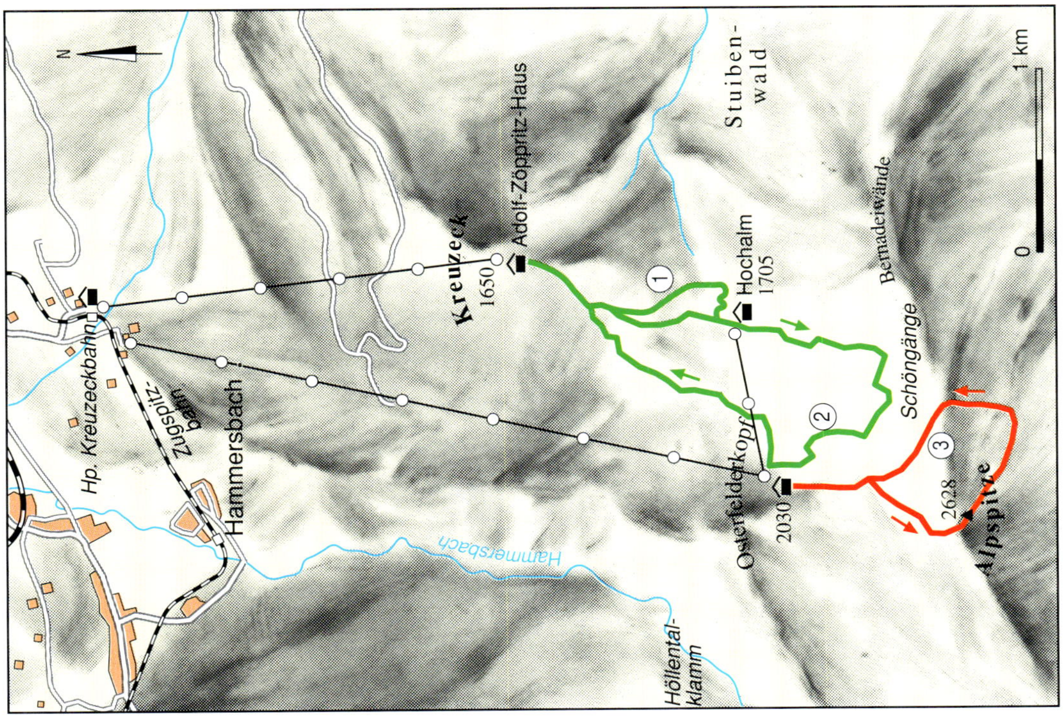

33 Reißendes Wasser

Anfahrt
Bahn/Bus: Werdenfelstakt München – Garmisch-Partenkirchen. City-Bus zur Talstation der Eckbauerbahn. Von dort Pferdedroschkendienst zum Klammeingang. Zur Talstation der Hausbergbahn Busverbindung vom Hauptbahnhof.
Auto: Garmischer Autobahn bis Eschenlohe, B 2 bis zum Ortsanfang von Garmisch-Partenkirchen, bei der Straßenverzweigung links weiter Richtung Mittenwald, bis nach etwa 1 km rechts die Zufahrt zur Eckbauerbahn abzweigt; großer Parkplatz an der Talstation. Zur Talstation der Hausbergbahn vom Marktplatz in Garmisch auf der Alpspitzstraße; dort Parkplatz.

Gehzeiten
Anstieg durch die Partnachklamm nach Vordergraseck: 1½ Std.; Weiterweg zum Eckbauer: 1 Std. (Abfahrt mit der Eckbauerbahn); Weiterweg nach Wamberg: ¾ Std.; Abstieg zur Talstation: ¾ Std.; Abstieg vom Hausberg: 1½ Std.; Übergang zur Partnachklamm: ½ Std.

Anforderungen
Die Runde kann auch in Etappen gegangen bzw. abgebrochen werden. Der Steig durch die Klamm ist an allen gefährlichen Stellen mit Geländer gesichert. Kleinere Kinder ans Seil nehmen bzw. an der Hand führen, da man zwischen den Querstreben durchschlüpfen kann. Im weiteren Verlauf keine ausgesetzten Stellen. Der letzte Teil des Anstiegs zum Eckbauer ist sehr steil, aufgrund der zahlreichen Serpentinen jedoch gut zu begehen. Wanderwege am Hausberg leicht.

Alter
Mit kleinen Kindern (ab 4 Jahren) besser die Route im Abstieg gehen, ansonsten ab 6 Jahren; Ausflug mit der Eckbauerbahn für alle Altersgruppen – von der Bergstation sind es nur wenige Min. auf breitem Weg zum Gasthaus; Hausberg ebenfalls für alle Altersgruppen.

Ausrüstung
Für die Begehung der Klamm je nach Jahreszeit Regenkleidung mitnehmen, besonders während der Schneeschmelze und nach Regenfällen starkes Tropfwasser. Taschenlampe sehr empfehlenswert, da es in den Felstunnels »rabenschwarz« sein kann.

Hütten/Einkehr
Lenz'nhütte am Klammeingang; Selbstbedienungsimbiß in der Wettersteinalm in Vordergraseck bzw. Hotel Graseck mit Selbstbedienungsimbiss in Hintergraseck; Berggasthaus Eckbauer, 1237 m (ganzjährig, Mi Ruhetag; Tel. 088 21/22 14); Gasthaus in Wamberg (ganzjährig, Fr Ruhetag); Garmischer Haus, 1330 m(ganzjährig, Di Ruhetag); Bayernhaus, 1258 m (privat, ganzjährig, 20 Betten; Tel. 088 21/28 28); evtl. Kochelbergalm.

Höchste Punkte
Berggasthaus Eckbauer, 1237 m; Bayernhaus, 1258 m.

Karte
Topographische Karte 1:50 000 Werdenfelser Land (BLVA).

34 Auf das Wahrzeichen von Garmisch

Anfahrt
Bahn/Bus: Mit dem Werdenfelsexpress im Stundentakt von München nach Garmisch. Zugspitzbahn zum Haltepunkt Kreuzeckbahn.
Auto: Garmischer Autobahn bis Eschenlohe, B 2 Richtung Griesen, kurz vor dem Ortsende von Garmisch zweigt links die Zufahrtsstraße zu den Talstationen der Kreuzeck- bzw. Osterfelderbahn ab; dort Parkplätze.

Gehzeiten
Von der Bergstation der Osterfelderbahn über die Via ferrata: 2 Std.; Abstieg über den Nordwandsteig: 2 Std.; insgesamt: 4 Std.; Wanderung vom Kreuzeck zur Hochalm: ½ Std.; Runde über den Osterfelderkopf 3 Std.

Anforderungen
Die Klettersteige auf die Alpspitze wie auch der Abstieg setzen unbedingt Trittsicherheit und Schwindelfreiheit voraus. Nur mit großen Kindern gehen, die bereits auf anderen Klettersteigen Erfahrung gesammelt haben. Wanderung über die Hochalm zum Osterfelderkopf auf breitem Wander- bzw. Fahrweg.

Alter
Anstieg auf die Alpspitze ab 14 Jahren; Wanderung zur Hochalm für alle Altersgruppen; Aufstieg zum Osterfelderkopf ab 4 Jahren.

Ausrüstung
Für den Anstieg auf die Alpspitze Klettersteigausrüstung mit Sitz- und Brustgurt sowie zwei Sicherungskarabinern und Steinschlaghelm.

Hütten/Einkehr
Kioskbetrieb an der Bergstation der Osterfelderbahn; Kreuzeckhaus, 1650 m (AV-Haus, Kat. II, Mitte Mai bis Mitte November und Mitte Dezember bis Ostern bewirtschaftet, 58 Betten, 43 Lager; Tel. 088 21/22 02); Hochalm, 1705 m (privat, nahezu ganzjährig bewirtschaftet, Ostern bis Pfingsten und November bis Mitte Dezember geschlossen, 7 Betten, 30 Lager; Tel. 088 21/29 07).

Höchste Punkte
Alpspitze, 2628 m; Osterfelderkopf, 2030 m.

Karte
Topographische Karte 1:50 000 Werdenfelser Land (BLVA).

35 Im Banne der Zugspitze

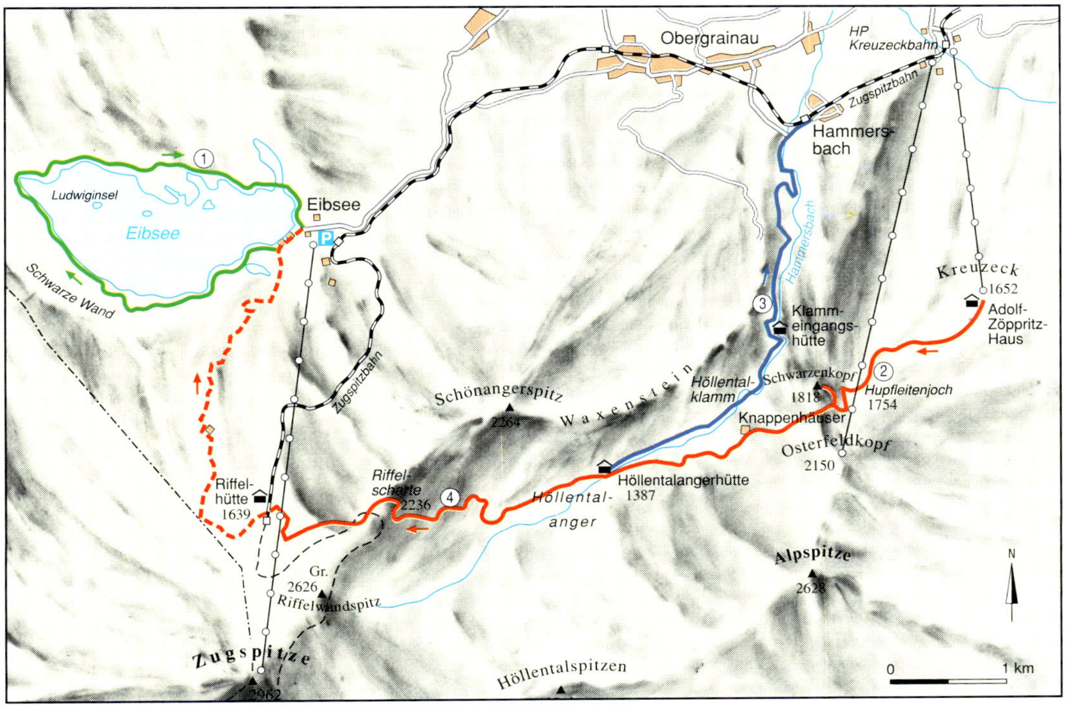

36 In den Mieminger Bergen

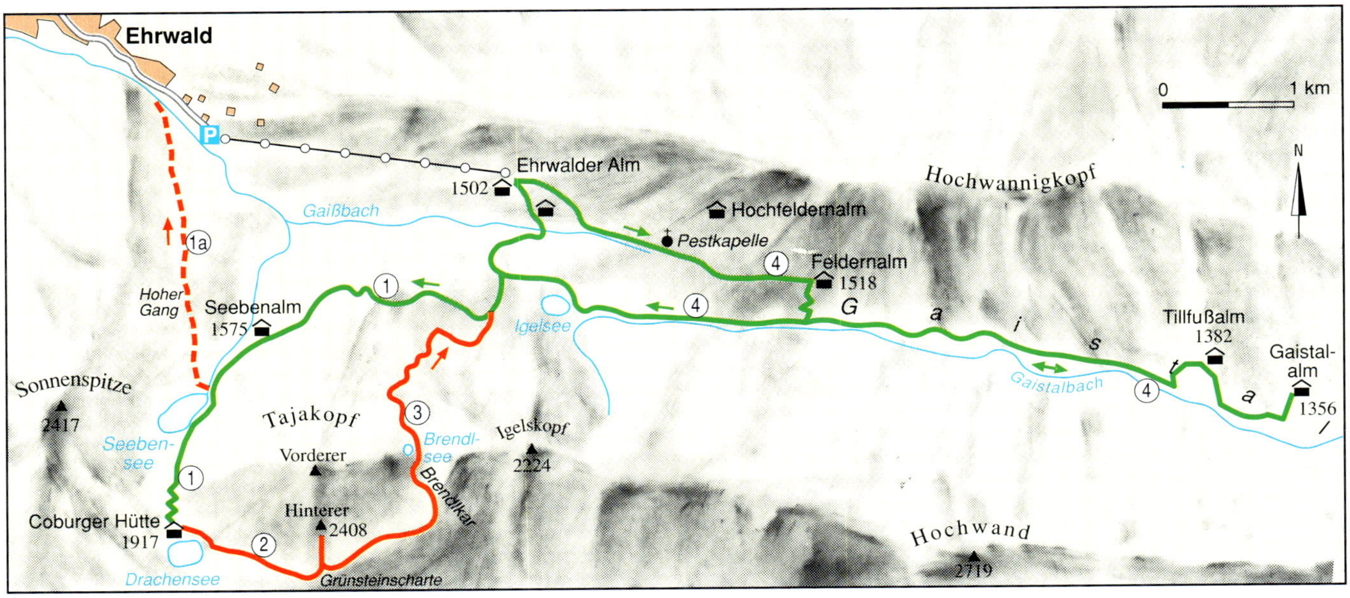

35 Im Banne der Zugspitze

Anfahrt

Bahn/Bus: Werdenfelsexpress München – Garmisch-Partenkirchen. Zugspitzbahn zur Talstation der Kreuzeckbahn.
Auto: Garmischer Autobahn bis Eschenlohe, B 2 nach Garmisch-Partenkirchen und weiter Richtung Griesen, am Ortsende links ab zur Talstation der Kreuzeckbahn; dort Parkplatz. Zum Eibsee noch 1,3 km weiter Richtung Griesen, dann links ab.

Gehzeiten

Eibseerunde: 1½ Std.; Abstieg zur Höllentalangerhütte: 2 Std.; Abstieg durch die Höllentalklamm: 1½ Std.; Aufstieg über die Riffelscharte von der Höllentalangerhütte zum Haltepunkt Riffelriß: 3 Std.

Anforderungen

Die Eibseerunde ist ein Spazierweg. Zur Höllentalangerhütte Trittsicherheit und Schwindelfreiheit erforderlich, z.T. gesicherter Steig. Der Anstieg zur Riffelscharte erfolgt auf z.T. gesichertem Bergsteig; Trittsicherheit, Schwindelfreiheit und etwas Kondition Voraussetzung.

Alter

Eibseerunde für alle Altersgruppen; Bergwege rund ums Höllental ab 8 Jahren; Übergang über die Riffelscharte ab 14 Jahren und mit alpinen Vorkenntnissen (Übernachtung in der Höllentalangerhütte).

Ausrüstung

Für die Höllentalklamm Regenschutz und Taschenlampe sinnvoll; für die Riffelscharte Klettersteigsicherung.

Hütten/Einkehr

Kreuzeckhaus, 1652 m (AV-Haus, Kat. II, Mitte Mai bis Anfang November bewirtschaftet, 58 Betten, 43 Lager; Tel. 08821/2202); Höllentalangerhütte, 1387 m (AV-Hütte, Anfang Juni bis Mitte Oktober bewirtschaftet, 90 Lager; Tel. 08821/8811); Eibseehotel und Eibseealm (beide fast ganzjährig bewirtschaftet).

Höchste Punkte

Hupfleitenjoch, 1754 m; Riffelscharte, 2236 m.

Karte

Topographische Karte 1:50000 Werdenfelser Land (BLVA).

36 In den Mieminger Bergen

Anfahrt

Bahn/Bus: Werdenfelsexpress München – Garmisch. Zug nach Pfronten-Steinach bis zum Bahnhof Ehrwald. Zu Fuß zur Talstation der Ehrwalder-Alm-Bahn.
Auto: Garmischer Autobahn bis Eschenlohe, B 2 nach Garmisch, rechts zum Grenzübergang Griesen, weiter nach Ehrwald, in Ortsmitte links zur Talstation der Ehrwalder-Alm-Bahn; dort Parkplatz.

Gehzeiten

Von der Ehrwalder Alm zur Coburger Hütte: 2½ Std.; Anstieg auf den Hinteren Tajakopf: 1½ Std.; Abstieg entweder über den Hohen Gang oder über die Ehrwalder Scharte nach Ehrwald: 2½ Std.; Abstieg durchs Brendlkar zur Ehrwalder Alm: 2½ Std.; ins Gaistal: hin und zurück 4 Std.

Anforderungen

Der Weg zur Coburger Hütte ist breit und leicht begehbar, lediglich das letzte Stück ist etwas steil und schmal. Der Anstieg auf den Hinteren Tajakopf und der Abstieg durchs Brendlkar erfordern Trittsicherheit und Schwindelfreiheit. Wer die letzten Meter am Gipfel nicht gehen will, rastet etwas unterhalb. Der Übergang nach Ehrwald erfolgt auf stellenweise angesetztem Bergsteig; Trittsicherheit und Schwindelfreiheit erforderlich.

Alter

Zur Coburger Hütte und Abstieg nach Ehrwald ab 5 Jahren; der Abstieg (oder Anstieg) über den Hohen Gang erst ab 10 Jahren; Gipfelweg ab 10 Jahren; zur Ehrwalder Alm mit Bahn oder zu Fuß und Abstecher ins Gaistal für alle Altersgruppen.

Hütten/Einkehr

Coburger Hütte, 1917 m (AV-Hütte, Kat. I, Mitte Juni bis Mitte Oktober bewirtschaftet, 6 Betten, 80 Lager 20 Notlager; Tel. 0043/663/55366); Ehrwalder Alm, 1502 m (privat, nahezu ganzjährig bewirtschaftet, Übernachtung); Seebenalm, 1575 m (privat, Mitte Juni bis Mitte September einfach bewirtschaftet); Gaistalalm, 1356 m (privat, ganzjährig bewirtschaftet); Tillfußalm, 1382 m (privat, Mitte Juni bis Mitte Oktober bewirtschaftet).

Höchste Punkte

Coburger Hütte, 1917 m; Hinterer Tajakopf, 2408 m.

Karte

Topographische Karte 1:50000 Werdenfelser Land (BLVA).

37 Am Fuß des Kramers

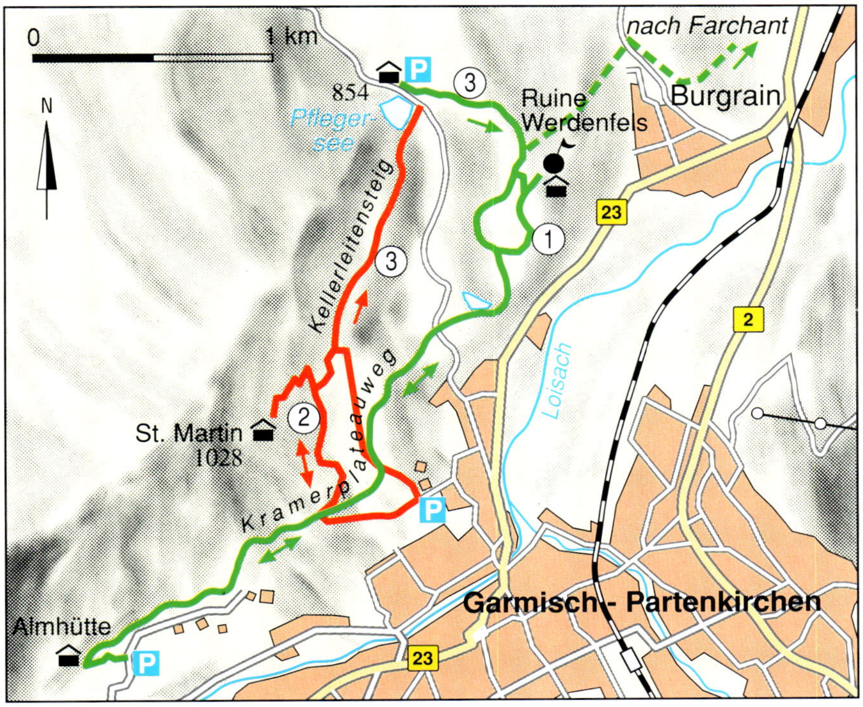

38 Im Pfaffenwinkel

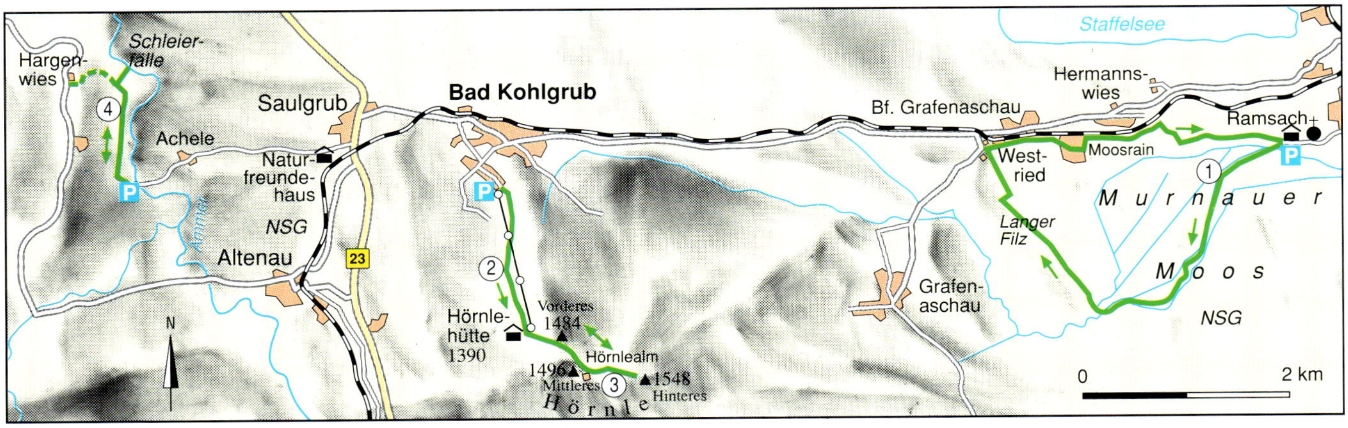

37 Am Fuß des Kramers

Anfahrt Bahn/Bus: Werdenfelsexpress München – Garmisch-Partenkirchen. City-Bus zum Kramerplateauweg bei der Almhütte Grainau.
Auto: Garmischer Autobahn bis Eschenlohe, B 2 nach Garmisch, dort weiter Richtung Griesen, beim Tierasyl rechts und hinauf zum Parkplatz am Kramerplateauweg bei der Almhütte Grainau; dort Parkplatz. Oder Abzweigung zur Bayernhalle (dort Parkplatz) oder rechts auf der Pflegerseestraße aufwärts zum Pflegersee; dort ebenfalls Parkplätze.

Gehzeiten Kramerplateauweg: hin und zurück 3 Std.; Anstieg zum Gasthaus St. Martin: 1½ Std.; Abstieg: 1 Std.; Runde über die Burgruine Werdenfels und zurück auf dem Kellerleitensteig: 4 Std.

Anforderungen Breite Spazierwege ohne ausgesetzte Stellen, auch für Gruppen geeignet. Der Kellerleitensteig ist schmal mit zahlreichen Stufen.

Alter Für alle Altersgruppen sehr gut geeignet.

Hütten/Einkehr Gasthaus St. Martin, 1028 m (privat, ganzjährig, Betriebsferien nach Ostern und von Mitte November bis Mitte Dezember, Di Ruhetag); Gasthaus Pflegersee, 854 m (privat, mit Ausnahme von Mitte November bis Mitte Dezember ganzjährig, Betriebsschluß 18 Uhr); Werdenfelser Hütte bei der Burgruine Werdenfels (ganzjährig einfach bewirtschaftet); Almhütte Grainau (ganzjährig bewirtschaftet).

Höchste Punkte Gasthaus St. Martin, 1028 m, und am Kellerleitensteig.

Karte Topographische Karte 1:50 000 Werdenfelser Land (BLVA).

38 Im Pfaffenwinkel

Anfahrt Bahn/Bus: Bahnlinie München – Murnau, Bahnstation Grafenaschau und weiter über Bad Kohlgrub und Saulgrub.
Auto: Garmischer Autobahn, Ausfahrt Murnau/Kochelsee, weiter nach Murnau; Parkplatz am südlichen Ortsrand beim Ramsachkircherl für die Wanderung im Murnauer Moos. Oder Weiterfahrt bis Bad Kohlgrub, dort links zur Talstation der Hörnlebahn. Oder weiter bis Saulgrub, dann links bis zur Bahnlinie, vor dem Übergang rechts in die Achelestraße und auf schmalem Sträßchen noch knapp 4 km bis zum Wanderparkplatz an der Ammerbrücke (Ende der Fahrstraße).

Gehzeiten Rundweg durchs Murnauer Moos: 3 Std.; Aufstieg zur Hörnlehütte: 1½ Std.; Übergang zum Hinteren Hörnle: 1¼ Std.; Rückweg zur Hörnlehütte 1¼ Std.; Abstieg nach Bad Kohlgrub: 1 Std.; zu den Schleierfällen: hin und zurück 2½ Std.

Anforderungen Durchs Murnauer Moos breiter Wanderweg bzw. Bohlensteig. Leichte Wanderwege am Hörnle. Zu den Schleierfällen abwechslungsreicher Waldweg bzw. Steig mit einigen kleinen Brücken.

Alter Murnauer Moos für alle Altersgruppen; Hörnle und Schleierfälle ab 4 Jahren.

Hütten/Einkehr Gasthaus Ähndl mit schönem Biergarten beim Ramsachkircherl (außer November ganzjährig geöffnet, Do Ruhetag); Hörnlehütte, 1390 m (AV-Hütte, Kat. II, mit Ausnahme von April und November ganzjährig bewirtschaftet, Übernachtung nur nach Voranmeldung, 23 Lager; Tel. 08845/2 29); Naturfreundehaus und Gasthof zur Post in Saulgau.

Höchster Punkt Hinteres Hörnle, 1548 m.

Karte Topographische Karte 1:50 000 Pfaffenwinkel – Staffelsee und Umgebung (BLVA).

39 Rund um Oberammergau

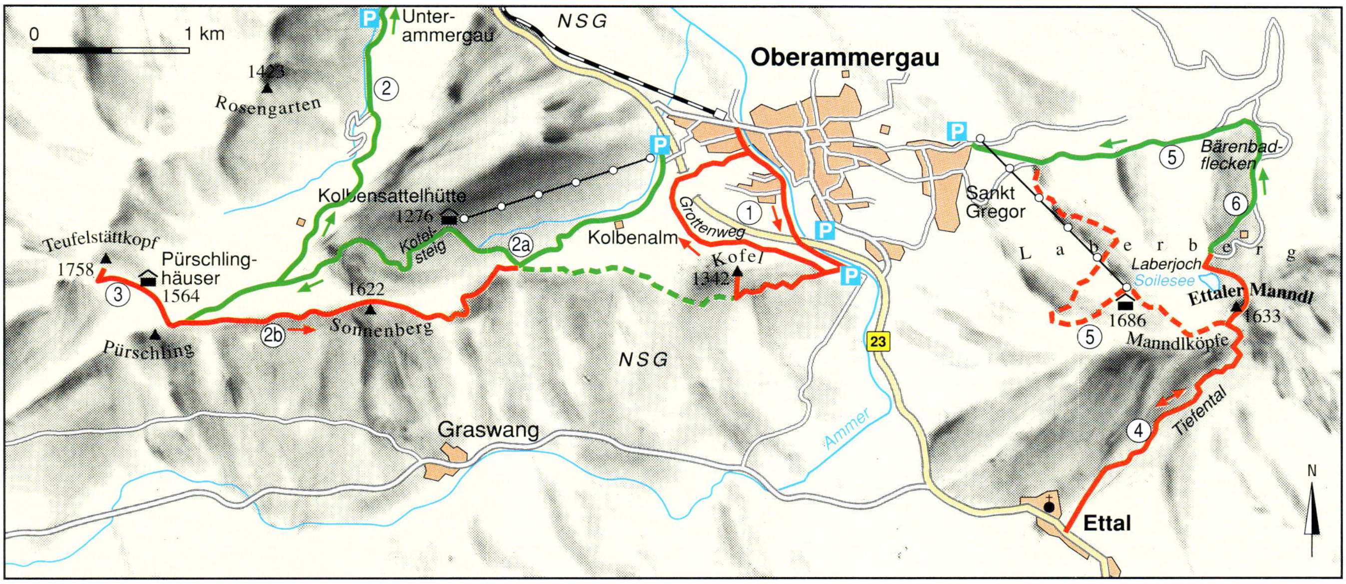

40 Rund um die Königsschlösser

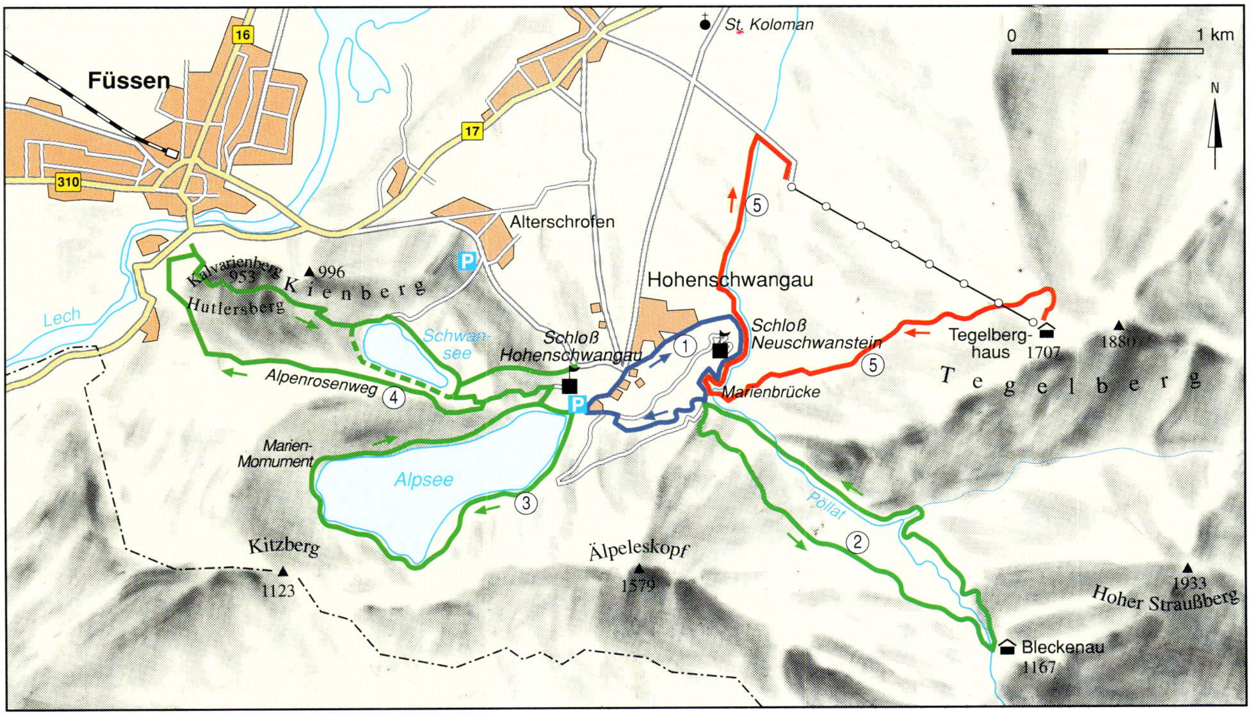

39 Rund um Oberammergau

Anfahrt **Bahn/Bus:** Bahnlinie München – Murnau – Oberammergau. Zu Fuß zu den Ausgangspunkten bei den Talstationen der Bergbahnen bzw. Sessellifte. Oder mit dem Werdenfelstakt nach Oberau, dann mit RVO-Bus nach Ettal bzw. weiter nach Oberammergau.
Auto: Garmischer Autobahn bis Eschenlohe, B 2 bis Oberau, dort rechts hinauf nach Ettal und weiter bis Oberammergau; Parkplätze an der Eugen-Papst-Straße bzw. am Dottenbühl. Weiter zur Talstation des Kolbensattellifts oder zur Laberbahn am östlichen Ortsende von Oberammergau bzw. weiter nach Unterammergau; dort vor dem Ort links zum Parkplatz an der Schleifmühlenlaine (für den Anstieg zu den Pürschlingshäusern auf dem Fahrweg). Oder kurz hinter Ettal links weiter Richtung Linderhof, dann nach etwa 1,7 km rechts weg bis zum Ende der Fahrstraße; dort auch Parkplatz (für direkten Anstieg zum Kofel).

Gehzeiten Auf den Kofel: 1½ Std.; Abstieg: 1 Std.; Anstieg zu den Pürschlinghäusern: 2 Std.; Anstieg zum Teufelstättkopf: 1½ Std.; Abstieg zum Ausgangspunkt: 2½ Std.; Aufstieg zum Ettaler Manndl: 2¼ Std.; Abstieg: 1½ Std.; zum Laber mit Abstieg über den Soilesee: 2 Std.

Anforderungen Rund um den Kofel breite Wanderwege; der Gipfelanstieg führt über steilen, mit Seilen gesicherten Steig; Trittsicherheit und Schwindelfreiheit erforderlich. Zu den Pürschlinghäusern Bergwanderweg bzw. Hüttenfahrweg. Zum Teufelstättkopf und zum Ettaler Manndl Bergsteig; am Gipfel Trittsicherheit und Schwindelfreiheit erforderlich (Seilsicherungen). Am Laber leichte Bergwege.

Alter Pürschlinghäuser ab 6 Jahren; Teufelstättkopf und Ettaler Manndl ab 8 Jahren; Laber ab 4 Jahren.

Ausrüstung Für den Anstieg zum Kofel sowie am Ettaler Manndl für kleine Kinder Klettersteigausrüstung empfehlenswert; also: Brust- und Sitzgurt, zwei Sicherungskarabiner und ein Steinschlaghelm.

Hütten/Einkehr Pürschlinghäuser, 1564 m (AV-Haus, mit Ausnahme von November ganzjährig bewirtschaftet, 54 Betten, 12 Lager; Tel. 088 22/3567;. Kolbensattelhütte, 1276 m (privat, ganzjährig bewirtschaftet, keine Übernachtung); Labergipfelhaus, 1686 m (nahezu ganzjährig bewirtschaftet).

Höchste Punkte Kofel, 1342 m; Pürschlinghäuser, 1564 m; Teufelstättkopf, 1758 m, Laber, 1686 m.

Karte Topographische Karte 1:50 000 Pfaffenwinkel – Staffelsee und Umgebung (BLVA).

40 Rund um die Königsschlösser

Anfahrt **Bahn/Bus:** Bahnlinie München – Füssen. RVO-Bus zum großen Parkplatz in Hohenschwangau.
Auto: B 2 München–Starnberg–Weilheim, über Peiting nach Schwangau, dort links Abzweigung nach Hohenschwangau bzw. kurz vorher links zur Talstation der Tegelbergbahn; gebührenpflichtiger Großparkplatz am Fuß der Königsschlösser. An der Zufahrtsstraße zum Schwansee (am Ortseingang von Alterschrofen, von Hohenschwangau kommend, links und 300 m bis zum Ende der öffentlichen Fahrstraße) gibt es einen gebührenfreien Parkplatz.

Gehzeiten Anstieg in die Bleckenau: 1½ Std.; Abstieg: 1½ Std. (Rückkehr auch mit Linienbus möglich); rund um den Alpsee: 2 Std.; Alpenrosenweg rund um den Schwansee: 3 Std. Abstieg vom Tegelberg nach Hohenschwangau: 3 Std.

Anforderungen In der Pöllatschlucht gesicherte Weganlage. Für den öffentlichen Verkehr gesperrter Fahrweg in die Bleckenau. Uferweg am Alpsee überwiegend breit, aber auch schmale Brückchen, Holzstege und Bergweg. Am Schwansee Bergwege und gesperrte Fahrwege. Abstieg vom Tegelberg auf Bergsteig; Trittsicherheit erforderlich.

Alter Bis auf den Tegelberg für alle Altersgruppen; der Abstieg von diesem ab 8 Jahren.

Hütten/Einkehr Berggasthaus Bleckenau, 1167 m (privat, mit Ausnahme zwischen November und Weihnachten ganzjährig bewirtschaftet, 20 Lager; Tel. 083 62/8 11 81); mehrere Gaststätten in Hohenschwangau; Tegelberghaus, 1707 m (privat, ganzjährig bewirtschaftet, 12 Betten, 20 Lager; Tel. 083 62/89 80). Am Schwansee ist während der Badesaison ein Kiosk in Betrieb.

Höchste Punkte Berggasthaus Bleckenau, 1167 m; Tegelberg, 1880 m.

Karte Topographische Karte 1:50 000 Füssen und Umgebung (BLVA).

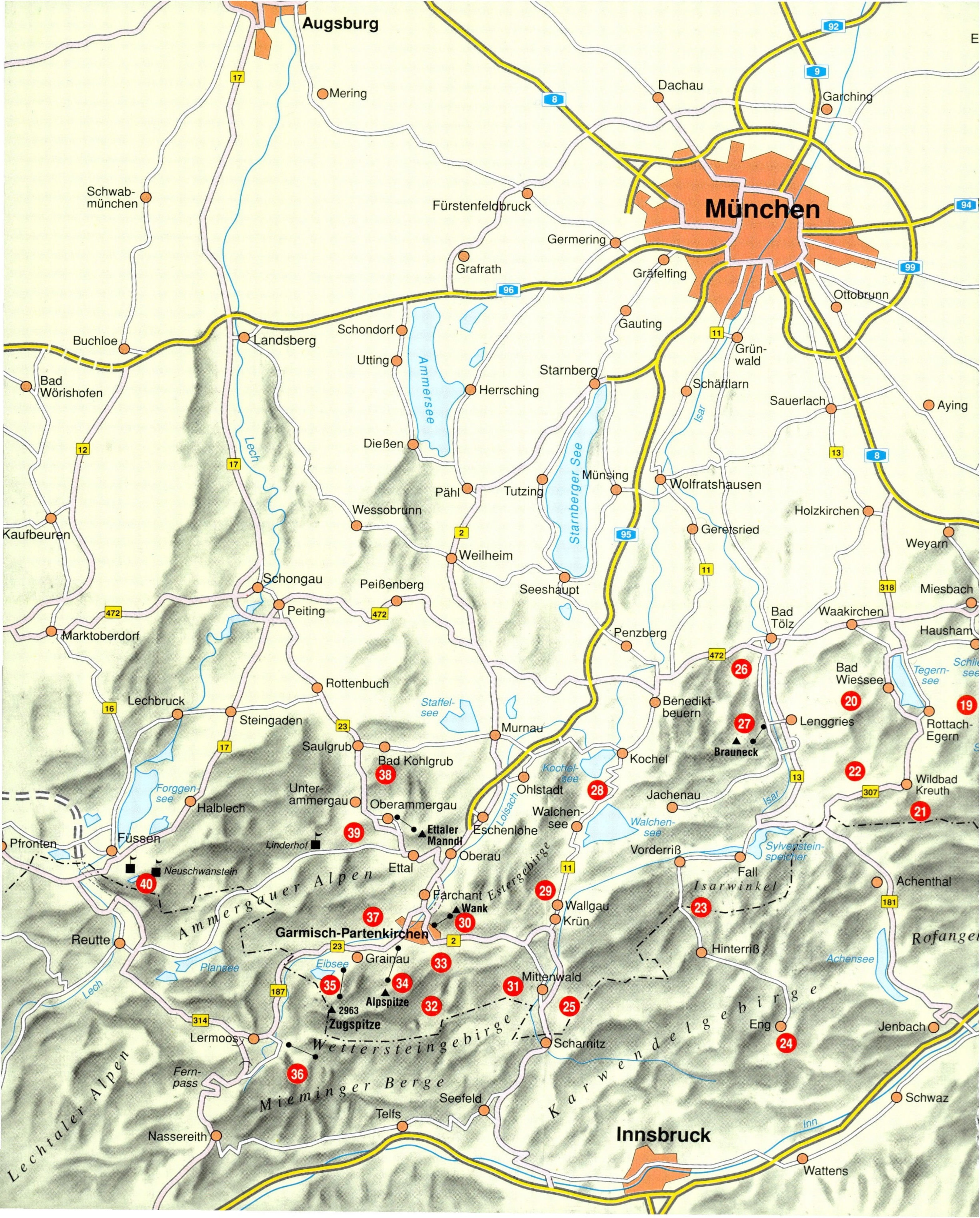

Augsburg
Mering
Dachau
Garching
München
Schwab-
münchen
Fürstenfeldbruck
Germering
Grafrath
Gräfelfing
Ottobrunn
Buchloe
Landsberg
Schondorf
Gauting
Grün-
wald
Bad
Wörishofen
Utting
Ammersee
Herrsching
Starnberg
Schäftlarn
Sauerlach
Aying
Isar
Lech
Dießen
Starnberger See
Münsing
Wolfratshausen
Pähl
Tutzing
Holzkirchen
Kaufbeuren
Wessobrunn
Geretsried
Weyarn
Weilheim
Schongau
Peißenberg
Seeshaupt
Miesbach
Peiting
Bad
Tölz
Waakirchen
Marktoberdorf
Penzberg
Hausham
Rottenbuch
Staffel-
see
Benedikt-
beuern
Bad
Wiessee
Tegern-
see
Lechbruck
Steingaden
Lenggries
Rottach-
Egern
Murnau
Saulgrub
Bad Kohlgrub
Brauneck
Kochel
Kochel-
see
Wildbad
Kreuth
Forggen-
see
Unter-
ammergau
Oberammergau
Ohlstadt
Jachenau
Halblech
Ettaler
Manndl
Eschenlohe
Walchen-
see
Walchensee
Loisach
Sylvenstein-
speicher
Füssen
Pfronten
Linderhof
Vorderriß
Neuschwanstein
Ettal
Oberau
Fall
Ammergauer Alpen
Farchant
Estergebirge
Isarwinkel
Achenthal
Wank
Wallgau
Krün
Garmisch-Partenkirchen
Reutte
Plansee
Eibsee
Grainau
Hinterriß
Rofangebirge
Achensee
Lech
Mittenwald
Alpspitze
2963
Zugspitze
Lermoos
Wettersteingebirge
Karwendelgebirge
Eng
Jenbach
Scharnitz
Fern-
pass
Mieminger Berge
Lechtaler Alpen
Seefeld
Telfs
Schwaz
Inn
Innsbruck
Nassereith
Wattens